汽车电路分析

（第 3 版）

主　编　董宏国
副主编　程军伟　邵汉强　赫扎特
主　审　张国彬　袁 一

北京理工大学出版社
BEIJING INSTITUTE OF TECHNOLOGY PRESS

内 容 简 介

本书介绍了汽车电路的基本知识和汽车电路的基本组成元素，重点讲述了汽车电路图的识读、汽车主要电气系统的电路分析和汽车电路故障检修诊断方法。另外，根据各汽车制造公司在电路设计特点和电路符号表示方法上的不同，本书还详细介绍了美国、日本、欧洲各主要车系的电路特点、表达方式及电路图的识读范例和实例，具有较强的实用性。

本书为高等院校汽车运用与修理专业教材，可供有关汽车专业师生和从事汽车设计制造、汽车运输管理、汽车维修管理的工程技术人员以及汽车电工、修理工与驾驶员阅读参考。

图书在版编目（CIP）数据

汽车电路分析／董宏国主编. —3 版. —北京：北京理工大学出版社，2022.1 重印

ISBN 978 - 7 - 5640 - 7336 - 7

Ⅰ．①汽⋯　Ⅱ．①董⋯　Ⅲ．①汽车 - 电路分析 - 高等学校 - 教材
Ⅳ．①U463.6

中国版本图书馆 CIP 数据核字（2013）第 014999 号

出版发行／北京理工大学出版社
社　　址／北京市海淀区中关村南大街 5 号
邮　　编／100081
电　　话／(010)68914775(办公室)　68944990(批销中心)　68911084(读者服务部)
网　　址／http：// www. bitpress. com. cn
经　　销／全国各地新华书店
印　　刷／三河市华骏印务包装有限公司
开　　本／787 毫米×1092 毫米　1/16
印　　张／16.5
字　　数／379 千字　　　　　　　　　　　　　　　　责任编辑／廖宏欢
版　　次／2022 年 1 月第 3 版第 12 次印刷　　　　　责任校对／周瑞红
定　　价／39.00 元　　　　　　　　　　　　　　　　责任印制／王美丽

图书出现印装质量问题,本社负责调换

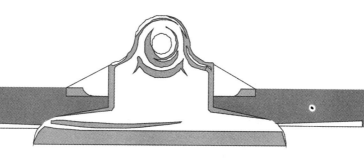

编委会名单

编写说明

汽车作为人类文明发展的标志，从 1886 年发明至今，已有 100 多年的历史。近几年，我国的汽车生产量和销售量都迅速增大，全国汽车拥有量大幅度上升。世界知名汽车企业进入国内汽车市场，促进了国内汽车技术的进步。汽车保有量的急剧增加，汽车技术又不断更新，使得汽车运用与维修行业的车源、车种、服务对象以及维修作业形式都已发生了新的变化，使得技能型、应用型人才非常紧缺。

根据"职业院校开展汽车运用与维修专业领域技能型紧缺人才培养培训工程"的通知精神，并配合高等职业院校关于紧缺人才培养计划的实施，北京理工大学出版社组织了一批多年工作在教学一线的优秀教师，根据他们多年的教学和实践经验，再结合高等职业院校汽车运用与维修专业的教学大纲要求，编写了本套教材。

本套教材既有专业基础课，又有专业技术课。在专业技术课中又分几个专门化方向组织编写，分别是：汽车电工专门化方向，检测技术专门化方向，汽车机修专门化方向，大型运输车维修技术专门化方向，车身修复技术专门化方向，技术服务与贸易专门化方向，汽车保险与理赔专门化方向。

本套教材是按照"高等职业教育汽车运用与维修专业领域技能型紧缺人才培养指导方案"要求而编写的。在内容的编排上根据汽车专业教育教学改革的要求，注重职业教育的特点，按技能型、应用型人才培养的模式进行设计构思。本套教材编写中，坚持以就业为导向，以服务市场为基础，以能力为本位，以培养学生的职业技能和就业能力为宗旨；合理控制理论知识，丰富实例，注重实用性，突出新技术、新工艺、新知识和新方法。

本套教材适用于培养汽车维修、检测、管理、评估、保险、销售等方面的高技术应用型人才的院校使用。

本套教材经中国汽车工程学会汽车工程图书出版专家委员会评审，并做了适量的修改，内容更具体，更实用。本套教材由汽车工程图书出版专家委员会推荐出版。

汽车工程图书出版专家委员会

前 言

△ 汽车电路分析（第3版）

　　汽车电路就如同人的神经系统一样，分布在汽车的各个部位，控制着汽车的各种器件有序地工作。随着汽车电子化程度不断地提高和更新，新的结构和装置不断涌现。尤其是汽车电器与电控装置日益增多，这使汽车电路更加复杂。为了使同学们尽快熟悉、了解和掌握汽车电路及有关知识，更好地从事汽车电器和电子装置（系统）的使用、维修或设计工作，特编写此书以供学习。

　　全书简单介绍了汽车电路的基本知识和汽车电路的基本组成元素，重点讲述了汽车电路图的识读、汽车主要电气系统的电路分析和汽车电路故障的诊断检修方法。另外，根据各汽车制造公司在电路设计特点和电路符号表示方法上的不同，本书还详细介绍了美国、日本、欧洲各主要车系的电路特点、表达方式及电路图的识读范例和实例，具有较强的实用性。

　　本书以分析汽车电路为切入点，启迪广袤思维，发掘无穷智慧，具有内容先进、体系完整、编排合理等特点。通过对本书的学习，不但可以增加汽车电路识读、电路设计等方面的知识，还可以提高自己的看图修车的实践技能。

　　本书可作为高等院校车辆工程、汽车服务工程和汽车类专业规划教材，也可作为汽车设计、汽车制造、汽车运输、汽车维修管理等工程技术人员、汽车服务业就业群体学习提高和职工培训教材或参考读物使用。

　　本书由董宏国担任主编，程军伟、邵汉强、赫扎特担任副主编，张国彬、袁一担任主审。参加编写的人员还有廖苓平、上官平、王建龙、谢峰、孙涛、李程、刘佳鹏、董源、吴旭东、于静、曲艳等。在编写过程中，作者参考了国内外大量的相关资料，在此对有关作者表示衷心感谢！

　　由于作者水平及资料有限，不足之处在所难免，恳请读者批评指正。

作　者
2013 年 1 月

目 录

△ 汽车电路分析（第3版）

1

汽车电路的基本知识

第一节　汽车电路的组成和特点

随着汽车电子控制装置的增多,汽车电路也日趋复杂。但是任何复杂的汽车电路,其原理都基本相同,都是由两个电源(蓄电池、发电机)和用电设备组成。各种车型电路的主要不同点在于,它们的熔断丝形式、安装位置、灯光信号电路和辅助电气设备的数量及连接方法。

一、汽车电路的概念

为了使汽车的电气设备工作,就要按照它们各自的工作特性及相互间的内在联系,用导线和车体把电源、电路保护装置、控制器件及用电设备等装置连接起来,构成能使电流流通的路径,这种路径称为汽车电路。由于汽车上的电路主要是由导线连接的,因此汽车电路又称为汽车线路。

二、汽车电路的组成

汽车电路主要由电源、电路保护装置、控制器件、用电设备及导线组成。

1. 电源

汽车上装有两个电源,即蓄电池和发电机。其功能是保证汽车各用电设备在不同情况下都能投入正常工作。

2. 电路保护装置

电路保护装置主要有熔断丝(俗称保险丝)、电路断电器及易熔线等,其功能是在电路中起保护作用。当电路中流过超过规定的电流时切断电路,防止烧坏电路连接导线和用电设备,并把故障限制在最小范围内。

3. 控制器件

除了传统的各种手动开关、压力开关、温控开关外,现代汽车还大量使用电子控制器件,包括简单的电子模块(如电子式电压调节器等)和微电脑形式的电子控制单元(如发动机电控单元、自动变速器电控单元等)。电子控制器件和传统开关在电路上的主要区别是电子控制器件需要单独的工作电源及需要配用各种形式的传感器。

4. 用电设备

用电设备包括电动机、电磁阀、灯泡、仪表、各种电子控制器件和部分传感器等。

5. 导线

导线用于将以上各种装置连接起来构成电路。此外,汽车上通常用车体代替部分从用电器返回电源的导线。

三、汽车电路的基本特点

汽车电路具有以下特点:

1. 低压

汽车电气系统的标称电压有 12 V、24 V 两种,轿车普遍采用 12 V,而重型柴油车多采用 24 V。对发电装置,12 V 系统的额定电压为 14 V。低压系统的主要优点是:安全;蓄电池单格数少,对减少蓄电池的质量和尺寸有利;白炽灯的灯丝较粗,寿命较长。

2. 直流

汽车采用直流系统的原因是发动机要靠起动机启动,起动机由蓄电池供电,而蓄电池的电能消耗后又必须用直流电充电,所以汽车电气系统为直流系统。

3. 单线制

单线制是指从电源到用电设备只用一根导线连接,用汽车底盘、发动机等金属机体作为另一根共用导线,线路简化清晰,安装和检修方便,且电器部件也不需与车体绝缘,所以现代汽车普遍采用单线制,但在特殊情况下,有时也需采用双线制。

4. 并联

为了让各用电器能独立工作,互不干扰,各用电器均采用并联方式连接,每条电路均有自己的控制器件及保险装置。控制器件保证每条电路的独立工作,保险装置是用来防止因电路短路或超载而引起导线及用电器的损坏。

5. 负极搭铁

采用单线制时,蓄电池的一个电极接到车体上,称为"搭铁"。若蓄电池的负极与车体连接,则称为负极搭铁;反之,则称为正极搭铁。现在国内外汽车均统一采用负极搭铁。

6. 由相对独立的分系统组成

汽车电路由相对独立的分系统组成,全车电路一般包括以下几部分。

(1)电源电路。由蓄电池、发电机、调节器及工作状况指示装置(电流表、充电指示灯)等组成。

(2)启动电路。由起动机、启动继电器、启动开关及启动保护装置组成。

(3)点火电路。由点火线圈、分电器、电子点火器、火花塞、点火开关等组成的电路。此外,由发动机控制单元进行点火控制时,可以不使用分电器。

(4)照明与信号电路。由前照灯、雾灯、示宽灯、转向灯、制动灯、倒车灯、电喇叭等及其控制继电器和开关组成的电路。

(5)仪表与警报电路。由仪表、传感器、各种报警指示灯及控制器组成的电路。

(6)电子控制装置电路。由电控燃油喷射系统、自动变速器、制动防抱死系统、恒速控制及悬架平衡控制等组成的电路。

（7）辅助装置电路。由为提高车辆安全性、舒适性、经济性等各种功能的电器装置组成的电路。因车型不同而有所差异。一般包括挡风玻璃刮水/清洗装置、挡风玻璃除霜/防雾装置、启动预热装置、音响装置、车窗电动升降装置、电动座椅调节装置及中央电控门锁等装置组成的电路。

第二节 汽车电路的类型

一、电源电路、搭铁电路、控制电路和信号电路

汽车电路根据各自的功能不同，一般可分为电源电路、搭铁电路、控制电路及信号电路。

1. 电源电路

电源电路主要是为电器部件提供电源，俗称电器部件的"火"线。如图 1-1 所示，用电设备作为电动机，电源作为蓄电池，从蓄电池正极到电动机之间的线路 AB 段为电器部件（电动机）的电源电路。

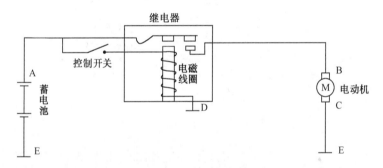

图 1-1 汽车电路的功能

电源电路分为常电源和条件电源两种情况。所谓常电源电路就是在蓄电池正常的情况下，均有规定电压的电源线，在电路图中一般采用 30 号线表示，如图 1-2 所示。所谓条件电源电路就是在一定的条件下（开关接通或继电器触点闭合）才有规定电压的电源线。如图 1-2 所示，点火开关置于"ON"挡时，15 号线才有电；点火开关置于"ON"或"ACC"挡时，15A 号线才有电。

汽车电源一般是通过易熔线和熔断丝来给用电设备提供电能。

2. 搭铁电路

搭铁电路主要是为电器部件提供电源回路。如图 1-1 所示，从电动机到蓄电池负极之间的线路 CE 段为电器部件（电动机）的搭铁电路。搭铁电路在电路图中一般采用 31 号线表示（如图 1-2 所示）。

汽车上有多个搭铁点，分布在汽车全身。每个搭铁点采用不同数字表示，并与电路图的相同数字搭铁点相互对应。如图 1-3 所示为三菱帕杰罗汽车搭铁点。

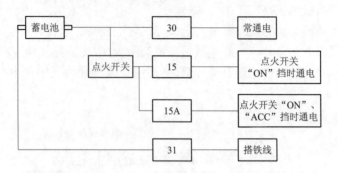

图 1-2　常电源和条件电源电路

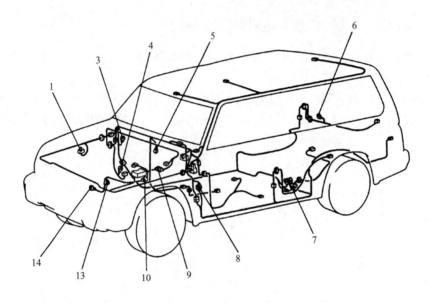

图 1-3　三菱帕杰罗(6G72 发动机)的搭铁点

由于搭铁点处的金属材料不同(如导线材料为铜,车身材料为铁),从而使搭铁点易形成电极电位差,从而产生电化学反应。另外,有的搭铁点易沾染泥水、油污或生锈,有的搭铁部位是很薄的钣金件,这些都可能引起搭铁不良,从而引起灯不亮、仪表不工作、喇叭不响等故障。

随着塑料元件等非金属材料在汽车上的应用越来越多,现在很多汽车都采用公共接地网络线束来保证接地的可靠性,即将负载的负极线接到接地网络线束上,接地网络线束与蓄电池负极相连。

3. 控制电路

控制电路主要是控制电器部件是否工作。如图 1-1 所示,控制器件为开关和继电器,电器部件(电动机)的控制电路为经过控制开关和继电器电磁线圈线路 AD 段。

4. 信号电路

信号电路分为输入信号电路和控制信号电路。

汽车输入信号包括各种开关输入信号和传感器输入信号。传感器经常共用电源线、搭铁线,但绝不会共用信号线。在分析传感器电路时,可用排除法来判断电路,即排除其不可能的功能来确定其实际功能。如分析某一具有三根导线的传感器电路时,如果已经分析出其电源电路、搭铁电路,则剩余的电路必然为信号电路。

控制信号主要由电子控制单元送出,它分布在各个执行器电路中,如点火电路中的点火信号、燃油喷射控制电路中的喷油信号、自动变速器控制电路中的换挡信号、步进电机的怠速控制信号等。

二、直接控制电路与间接控制电路

根据控制器件与用电部件之间是否使用继电器,可分为直接控制电路和间接控制电路。

1. 直接控制电路

直接控制电路是最基本、最简单的电路。这种控制电路中不使用继电器,控制器件与用电器串联,直接控制用电器。如图 1 - 4 所示,直接控制电路为:蓄电池正极→电路保护装置→控制器件→用电部件(灯泡)→搭铁→蓄电池负极。

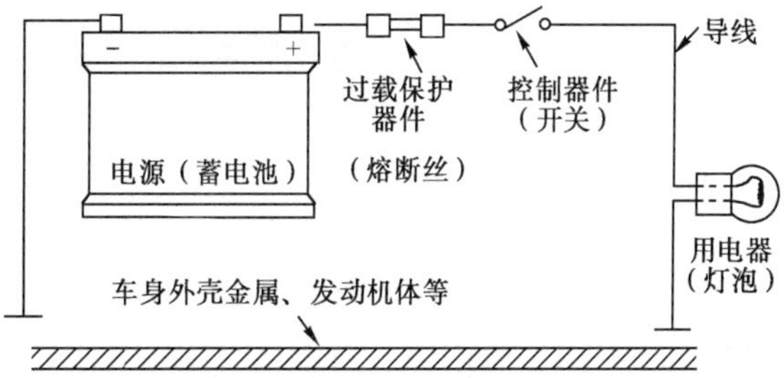

2. 间接控制电路

在控制器件与用电部件之间使用继电器或电子控制器的电路称为间接控制电路。

图 1 - 4　直接控制电路

如图 1 - 5 所示,控制器件和继电器内的电磁线圈所处的电路称为控制电路。用电器和继电器内的触点所处的电路称为主电路。

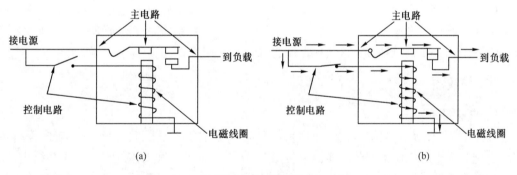

图 1 - 5　继电器
(a) 开关断开时;(b) 开关闭合时

继电器或电子控制器对受其控制的用电器来讲是控制器件,但继电器和晶体管同时又受到各种开关、电控单元等控制器件的控制,从这个意义上来讲,它们又是执行器,所以它们具有双重性。

三、电子控制电路与非电子控制电路

1. 非电子控制电路

非电子控制电路指的是由手动开关、压力开关、温控开关及滑线变阻器等传统控制器件对用电器进行控制的电路。

汽车上的手动开关主要是点火开关、照明灯开关、信号灯开关及各控制面板与驾驶座附近的按键式、拨杆式开关及组合式开关等。

2. 电子控制电路

目前电子控制取代其他控制模式成为现代汽车控制的主要方式,如发动机的机械控制燃油喷射被电控燃油喷射所取代,自动变速器及 ABS 由液压控制转变为电子控制等。电子控制电路是指增加了信号输入元件和电子控制器件,由电子控制器件对用电器进行自动控制的一种电路,此时用电器一般称为执行器。

第三节　汽车电路图的类型

汽车电气设备电路图是将各电气部件的图形符号通过引线条连接在一起的关系图。主要用于表达各电气系统的工作原理及电器部件之间的连接关系,同时还可表示各种电器部件、线束等在车上的具体位置。汽车电气设备电路图可分为四种形式,即电器连接简图、布线图、电气原理图和线束图。

一、电器连接简图

电器连接简图是按全车各独立电气系统划分,图中既有电气设备图形符号,又有电气设备外形特征图形,使整个电路识读起来更为直观简便。

如图 1-6 所示为日产(NISSAN)柴油货车充电和启动系统连接简图。其简图完整地表达了整车的电器及线路连接,但不能清晰、方便地反映各电器系统的工作原理,且识读所需间较长,随着汽车电路的日趋复杂,这类电路图越来越不实用。

二、布线图

1. 布线图的特点

如图 1-7 所示,布线图是指专门用来标记电气设备的安装位置、外形、线路走向等的指示图。它按照全车电气设备安装的实际方位绘制,部件与部件之间的连线按实际关系绘出,并将线束中同路的导线尽量画在一起。这样,汽车布线图就较明确地反映了汽车实际的线路情况,查线时导线中间的分支、接点很容易找到,为安装和检测汽车电路提供方便。但因其线条密集,纵横交错,给识图、查找、分析故障带来不便。

2. 布线图的绘制原则

(1) 布线图中的元器件、部件、组件和设备等项目,应尽量采用其简化外形(如圆形、方形、矩形)来表示,为了便于识图,必要时也允许用图形符号表示。

(2) 在布线图中,接线端子应用端子代号表示。

(3) 导线可用连续线或中断线表示。连续线是用连续的实线来表示端子之间实际存在的导线。中断线是用中断的实线来表示端子之间实际存在的导线,并在中断处标明去向。

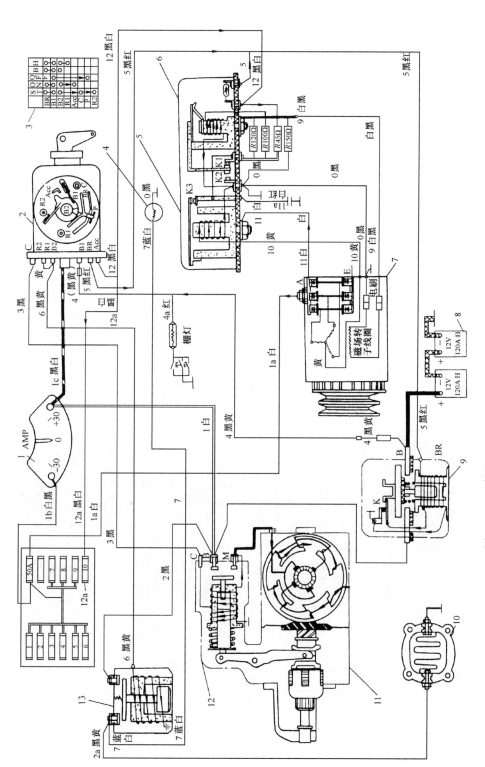

图 1-6 日产（NISSAN）柴油货车充电和启动系统连接简图

1—电流表;2—启动开关;3—启动开关接线端子;4—预热指示灯;5—磁场继电器;6—电压调节器;7—交流发电机;
8—蓄电池;9—电源开关;10—空气预热器;11—起动机;12—起动机电磁开关;13—电磁预热开关

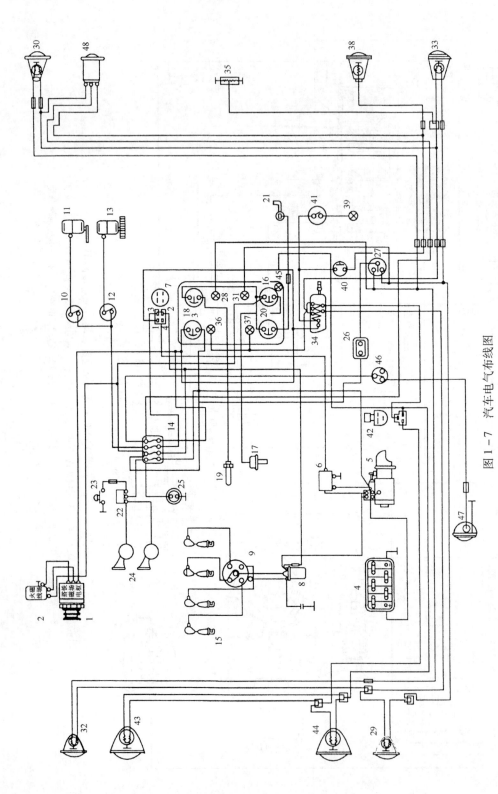

图1-7　汽车电气布线图

1—发电机;2—电压调节器;3—电流表;4—蓄电池;5—起动机;6—启动继电器;7—点火开关;8—点火线圈;9—分电器;10—刮水器开关;11—刮水电动机;12—暖风开关;13—电动机;14—熔断丝盒;15—火花塞;16—机油压力表;17—油压传感器;18—水温表;19—水温传感器;20—燃油表;21—燃油传感器;22—喇叭继电器;23—喇叭按钮;24—电喇叭;25—工作灯;26—闪光器;27—转向灯开关;28,31—前小灯;29,32—转向指示灯;30,33—前照灯;34—室灯开关;35—室灯;36,37—仪表灯;38—牌照灯;39—阅读灯;40—制动灯;41—阅读灯开关;42—变光器;43,44—前照灯;45—远光指示灯;46—防空/雾灯指示灯;47—防空/雾灯开关;48—挂车导线插座

三、电路原理图

1. 电路原理图的特点

如图1-8所示,电路原理图可清楚地反映出电气系统各部件的连接关系和电路原理,且具有以下的特点:

(1) 用电器符号表达各种电器部件。

(2) 在大多数图中,电源线在图上方,搭铁线在图下方,电流方向自上而下。电路较少迂回曲折,电路图中电器串、并联关系十分清楚,电路图易于识读。

(3) 各电器不再按电器在车上的安装位置布局,而是依据工作原理,在图中合理布局,使各系统处于相对独立的位置,从而易于对各用电设备进行单独的电路分析。

(4) 各电器旁边通常标注有电器名称及代码(如控制器件、继电器、过载保护器件、用电器、铰接点及搭铁点等)。

(5) 电路原理图中所有开关及用电器均处于不工作的状态,例如,点火开关是断开的,发动机不工作,车灯关闭等。

(6) 导线一般标注有颜色和规格代码,有的车型还标注有该导线所属电器系统的代码。根据以上标注,易于对照定位图找到该电器或导线在车上的位置。

(7) 电路原理图有整车电路原理图和局部电路原理图之分。

整车电路原理图。为了需要,常常要尽快找到某条电路的始末,以便分析确定有故障的路线。在分析故障原因时,不能孤立地仅局限于某一部分,而要将这一部分电路在整车电路中的位置及与相关电路的联系都表达出来。

局部电路原理图。为了弄清汽车电器的内部结构,各个部件之间相互连接的关系,弄懂某个局部电路的工作原理,常从整车电路图中抽出某个需要研究的局部电路,参照其他详细的资料,必要时根据实地测绘、检查和试验记录,将重点部位进行放大、绘制并加以说明。

2. 电路原理图的绘制方法

(1) 元器件的表示方法。电路图的一个重要特征是元器件采用国家标准所规定的图形符号来表示。绘图时国家标准中规定的图形符号均可选用。有些元器件没有国家标准对应的图形符号,可根据标准中给出的规则,使用一般符号、基本符号来派生所需要的新符号。对于不常用的符号,应增加文字注释,以便于理解。对于新研制的元器件,在尚无标准的图形符号之前,可采用其简化的外形图来表示,以便于反映该元器件的工作原理。

(2) 图形符号的布置。在电气系统中,有大量的元器件的驱动部分和被驱动部分采用机械连接,如继电器、按钮开关、光电耦合器等都属于这一类。其表示方法有3种:集中表示法、半集中表示法和分开表示法,不管采用何种表示方法,所给出的信息量都是相等的,在同一张图纸上可以根据需要使用一种或同时使用几种表示方法。

① 集中表示法。集中表示法是把元器件各组成部分的图形符号绘制在一起的方法,如图1-9所示。其特点是易于寻找项目的各个部分,元器件整体印象完整,但仅适用于较为简单的电路。

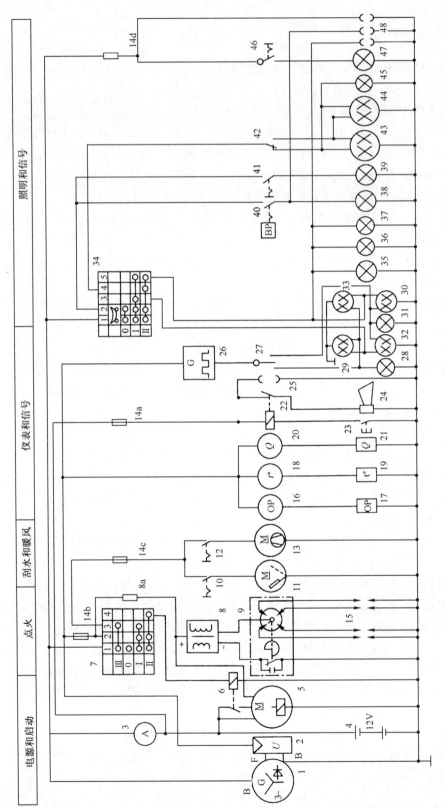

图 1-8 汽车电气原理图

1—发电机;2—电压调节器;3—电流表;4—蓄电池;5—起动机;6—启动继电器;7—点火开关;8—点火线圈;9—分电器;10—刮水电动机;11—刮水器开关;12—暖风开关;13—电动机;14—熔断丝盒;15—火花塞;16—机油塞;17—油压传感器;18—机油压力表;19—水温传感器;20—燃油表;21—水温表;22—喇叭继电器;23—喇叭按钮;24—电喇叭;25—工作灯插座;26—闪光器;27—转向指示器;28,31—转向信号灯;29,32—前小灯;30,33—室内灯;34—车灯开关;35—牌照灯;36,37—仪表灯;38—制动灯;39—阅读灯;40—制动开关;41—阅读灯开关;42—变光器;43,44—前照灯;45—远光指示灯;46—防空灯开关;47—防空/雾灯;48—挂车导线插座;

② 半集中表示法。半集中表示法是把一个元器件某些组成部分(不是全部)的图形符号在图上分开布置,它们之间的关系用机械连接线表示的方法,如图 1 - 10 所示,机械连接线用虚线表示,可以是直线,也可以折弯、分支和交叉。其特点是可减少电路连接线的往返和交叉,使图面清晰,便于识读。但是,会出现穿越图面的机械连接线,所以适用于一般电路,对于复杂电路,由于穿越图面的机械连接线过多,不采用这种方法。

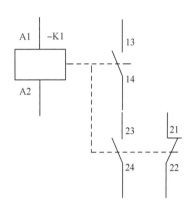

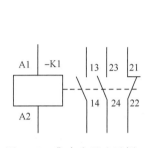

图 1 - 9　集中表示法示例　　　　　　　　图 1 - 10　半集中表示法示例

③ 分开表示法。分开表示法把一个元器件的各组成部分的图形符号在图上分开布置,它们之间各部分的关系用项目代号表示的方法,如图 1 - 11 所示。显然,分开表示法既减少了电路连接线的往返和交叉,又不会出现穿越图面的机械连接线,所以在实际中得到广泛应用。但是,为了寻找被分开的各部分,需要采用插图或表格等检索手段。

ⓐ 插图的使用和绘制方法。如图 1 - 12 所示,插图就是把分散绘制在图中不同位置的同一项目不同部分的图形符号,集中绘制在一起并给出位置信息。插图可以与该项目的驱动部分的图形符号对齐,也可以集中布置在图的空白处,甚至还可以绘制在另一张图纸上,当然,把插图直接绘制在紧靠驱动部分的图形符号旁,看图是最方便的。

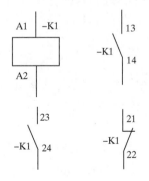

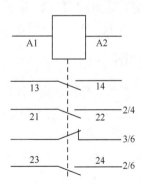

图 1 - 11　分开表示法示例　　　　　　　　图 1 - 12　插图示例

ⓑ 表格的使用和绘制方法。在图上,把分散绘制在图中不同位置的同一项目不同部分的图形符号,集中在一张表格中,绘制方法如图 1 - 13 所示。表格中的名称可以用图形符号来代

替,表格应与驱动部分的图形符号对齐。在采用电路编号法表示图中元器件位置的图上,表格中的位置信息就是电路编号。

(3)电路与导线的排列。电路的安排要有清楚、一目了然的图示效果,各个电路的排列必须优先采用从左到右、从上到下的原则,尽可能用直线、无交叉点、不改变方向的标记方式。另外,作用方向应与电路图边沿平行,如果出现许多平行线重叠成堆的情况,那么可将其编组,通常是把三条线集中为一组,留出距离,再表示下一组线,如图1-14所示表示多条平行线的分组画法。

常开触点（ ／ ）	常闭触点（ ／ ）	位　置
13-14		
21-22		2/4
	21-22	3/6
23-24		2/6

图1-13　表格示例

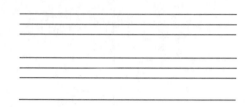

图1-14　多条平行线分组画法

(4)分界线与边框。电路的各部分用点画线或边框线限制,以此表明仪器、部件功能或结构上的属性。在汽车电气设备中,用点画线表示仪器和电路中不导电的边框,这种图示可以不与外壳相一致,也不用来表示仪器的搭铁线。

(5)区段识别。区段识别符号标注在电路图的下沿,有助于更方便地寻找电路部件,以往区段识别标记也称为电路,可能的标记方式有3种:

① 用连续数字以相同的距离从左到右标注如:1 2 3 4 5 6 7…

② 标明电路区段的内容如:

电源　　　　　启动装置　　　　　点火装置　　　　　……

③ 以上两种方法的结合。汽车电路大多数都在电路图中指明电路区段的内容。

(6)标注。利用字母和数码可对设备、部件或电路图中的线路符号作标注,标注位于线路符号的左边或下边,如果设备的定义明确,标准内所规定的几种设备可不作标注。

四、线束图

在汽车上,为了安装方便和保护导线,将同路的许多导线用棉纱编制物或聚氯乙烯塑料带包扎成束。线束图是根据电气设备在汽车上的实际安装部位绘制的全车电路图。

1. 线束图的特点

如图1-15所示,整车电路线束图常用于汽车厂总装线和修理厂的连接、检修与配线。线束图主要表明电线束与各用电器的连接部位、接线端子的标记、线头、插接器(连接器)的形状及位置等。这种图一般不去详细描绘线束内部的电线走向,只将露在线束外面的线头与插接器作详细编号或用字母标记。它是一种突出装配记号的电路表现形式,非常便于安装、配线、检测与维修。如果再将此图各线端都用序号、颜色准确无误地标注出来,并与电路原理图和布线图结合起来使用,则会起到更大的作用且能收到更好的效果。

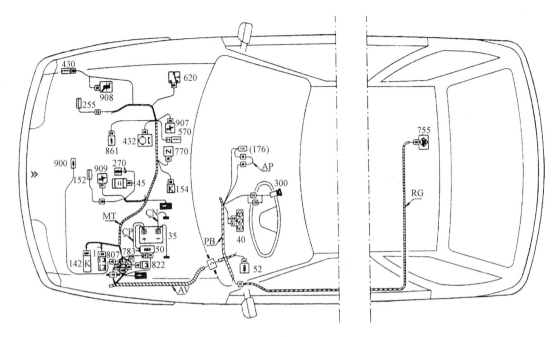

图 1 – 15　TU5JPK 发动机线束图

35—蓄电池;40—仪表板;45—点火线圈;50—电源盒;52—内接熔断丝盒;142—发动机电控单元;

152—曲轴位置传感器;154—车速传感器;176—防盗密码控制盒(选装);255—空调压缩机离合器;

270—点火线圈上的电容器;300—点火开关;430—碳罐控制阀;432—怠速控制阀;570—喷油器;

620—惯性开关;755—燃油泵;770—节气门位置传感器;783—故障自诊断插座;807—主继电器;

900—氧传感器;907—进气温度传感器;908—进气压力传感器;909—水温传感器

2. 线束图的绘制

由于线束安装图主要是以线束的形式出现的,图面的线条较少,各部件之间连接的表达就成为其主要的内容。

(1) 汽车线束图由多个线束组成,有主线束,分线束。在绘制线束图时应表现出每个线束上有几个分支,每个分支上有多少根线,导线的颜色及条纹是什么。

(2) 汽车上的电器数量多而复杂,为使连线正确,各个连接点都应标注接线端子的代号,以便于连接。

(3) 线束的长度包括线束的总长、每个分支的长度和两个线端间隔的长度。

(4) 插接器。由于线束有多条,线束与线束、分支与线束、或分支与电器之间都是通过插接器进行连接的,应表示出每个插接器上有几条导线,每条导线位于插接器接线孔的什么位置,插接器的形状是什么样的,相邻的几个插接器是否容易混淆。

 思考题

1. 汽车电路有何特点?

2. 汽车电路主要由哪些部件组成?

3. 何谓常电源、条件电源?

4. 现代汽车的搭铁点有何特点?

5. 电子控制电路有何特点?

6. 汽车电路图有几种形式?

7. 电路原理图有哪些特点?

8. 如何绘制电路原理图?

9. 汽车线束图有哪些特点?

第二章

汽车电路的基本组成元素

第一节　汽车用导线和线束

一、导线

汽车电系的导线有高压线、低压线两种，二者均采用铜质多心软线。

1. 低压导线

（1）导线的型号与规格。普通低压导线有采用聚氯乙烯作绝缘包层的 QVR 型，也有采用聚氯乙烯 – 丁腈复合物作绝缘包层的 QFR 型。这两种绝缘层的耐低温性、耐油性和阻燃性都比较好，尤以后者为佳。

普通低压导线采用多股铜质线芯结构，这是由于铜质多股线芯能够反复弯曲而不易折断，制成线束后的柔性仍较好，安装方便。汽车用低压线的型号与规格见表 2 – 1。

表 2 – 1　汽车用低压导线的型号与规格

型号	名称	标称截面积/mm^2	心线结构		绝缘层标称厚度/mm	导线最大外径/mm
			根数	直径/mm		
QVR	聚氯乙烯绝缘低压导线	0.5			0.6	2.2
		0.6			0.6	2.3
		0.8	7	0.39	0.6	2.5
		1.0	7	0.43	0.6	2.6
		1.5	17	0.52	0.6	2.9
		2.5	19	0.41	0.8	3.8
QFR	聚氯乙烯 – 丁腈复合物绝缘低压导线	4	19	0.52	0.8	4.4
		6	19	0.64	0.9	5.2
		8	19	0.74	0.9	5.7
		10	49	0.52	1.0	6.9

型号	名称	标称截面积/mm²	心线结构		绝缘层标称厚度/mm	导线最大外径/mm
			根数	直径/mm		
QFR	聚氯乙烯-丁腈复合物绝缘低压导线	16	49	0.64	1.0	8.0
		25	98	0.58	1.2	10.3
		35	133	0.58	1.2	11.3
		50	133	0.68	1.4	13.3

（2）导线的选择。汽车上各种电器设备所用的连接导线,通常是根据用电设备的负载电流大小来选择导线的截面积。其选择的原则是:长时间工作的电器设备可选用实际载流量60%的导线;短时间工作的用电设备可选用实际载流量60% ~ 100%的导线。

在选用导线时,还应考虑电路中的电压降和导线发热等情况,以免影响用电设备的电气性能和超过导线的允许温度。对于一些工作电流很少的电器,为保证导线应具有一定的机械强度,汽车电系中所用导线截面积至少不得小于0.5 mm²。各种低压导线截面积所允许的负载电流见表2-2。

表2-2　低压导线截面积允许的负载电流值

导线标称截面积/mm²	0.5	0.8	1.0	1.5	2.5	4.0	6.0	10	16	25	35	50
允许电流值/A(60%)	7.5	9.6	11.4	14.4	19.2	25.2	33	45	63	82.8	102	129
允许电流值/A(100%)	12.5	16	19	24	32	42	55	75	105	138	170	215

所谓标称截面积是经过换算而统一规定的线芯截面积,不是实际线芯的几何面积,也不是各股线芯几何面积之和。

汽车12 V电系主要线路导线标称截面积推荐值见表2-3。

表2-3　12 V电系主要线路截面积推荐值

标称截面积/mm²	用　　途
0.5	尾灯、顶灯、指示灯、仪表灯、燃油表、刮水器电动机、电钟、水温表、油压表等电路用的导线
0.8	转向灯、制动灯、停车灯、分电器等电路用的导线
1.0	前照灯、喇叭(3 A以下)等电路用的导线
1.5	前照灯、电喇叭(3 A以上)等电路用的导线
1.5 ~ 4.0	其他5 A以上的电路用的导线
4 ~ 6	柴油机电热塞电路用的导线
6 ~ 25	电源电路用的导线
16 ~ 95	启动电路用的导线

（3）导线的电气特性。导线电气特性主要是指对低压电路的电压降。如果某一电路由于

导线造成过大的电压降,将严重影响用电设备的正常工作和电源的供电效能。在汽车低压线路中,对起动机线路,一般要求每100 A电流产生的电压降不得大于0.1～0.15 V,在起动机启动时的电压降不允许超过0.5 V。发电机处于额定负载时,线路压降不得大于0.3 V。整车线路的总电压降,在不计接触电阻的情况下,不得超过0.8 V。从压降的角度看,在许可的条件下,导线越短越好。当线芯长期工作温度不超过70 ℃、环境温度在 −40 ℃ ～ +70 ℃范围内时,导线的正常车用寿命不得低于$(6～8)×10^4$ km。

(4) 导线的颜色。为便于汽车电系的连接和维修,汽车用低压线的颜色,必须符合有关标准。单色线的颜色由表2-4规定的颜色组成。双色线的颜色由表2-4规定的两种颜色配合组成。双色线的主色所占有比例大些,辅助颜色所占有比例小些。辅助色条纹与主色条纹沿圆周表面的比例为1:3～1:5。双色线的标注第一色为主色,第二色为辅色。

表2-4　汽车用电线颜色

电线颜色	黑色	白色	红色	绿色	黄色	棕色	蓝色	灰色	紫色	橙色
代号	B	W	R	G	Y	Br	BL	Gr	V	O

国外汽车厂商在电路图上多用英文字母来表示电线外皮的颜色及其条纹的颜色。日本常用单个字母表示,个别用双字母表示,如是双字母,后一个是小写字母。美国常用2～3个字母表示一种颜色,如果电线上有条纹,则要书写较多字母。德国汽车电线颜色代号,各厂商甚至各牌号不尽一致,奥迪、宝马、奔驰、桑塔纳的颜色代号各不相同,在读图时要注意区别。也有的厂商,如菲亚特汽车电线采用数字代号表示颜色。各国(厂家)电线颜色代号见表2-5。

表2-5　各国(厂家)电线颜色代号

国家及车系　　颜色	国家									部分汽车公司车系						
	中国	英国	美国	日本	德国	法国	俄罗斯	奥地利	波兰	奔驰	宝马	奥迪	帕萨特	本田	通用	菲亚特
黑	B	Black	BAK	B	SW	BL	ч	B	N	BK	SW	sw	BK	BLK	BLK	
白	W	White	WHT	W	WS	W	б,Б	C	B	WT	WS	ws	WT	WHT	WHT	22 - -
红	R	Red	RED	R	RT	R	ЛК	A	R	RD	RT	ro	RD	RED	RED	77 - -
绿	G	Green	GEN	G	GN	GN	з	F	V	GN	GN	gn	GN	GRN	GRN	88 - -
黄	Y	Yellow	YEL	Y		Y	ж	D	G	YL	GE	ge	YL	YEL	YEL	33 - -
棕	Br	Brown	BRN	Br	BK		KOP	L	M	BR	BR	br	BN	BRN	BRN	00 - -
蓝	Bl	Blue	BLU	L	BL	BU	r	I	A	BU	BL	bl	BU	BLU	BLU	11 - -
灰	Gr	Grey	GRY	Gr		G	с		H	GY	GR	gr	GY	GRY	GRY	44 - -
紫	V	Violet	PPL	Pu	VI	VI			Z	VI	VI	li	PL	PUR		66 - -
橙	O	Orange	ORN	Or			o		C		OR		OG	ORN	ORN	55 - -
粉红	P	Pink	PNK	P		P		N	S	PK	RS		PK	PNK	PNK	99 - -
深绿		Dark Green	DAK GRN								DKGN				DK GRN	

国家及车系 颜色	国家								部分汽车公司车系						
	中国	英国	美国	日本	德国	法国	俄罗斯	奥地利	波兰	奔驰	宝马	奥迪	帕萨特	本田	通用	菲亚特
浅绿		Light Green	LT GRN	Lg									LTGN	LT GRN	LT GRN
深蓝		Dark Blue	DK BLU										DKBU		DK BLU
浅蓝		Light Blue	LT BLU	Sb				K	L				LTBU	LT BLU	LT BLU
棕褐		Tan	TAN			Br									TAN
无色		Clear	CLR										CR		CLR

2. 高压导线

高压导线是指点火系统中承担高电压传送任务的导线。由于工作电压一般在 15 kV 以上,电流强度较小;因此,高压导线一般绝缘包层厚,线芯截面较小,耐压性能高。

(1)高压导线的种类。国产汽车用高压导线有铜芯线和阻尼线两种。高压阻尼线又称为半导体塑芯高压线,线芯具有一定的电阻,通常要求不大于 20 kΩ/m。带阻尼的高压线可抑制和衰减点火系统产生的高频电磁波,降低对无线电设备及电控装置的干扰。

(2)高压导线的电气性能。高压导线的绝缘性能是高压导线的主要指标,因此选择高压导线的依据是导线应有足够的耐压值。高压导线的耐压值应在 15 kV 以上。高压导线耐潮湿性能应良好,将其浸入温水中保持 3 h,取出后以 50 Hz、15 kV 的交流电压试验 5 min,导线不应被击穿。

高压导线应在 $-40\ ℃ \sim +70\ ℃$ 的环境温度中仍能正常工作。一般正常的车用寿命为 $(4.5 \sim 5) \times 10^4$ km。

二、线束

在汽车上,为了使全车线路不零乱、安装方便,以及保护导线不被水、油侵蚀和磨损,汽车导线除高压线和蓄电池导线外,都用绝缘材料包扎成束,称为线束。

汽车用的线束是一种将各电器之间的连线,选择最短的途径,并把同一路径的若干导线用绝缘带包扎而成的。故其主要由各种颜色的低压导线,以及相关连接插件、接线端子、绝缘包扎材料等组成。

包扎线束的绝缘材料通常采用棉纱编织的套管或聚氯乙烯胶带,有的还在包扎好的线束外面再套上一根波纹管。

1. 汽车线束的制作

线束的制作通常按以下程序进行:

(1)下线。先根据线束图上所给出的各电器设备所需的导线颜色、截面积以及线路走径及距离,将各种导线从整捆线上截取,备齐待用。

(2)压接分支。对于有分支的线路应先连接好,连接方法有两种,一种是压接,另一种是锡焊。但无论采用哪一种方法,都必须保证分支连接处的良好接触和牢固性。分支线线头有的先作有记号,以免搞混。

（3）上模板捆扎。根据线束图,将各导线按图上的分布情况,在模板上分路、分段集中排列好,经检查无误后,先用绳带每隔一段距离捆扎一次,有分支的地方也应先捆一下,然后用白布带或塑料绝缘胶带采用半叠包扎法依次包紧即可。如用白布带包扎,还必须再浸绝缘漆以增强绝缘性能。

所谓半叠包扎法,就是包带的后层与前层都重叠一半带宽,如图2-1所示。在导线较长、导线根数较少或无分支的情况下,亦可视情况套上塑料套管,仅将两头包好。

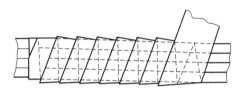

图2-1　线束半叠包扎方法

（4）套玻纹管。现在有些汽车的线束,仅在模板上用塑料绝缘胶带将分支处进行捆扎,距离较长的束线每隔一段距离捆扎一次,然后直接用玻纹管套在束线上,在玻纹管的外层用塑料绝缘胶带每隔一段距离捆扎一下,并将玻纹管各端头包裹好。

（5）压装接线端子。包扎好的线束按规定的距离去掉多余部分,除去导线端头的绝缘包层,根据线束图上的要求焊接或压装上各种接线端子。一般对拆卸机会少的线头,采用闭口式接线端子,而对经常拆卸的线头,多采用开口式接线端子,如图2-2所示。

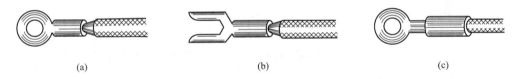

(a)　　　　　　　　　　　(b)　　　　　　　　　　　(c)

图2-2　接线端子形状及加绝缘套管示意图
（a）闭口式接线端子；（b）开口式接线端子；（c）套绝缘管

注意:在焊接或压装接线端子之前,一般还在导线上先套一适当长短和粗细的绝缘管,以便罩封其裸露的部分,以防止与其他电路短路或搭铁。

现代汽车上的线束接头多采用插件式。插件的插座外壳一般用聚乙烯制成,由于带锁舌,故不易松动。插座大小各异,且又为非对称结构,由此可避免插错插头而造成故障。

2. 汽车线束的安装

安装汽车线束时,应注意事项如下:

（1）线束应用卡簧和绊钉固定,以免松动磨坏。

（2）线束在拐弯处或有发生相对移动的部件不应拉得太紧。

（3）在穿过洞口和绕过锐角处,应用橡皮、毛毡类垫子或套管保护,使其不被磨损而造成搭铁、短路甚至酿成火灾等危险。

（4）各个接线端子接必须连接可靠、接触良好。

3. 维修线束时应注意的问题

汽车线束在长期的使用过程中,由于水、油的浸蚀以及磨损,容易使其外面的包皮损坏或导线折断,这就需要重新更换导线、包扎线束。

（1）有图自制电线束方法。重新自制电线束时,如有线束图,自制线束就很方便。可先按原线束的规格(导线直径、长度、颜色等)备齐导线。而后将应扎在一起的导线集中,并按线束原来的形式,该分支的分支,该留头的留出规定长度,从而布置成形。在各分支处的交叉点以及线束端,用胶布缠好,以免包扎时松散零乱。然后用白纱带或塑料绝缘胶带进行包扎。再将各线头上套以不同颜色的塑料管,焊上接线端子或各种插件接头。用白纱带包扎的线束,最后还应在纱布层上涂一层青漆,经晾干后即可上车使用。

(2)无图自制电线束方法。进口汽车线束和国产汽车线束的结构基本相同,但往往缺少这类电线束图。修理时需重新自制线束,如没有尺寸根据,可将旧线束拆下,实测出各部分的长度,也可在汽车上直接大概测量尺寸(通常从车前端往后测量)。

在包扎电线时,应按照线束原来的形式分支,露出部分应符合规定长度,接头不能有裸露部分,焊接的地方应加绝缘套管并进行包扎。

各电线的接头处如不是原颜色,应加套原色塑料管,以便于识别。线束和电器设备接头处的插接器应匹配,如原件仍可利用,则可用原件。如原件已不能用或有锈蚀现象,均应换新件,实在无新件可用时,也应对原件进行彻底清洗后再用。

第二节 插 接 器

插接器又称为连接器,由插头和插座组成。插接器是汽车电路中线束的中继站,线束与线束(或导线与导线)、线束(导线)与电器部件之间的连接一般采用插接器进行连接。

一、汽车用插接器的类型

为了便于拆装或避免装错,特将插接器制成不同形状、规格和型号,并用不同颜色进行区分。插接器可供几条到几十条导线使用,有长方体、多边体等不同形状。如图2-3所示为几种插接器的形式。

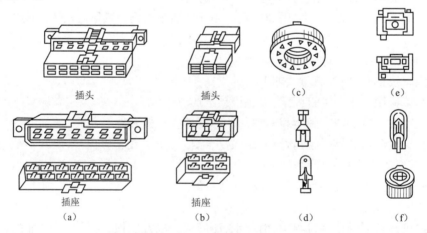

图2-3 插接器的形式

(a)14线插接器;(b)6线插接器;(c)12线圆形插接器;

(d)片状导线插接器;(e)前照灯插座;(f)仪表灯插座

插接器的插头和插座均由接头(或端子)和护套组成,接头与导线采用冷铆或锡焊连接;护套为多孔塑料件或橡胶件,用以放置导线接头。在导线接头上带有倒刺,当嵌入护套后会自动锁止;在护套上也有锁止结构,当插头和插座接合后也会自动锁止,以防止脱开,如图2-4所示。

二、插接器的表示方式

插接器的表示方式如图2-5(a)、图2-5(b)所示(这里仅以6线插头和8线插座为例,其他插头或插座的表示方法与此类同,仅是导线数量不同),图2-5(c)为其实物示意图。

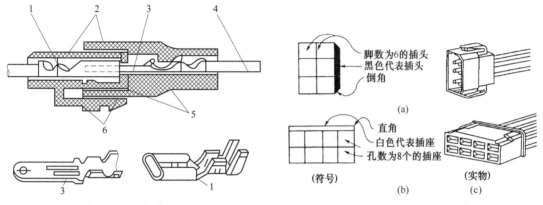

图2-4　插接器结构
1—插座;2—护套;3—插头;4—导线;5—倒刺;6—锁止机构

图2-5　插接器的表示方式和实物示意图
(a)插头符号;(b)插座符号;(c)实物

三、插接器的识别方法

1. 插头的识别

如图2-5(a)中所示,一般在表示插头脚数的方格(长方格或正方格)的一边画一深黑色长方框,方格的数量表示插头的引脚数。长方框有不倒角或倒角的两种,不倒角表示插头采用针式接线端子,倒角表示插头采用片式接线端子。

2. 插座的识别

如图2-5(b)中所示,一般在表示插座脚数的方格(长方格或正方格)的一边用白色(不涂黑色)画一不倒角或倒角的长方框,方格的数量表示插座的引脚数。

四、插接器的连接方法

插接器一般都有导向槽,导向槽是为了使插接器接合正确而设置的凸凹轨。插接器接合时,应把插头与插座的导向槽重叠在一起,使插头和插孔对准,然后平行插入即可十分牢固地连接在一起。

插接器连接后,其导线的连接关系如图2-6所示。例如,A线的插孔①与a线的插头①′是相配合的,其余依次类推。

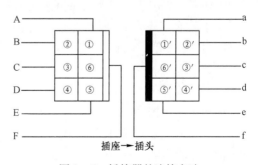

图2-6　插接器的连接方法

五、插接器的拆卸方法

为了防止汽车在行驶过程中插接器脱开,所有的插接器均采用闭锁装置。如图2-7所示,要拆开插接器时,首先要解除闭锁,然后再把插接器拉开,不允许在未解除闭锁的情况下用力拉导线,这样会损坏闭锁装置或连接导线。

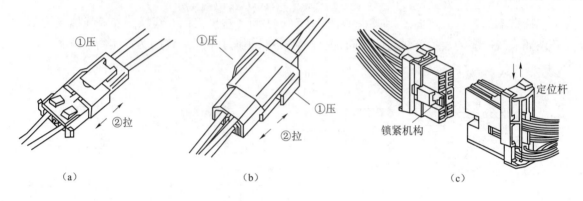

图2-7　插接器的拆卸方法

六、插接器的检修

在检查线路的电压或导通情况时,不必脱开插接器,只需用万用表两表针插入插接器尾部的线孔内进行检查即可。

修理中如需要更换电线或取下插接器接线端子,应先把插头和插座分开,再用小螺丝刀插入插头或插座的尾部的线孔内,撬起电线锁紧凸缘,并将电线从后端拉出。安装时,将电线头推入,直至接线端子被锁住为止,然后向后拉动电线,以确认是否锁紧。

第三节　开　关

开关的主要功能是控制电路通断。开关在汽车电路图中的表示方法有:结构图表示法、表格表示法和图形表示法。汽车上的开关主要有手动开关、压力开关、温控开关等多种形式。其手动开关主要有点火开关、照明灯开关、信号灯开关及各控制面板与驾驶座附近的按键式开关、拨杆式开关及组合式开关等。

一、点火开关

点火开关用于控制点火电路、发电机激磁电路、仪表的电源电路和启动电路,停车时用钥匙锁住。其功能主要有:锁住转向盘转轴(LOCK),接通点火仪表指示灯(ON 或 IG),启动(ST 或 START)挡、附件挡(ACC 主要是 CD 专用),如果用于柴油车则要增加预热(HEAT)挡。其中启动挡、预热挡因为消耗电流很大,开关不宜接通过久,所以这两挡在操作时必须用手克服弹簧力,扳住钥匙,如果松手就会弹回点火挡,不能自行定位;其他挡点火(ON)、附件(ACC)、锁定(LOCK)均可自行定位。点火开关的各车型不完全一样,使用时应注意区分,其表示方法如图2-8所示。

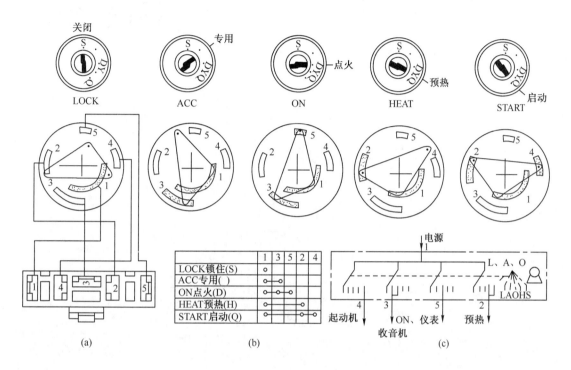

	1	3	5	2	4
LOCK锁住(S)	○				
ACC专用( )	○	○			
ON点火(D)	○	○	○		
HEAT预热(H)	○				○
START启动(Q)	○			○	

图2-8　点火开关的三种表示方法

(a)结构图表示法;(b)表格表示法;(c)图形表示法

二、多功能组合开关

多功能组合开关主要对照明(前照灯)、信号(转向、危险警告、超车)、刮水器/洗涤器等电路的控制。

如图2-9所示为富康轿车采用的多功能组合开关,主要由灯光、信号装置控制手柄(组合开关左手柄)和刮水器/洗涤器控制手柄(组合开关右手柄)组成。

1.灯光、信号装置控制手柄

富康轿车全部灯光及信号装置的动作,由设置在转向盘左侧的手柄控制。手柄的工作位置如图2-10所示,其结构如图2-11所示,它的挡位通断情况见表2-6。

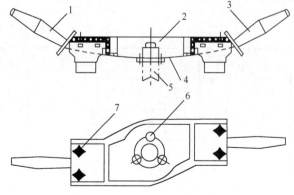

图2-9　组合开关的结构

1—灯光、信号装置控制手柄;2—底座;3—刮水器/洗涤器控制手柄;
4—安装板;5—安装螺丝;6—螺丝

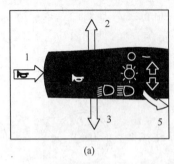
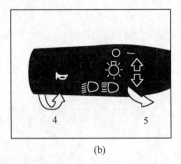

图 2-10　灯光与信号装置控制手柄(组合开关左手柄)

1—喇叭;2—右转向;3—左转向;4—灯光开关;5—前照灯交替转换近光和远光

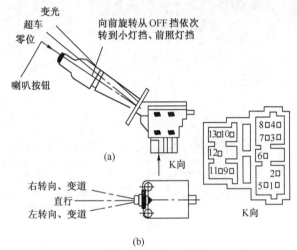

图 2-11　灯光、信号装置控制开关的结构

(a) 主视图;(b) 俯视图

2. 刮水器和洗涤器控制手柄

富康轿车刮水器和洗涤器的动作,由设置在转向盘右侧的手柄控制。手柄的工作位置如图 2-12 所示,其结构如图 2-13 所示,它的挡位通断情况见表 2-6。

表 2-6　灯光转向开关的挡位通断情况

接线端子号		1	2	3	4	5	6	7	8	9	10	11	12	13
左转向		○—		—○										
右转向		○—		—○										
OFF	零位					○—			—○					
	超车				○—	—○								
						○—			—○					
	变光				○—	—○			—○					

续表

接线端子号			1	2	3	4	5	6	7	8	9	10	11	12	13
小灯	零位						○───			───○			○──	──○	
小灯	超车					○────	───○			───○			○──	──○	
小灯	变光			○				○──	──○				○──	──○	
前照灯	状态1	零位					○───			───○			○──	──○	○
前照灯	状态1	超车					○──	──○						○──	──○	○
前照灯	状态1	变光					○──	──○	─○	○			○──	──○	○
前照灯	状态2	零位						○──	──○	○			○──	──○	○
前照灯	状态2	超车					○──	──○	─○	○			○──	──○	○
前照灯	状态2	变光					○───			───○			○──	──○	○
喇叭按钮											○──	──○			

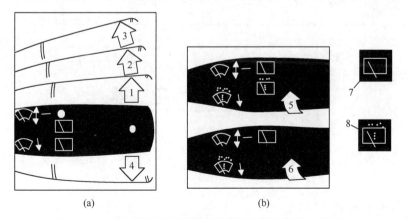

图 2－12　刮水器和洗涤器的控制手柄（组合开关右手柄）

1～4—前风窗玻璃刮水器开关工作位置；5—后风窗玻璃刮水器工作位置；

6—后风窗玻璃洗涤器工作位置；7—后风窗玻璃刮水器标记；8—后风窗玻璃洗涤器标记

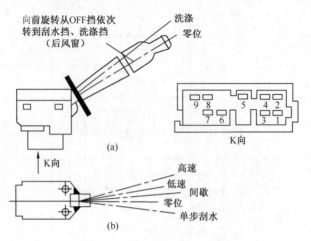

图 2 – 13　刮水洗涤开关的结构

(a) 主俯图；(b) 俯视图

表 2 – 7　刮水器控制开关的通断情况

接线端子		1	2	3	4	5	6	7	8	9
前挡风玻璃	雨刷复位		○	○						
	零位		○				○			
	间歇刮水		○				○			
				○		○				
	低速刮水	○	○							
	高速刮水	○		○						
	洗涤			○	○					
后挡风玻璃	OFF								○	○
	刮水			○				○	○	○
	洗涤			○				○	○	

第四节　继　电　器

继电器是一种当输入量(电、磁、声、光、热)达到一定值时,输出量将发生跳跃式变化的自动控制器件。

一、继电器的类型

按工作原理可分为电磁继电器、热继电器、温度继电器、固态继电器和电子混合式继电器等。但目前汽车行业使用最多的还是电磁继电器,以及部分电子混合式继电器。电磁继电器分为电压型和电流型两种。

　　按负载大小可分为微功率继电器、弱功率继电器、中功率继电器和大功率继电器等。

　　按外形尺寸可分为超微型继电器、微型继电器和小型继电器等。

　　按防护形式可分为密封继电器、封闭继电器和开放式继电器等。

二、电磁继电器的基本结构及主要参数

1. 电磁继电器的基本结构

　　如图 2 - 14 所示,电磁继电器主要由线圈、衔铁(动片)、动触点和静触点等组成。当电流经过线圈时,产生磁场,吸引动触点移动,并与静触点接触,使接线端子 3 和接线端子 4 导通,于是主电路形成回路,从而使被控制的用电器投入工作。由此可见,继电器的作用是通过线圈的电流控制经过触点的负载(用电器)的工作电流。

2. 继电器的主要参数

　　(1)额定工作电压。额定工作电压是指继电器在正常工作时线圈所需要的电压。继电器的型号不同,其直流电压也不同。

　　(2)直流电阻。直流电阻是指继电器中线圈的直流电阻,可以通过万能表测量。

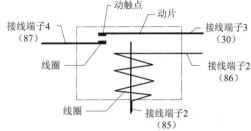

图 2 - 14　电磁继电器的基本结构

　　(3)吸合电压(电流)。吸合电压是指继电器能够产生吸合动作的最小电压(电流)。在正常使用时,给定的电压必须略大于吸合电压,这样继电器才能稳定地工作。而对于线圈所加的工作电压,一般不要超过额定工作电压的 1.5 倍,否则会产生较大的电流而把线圈烧毁。

　　(4)释放电压(电流)。释放电压是指继电器产生释放动作的最大电压(电流)。当继电器吸合状态的电压减小到一定程度时,继电器就会恢复到未通电时的释放状态。这时的电压远远小于吸合电压。

　　(5)触点切换电流。触点切换电流是指继电器允许加载的电流。它决定了继电器所能控制电流的大小,使用时不能超过此值,否则很容易损坏继电器的触点。

三、继电器的识别

1. 继电器的符号

　　继电器在电路图中用电器符号表达,符号由线圈与开关组成,线圈与开关用虚线连接,表示此开关受该线圈控制。继电器中的开关一般表现为该系统处于不工作状态时的位置,也就是开关如断开即为常开继电器(如图 2 - 15 所示)。反之则为常闭继电器。

2. 继电器的标识

　　(1)产品规格。在汽车继电器上一般标 DC12V 或 DC24V 等,代表继电器的额定工作电压,即加在线圈两端的电压分别为直流 12 V 或 24 V。

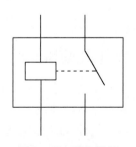

图 2 - 15　继电器的电器符号

（2）负载能力。继电器触点通过负载的能力一般用电流的大小来表示,如"NO40A"或"NC/NO40/30A"。其中,NO 表示触点常开(NORMAL OPEN),NC 表示触点常闭(NORMAL CLOSE),40 A 或 30 A 表示触点端可以带的负载额定电流,一般指阻性负载,感性负载则会根据冲击电流倍数而相应减小。

（3）接线端子。如图 2-16 所示为继电器的接线端子标识,30 代表可动端,87 代表常开端,87a 代表常闭端,85、86 代表线圈端。也有用 1 ~ 5 表示,1、2 代表线圈端,3 代表可动端,4 代表常闭端,5 代表常开端。

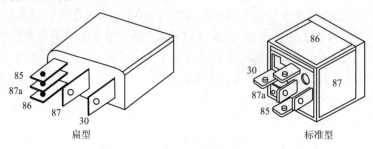

图 2-16   继电器的接线端子标识

四、电流型继电器

电流型继电器的特点是电磁线圈通过的电流较大,而经过触点的电流较小。如舌簧继电器(如图 2-17 所示),圆管玻璃内有两个舌形触点,玻璃管外有粗导线线圈。电磁线圈通电时,触点闭合;电磁线圈断电时,触点断开。它常用于对灯的监测电路(如图 2-18 所示),电磁线圈和灯泡串联,触点控制仪表板上的相应故障指示灯的工作。

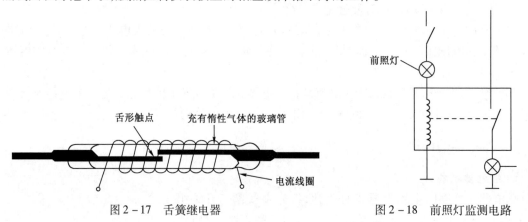

图 2-17   舌簧继电器   图 2-18   前照灯监测电路

五、电压型继电器

电压型继电器的特点是电磁线圈通过的电流较小,而经过触点的电流较大。电压型继电器一般有以下几种:

（1）常开式继电器:电磁线圈通电时,触点闭合。

（2）常闭式继电器:电磁线圈通电时,触点断开。

（3）切换式继电器:同一继电器内有两对触点。一对触点常开,另外一对触点常闭。电磁线圈通电时,常开触点闭合,常闭触点断开。

（4）有多个电磁线圈的继电器:即多个电磁线圈共同控制一对触点,常用于多个控制器件控制同一用电器。

六、继电器的选用

由于汽车继电器的工作环境较为恶劣,要求继电器必须具有寿命长、性能可靠、体积小、能耗低,同时还要具有电磁兼容性、阻燃性、响应速度快等特点。在设计汽车电路时,汽车继电器选择原则见表2－8。

表2－8　汽车继电器选择原则

性能及项目		选　择　原　则
触点	组合方式 触点额定负载值 触点材料 电器寿命 接触电阻	应使用等于或多于所需触点数的产品; 最好使继电器的寿命与所用设备的寿命平衡; 触点材料应符合使用的负载类型,对于低电平或中等电流应提出特殊要求
线圈	额定电压 吸合电压 释放电压 最大连续工作电压 线圈直流电阻	应根据实际使用电源的波动选择额定电压; 对环境温度要给予足够的考虑,确保不超过规定值; 当用于与半导体连接时,应考虑有足够的功率能够驱动继电器; 线圈工作电压不应超过规定的范围
动作时间	动作时间 释放时间 开断频率	回跳时间应短于响应时间及相应的操作时间; 开断频率不应超过规定值
机械性能	耐振动 耐冲击 环境温度 机械寿命	应考虑使用现场的冲击、振动条件; 当在高温环境下使用继电器时,应要求绝缘耐热等级
其他项目	安装方式 外壳 外形尺寸	选择标准的连接方式; 在有害气体或其他易污染的环境中使用继电器时应优选塑封继电器; 提出其他的特殊要求

汽车继电器具体选择步骤如下:

（1）根据额定工作电压确定产品规格是 DC12V 继电器还是 DC24V 继电器。

（2）根据控制要求确定触点形式,如选择常开触点还是常闭触点或切换触点。

（3）根据被控回路多少确定触点的对数和组数。

（4）根据负载性质和大小确定触点的负载电流的大小。

（5）根据环境温度选用继电器。目前继电器的工作环境温度主要有 -40 ℃ ~ +85 ℃ 和 -40 ℃ ~ +125 ℃ 两种情况,可根据实际使用情况进行选用。通常在驾驶舱使用,选择 -40 ℃ ~ +85 ℃ 的继电器;在发动机舱使用,则选用 -40 ℃ ~ +125 ℃ 的继电器。

（6）根据环境情况选用继电器。现代汽车一般采用配电盒,内部集成了汽车中使用的大部分的继电器。配电盒本身具有一定的防潮、防尘效果,其继电器一般是采用普通的防尘外壳继电器。当有特殊要求时,可选用密封性继电器。

（7）继电器可分为短时工作继电器(如预热继电器、启动继电器等)和连续工作继电器(如油泵继电器),选择的时候应注意区分使用。

（8）根据负载工作时间的先后,发电机发电前工作的继电器,其动作电压(吸合电压)要小一些,12 V 车型一般在 6.5 ~ 7.5 V 之间,如油泵继电器,甚至要求动作电压小于 5.5 V。发电机发电后工作的继电器,其动作电压要略高于此,12 V 车型一般在 7.0 ~ 8.5 V 之间,可根据实际需要进行选用。

七、继电器的安装

1. 安装方向

在安装继电器时,要使继电器的触点轴向与地面平行,这样可以避免触点飞溅物、碳化物落在触点表面,从而能够提高接触的可靠性。多组继电器应避免小负载触点位于大负载触点下方,建议使冲击方向垂直于触点和衔铁的运动方向,这样能够有效提高非励磁状态下的常闭触点的耐振耐冲击性能。

2. 安装距离

近距离安装多个继电器时,其间距一般为 2 mm。

3. 继电器的固定

（1）单独安装的继电器,不能取下外壳先安装,为防止松动、破损、变形,须使用弹簧垫圈。拧紧力矩须在 0.5 ~ 70 N·m 的范围内。

（2）插入式继电器插入强度建议为 40 ~ 70 N 之间。

八、继电器的连接

继电器的连接方式有接柱式和插入式两种。接柱式继电器触点容量可做得较大,在大中型货车的启动电路、进气预热电路中很常见。插入式继电器因安装方便、体积较小,而在汽车上得到了广泛地应用。几种插入式继电器的内部结构和安装示意图如图 2 - 19 所示。

当电子控制器件和继电器组装成一体时,要注意区分继电器的各接线端,哪些是属于电子控制器件的,哪些是属于继电器电磁线圈的,哪些是属于继电器触点的。如图 2 - 20 所示为桑塔纳轿车刮水器继电器,图中 1、T、53S 都与电子控制器件有关。其中 1、T 由刮水器开关分别控制供电,而 53S 则受电子器件控制。1 或 T 根据使用要求,提供信号给电子控制器件。由电子控制器件对 53S 进行控制,从而实现间隙摆动或清洗摆动的功能。

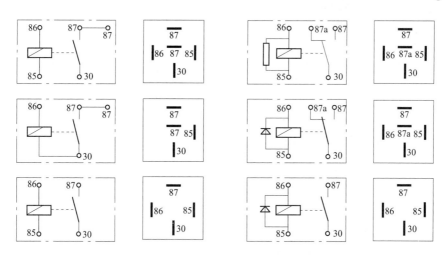

图 2 - 19　插入式继电器的内部结构和安装示意图

九、继电器的常见故障

继电器的常见故障现象有:线圈烧断、线圈匝间短路(绝缘老化)、触点烧蚀、触点接触不良等。

十、继电器的检修

1. 继电器需进行检修的简便判断方法

接通控制开关,然后用耳朵或听诊器倾听控制继电器内有无吸合声,或者用手感受一下继电器有没有振动感。如有说明继电器工作基本正

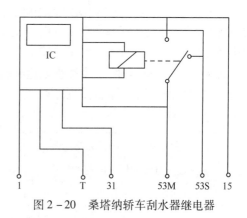

图 2 - 20　桑塔纳轿车刮水器继电器

常,用电器不工作是由于其他原因引起的;否则,说明该继电器工作失常。

2. 继电器的检测

(1)检测电阻。可用万用表电阻挡判断继电器电阻的好坏。以图 2 - 19 左下角继电器为例,用万用表 $R \times 100 \ \Omega$ 挡检查接线端子 85 与 86 脚应导通,而接线端子 30 脚与 87 间电阻应为 ∝。如检测结果与上述情况不符,说明继电器电阻有故障。

(2)通电检测。如果上述检查无问题,可在接线端子 85 与 86 间加 12 V 供电(24 V 电系汽车施加 24 V 电源电压),用万用表检查 30 与 87 脚应导通。如检测结果与上述情况不符,或通电后继电器发热,均说明其已损坏。

第五节　电路保护装置

电路保护装置串联在电源与用电设备之间,当用电设备或线路发生短路或过载时,切断电源电路,以免电源、用电设备和线路损坏。汽车上广泛使用的电路保护装置有熔断丝、易熔线和电路断电器。

一、熔断丝(保险丝)

熔断丝又称为熔断器或保险丝。如图2-21所示,熔断丝用于对局部电路进行保护,按形状可分为丝状、管状和片状。

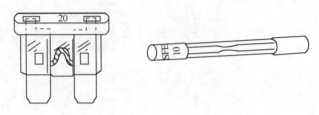

图2-21　熔断丝

1. 熔断丝的熔断特性

熔断丝能承受长时间的额定电流负载,在过载的情况下,熔断丝会很快熔断(见表2-9)。熔断丝的熔断时间,包括两个动作过程,即熔体发热熔化过程和电弧熄灭过程。这两个过程进行的快慢,决定于熔断丝中流过的电流值的大小和本身的结构参数。很明显,当电流超过额定值倍数较大时,发热量增加,熔体很快就达到熔化温度,熔化时间大为缩短,反之,在熔断丝过载倍数不是很大时,熔化时间将增长。

表2-9　熔断丝的熔断特性

流过熔断丝的电流(标注电流)	熔断丝的熔断时间
流过的电流为标注电流110%时	不熔断
流过的电流为标注电流135%时	在60 s内熔断
流过的电流为标注电流150%时	20 A以内的熔断丝,15 s以内熔断
	30 A熔断丝,30 s以内熔断

2. 熔断丝的检查和检修

(1)熔断丝的检查。熔断丝熔断后,一般用观察法就可发现。对于较隐蔽的故障,需要进行详细检查。具体方法是用万用表电阻挡测量熔断丝是否熔断,也可用试灯进行检查。熔断丝只能一次作用,每次烧断必须更换。检查熔断丝时应注意以下几点:

① 熔断丝熔断后,必须真正找到故障原因,彻底排除故障。

② 更换熔断丝时,一定要与原规格相同;不要随意使用比原规定容量大的熔断丝。在汽车上增加用电设备时,不要随意改用容量大的熔断丝,对于这类情况,最好另外再安装熔断丝。

③ 熔断丝支架与熔断丝接触不良会产生电压降和发热现象。因此,特别要注意检查熔断丝支架有无氧化现象和脏污。有脏污和氧化物时必须用细砂纸打磨光,使其接触良好。安装时要保证良好接触。

(2)熔断丝的应急修理:

① 熔断丝熔断后,在没有备用熔断丝的情况下,绝不能用香烟盒内的锡箔纸或其他金属箔或丝代替熔断丝。如果装上锡箔纸,即使流过锡箔纸50 A以上的电流,锡箔纸除了会发热

变红之外,但不会熔断,这将会引起火灾,这是十分危险的。

② 在应急修理时,可用细导线代替熔断丝。可把汽车上使用的 0.5 mm² 烯树脂多股绞合线拆开,使用其中的一股。这种细导线一般相当于 15 A 的熔断丝。

上述是一种行驶途中的应急修理方法,一旦回到目的地或有新熔断丝时,应及时换上。

二、易熔线

易熔线是一种截面一定的、可长时间通过额定电流(如 30 A、40 A、60 A 等)的合金导线,用于保护总体线路或较重要电路。如北京切诺基汽车设有五条易熔线,分别保护充电电路、预热加热器、灯光、雾灯及辅助装置电路。

1. 易熔线的规格

易熔线的规格通常用颜色来加以区别,几种常见易熔线的规格见表 2 - 10。

表 2 - 10　易熔线的规格

颜色	尺寸/mm	心线结构	长度 1 m 时的电阻值/Ω	连续通电电流/A	5 s 以内熔断时的电流/A
茶	0.3	ϕ0.32 × 5 股	0.0475	13	约 150
绿	0.5	ϕ0.32 × 7 股	0.0325	20	约 200
红	0.85	ϕ0.32 × 11 股	0.0205	25	约 250
黑	1.25	ϕ0.5 × 7 股	0.0141	33	约 300

2. 易熔线故障检查和处理方法

(1)检查和维修注意事项:

① 易熔线在 5 s 内熔断时的电流为 150 ~ 300 A,因此,不论在任何条件下都绝对不允许换用比规定容量大的易熔线。

② 易熔线熔断时,可能是电源电路或大电流电路等主要电路发生短路。因此需要仔细检查,找出短路原因,彻底排除故障隐患。

③ 易熔线的四周绝对不能缠绕聚氯乙烯绝缘带,更不能和其他用电设备的导线绞合在一起,也不能和材料是乙烯树脂或橡胶的元件相接触。

(2)易熔线熔断后应急修理方法。易熔线熔断后,如一时无相同规格的易熔线可换,可以暂时用同容量的熔断丝串接在电路上或用粗导线代用,但过后一定要及时换用符合要求的易熔线。

三、电路断电器

对于那些在平常工作时容易过载的电路,一般用电路断电器保护。有些电路断电器须手工复原(图 2 - 22),有些则必须撤了电源才能复原(图 2 - 23)。循环式电路断电器(图 2 - 24)是自己复原的,此种电路断电器利用双金属片对过电流起反应的特性。当出现过载或电路故障引起过电流时,双金属片被流过的大电流加热而弯曲,触点副随之张开。触点一旦张开,电流便不再流过双金属片,双金属片自然冷却而再次将触点副闭合。如果电路仍然引起过电流,电路断电器触点再次张开,如此,电路断电器便周期性地张开和闭合,直至不过载为止。

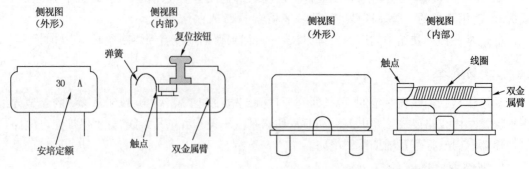

图 2 - 22   手工复原的电路断电器   图 2 - 23   撤电源才复原的电路断电器

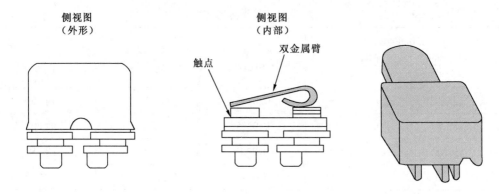

图 2 - 24   双金属片循环式电路断电器

第六节   汽车配电盒

一、汽车配电盒的组成

汽车配电盒又称为汽车接线盒、熔断丝/继电器盒或熔断丝/继电器盒,汽车电气系统以配电盒为核心进行控制。大部分继电器和熔断丝都安装在汽车配电盒正面,当发生故障时,便于更换和检修。汽车配电盒上一般标有线束和导线插接位置的代号及接点的数字号,主线束从汽车配电盒背面插接后通往各用电设备。

汽车配电盒由配电盒盖、座及配电盒主体组成,在配电盒盖上标有各熔断丝和继电器的位置及功能说明。配电盒总成一般安装在散热良好、方便插接的地方,大多安装在车辆前风窗玻璃外左下角、发动机舱盖的下面,或安装在驾乘室内驾驶员腿上方护罩夹层中。

二、汽车配电盒的识别

桑塔纳轿车汽车配电盒的正面如图 2 - 25 所示。在汽车配电盒下方安装有 22 个熔断丝,各熔断丝都标明了该熔断丝的编号、被保护的电路和额定电流,如表2－11所示(备注:车型不同和出厂年代不同,熔断丝数量和安装装置有所不同)。

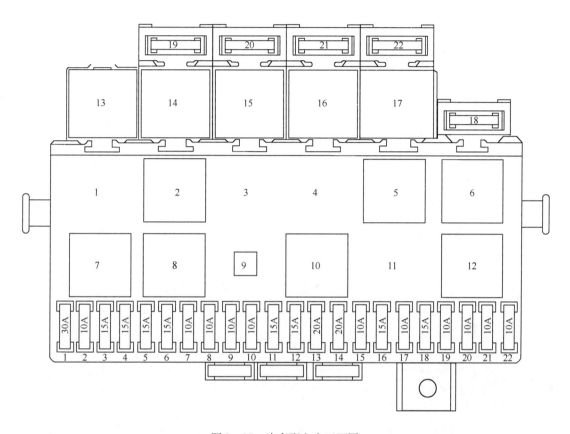

图2－25 汽车配电盒正面图

1—空位;2—进气歧管预热继电器;3,4,11—空位;5—空调继电器;6—双音喇叭继电器;7—雾灯继电器;8—减荷继电器;9—拆卸熔断丝专用工具;10—前风窗刮水和清洗器继电器;12—报警、转向继电器;13—冷却风扇继电器;14—门窗电机自动继电器;15—门窗电机延迟继电器;16—内部照明继电器;17—冷却液液面指示控制器;18—后雾灯熔断丝;19—热保护器;20—空调熔断丝(30 A);21—自动天线熔断丝(10 A);22—电动后视镜熔断丝(3 A)

表2－11 桑塔纳轿车中央线路板上熔断丝的编号、被保护的电路和额定电流

编号	被 保 护 的 电 路	颜色	额定电流/A	备 注
S_1	冷却风扇电机	绿色	30	
S_2	制动灯	红色	10	
S_3	点烟器、收放机、时钟、室内灯、后备箱灯	蓝色	15	
S_4	危险报警灯	蓝色	15	
S_5	燃油泵	蓝色	15	
S_6	前雾灯	蓝色	15	
S_7	左示宽灯、左尾灯	红色	10	
S_8	右示宽灯、右尾灯	红色	10	

编号	被 保 护 的 电 路	颜色	额定电流/A	备 注
S_9	右前照灯远光	红色	10	
S_{10}	左前照灯远光	红色	10	
S_{11}	刮水器和洗涤器	蓝色	15	
S_{12}	电动门窗电机	蓝色	15	
S_{13}	后窗除霜器	黄色	20	
S_{14}	鼓风机(空调)	黄色	20	
S_{15}	倒车灯、车速传感器	红色	10	
S_{16}	双音喇叭	蓝色	15	
S_{17}	怠速截止电磁阀、进气预热器	红色	10	
S_{18}	驻车制动、阻风门指示灯	蓝色	15	
S_{19}	转向灯	红色	10	
S_{20}	牌照灯、杂物箱照明灯	红色	10	
S_{21}	左前照灯近光	红色	10	
S_{22}	右前照灯近光	红色	10	
S_{23}	后雾灯	红色	10	
S_{24}	空调	绿色	30	
S_{25}	自动天线	红色	10	
S_{26}	电动后视镜	紫色	3	
S_{27}	ECU	红色	10	

注：$S_{23\sim27}$ 为桑塔纳 2000GSi 型轿车的编号，插在中央线路板的旁边。

在继电器上面标有阿拉伯数字,该数字表示该继电器在汽车配电盒正面的插接位置。如小圆圈中的数字为5,表示该继电器应当插接在中央线路板正面的5号继电器位置上。继电器端子上标有诸如"3/49a"等字样,其中分子3表示继电器位置上的3号插孔,49a表示继电器或控制器的49a号端子(插头),分子与分母是一一对应的,设计继电器插座与插头时已经保证不会插错。

桑塔纳轿车汽车配电盒背面的结构如图2-26所示,各种插接器的插座均固定在中央线路板背面上,与相应的线束插头连接后通往各个电器部件。每个插座的位置代号均用英文字母标注在线路板上,各连接器的颜色及插座与线束插头代号见表2-12。插接线束插头时,线束插头字母代号必须与相同字母的插座连接,以便检查与维修。

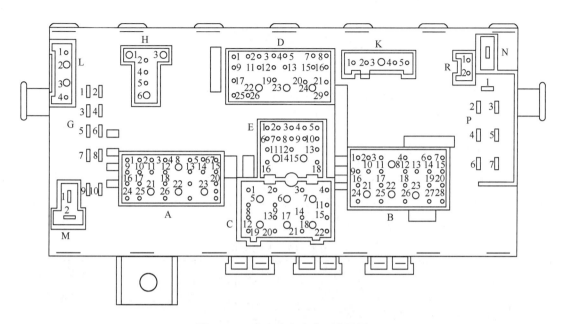

图 2 - 26　汽车配电盒背面布置图

表 2 - 12　中央线路板连接器插座代号及其连接线束的名称

插接器代号	颜　色	连　接　对　象
A	蓝色	仪表盘线束
B	红色	仪表盘线束
C	黄色	发动机室左侧线束
D	白色	发动机室右侧线束
E	黑色	车辆的后部线束
G	不定	单端子插座(主要用于连接冷却液不足指示控制器电源线)
H	棕色	空调系统线束
K	不定	安全带与报警系统线束
L	灰色	喇叭线束
M	黑色	车灯开关"56"端子与变光开关56b端子线束
N	不定	单端子插座(主要用于连接进气预热器加热电阻电源线)
P	不定	单端子插座(连接蓄电池与中央线路板"30"号电源线,中央线路板"30"端子与点火开关"30"端子电源线)
R		备用连接器插座

第七节   常用图形符号

图形符号是用于电气图或其他文件中的表示项目或概念的一种图形、标记或字符,是电气技术领域中最基本的工程语言。因此,为了看懂汽车电路图,我们要掌握和熟练地运用它。

一、图形符号的种类

汽车电路图中常用的图形符号,可分为:限定符号(表2-13);导线、端子和导线的连接符号(表2-14);触点与开关符号(表2-15);电器元件符号(表2-16);仪表符号(表2-17);各种传感器符号(表2-18);电器设备符号(表2-19)。

表2-13   限定符号

序号	名 称	图 形 符 号	序号	名 称	图 形 符 号
1	直流	—	6	中性点	N
2	交流	~	7	磁场	F
3	交直流	⌁	8	搭铁	⏚
4	正极	+	9	交流发电机输出接线柱	B
5	负极	–	10	磁场二极管输出端	D_+

表2-14   导线、端子和导线的连接符号

序号	名 称	图 形 符 号	序号	名 称	图 形 符 号
11	接点	●	20	插头和插座	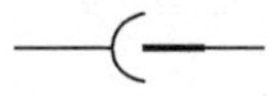
12	端子	○	21	多极插头和插座(示出的为三极)	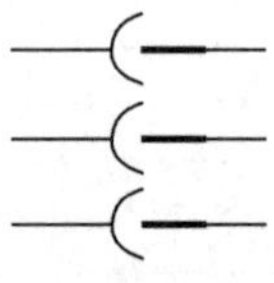
13	可拆卸的端子	φ			
14	导线的连接				
15	导线的分支连接		22	接通的连接片	
16	导线的交叉连接		23	废开的连接片	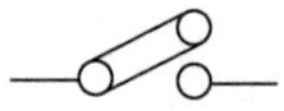
17	导线的跨越	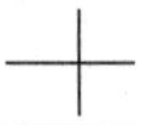	24	边界线	 – – – – –
18	插座的一个极	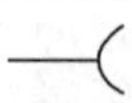	25	屏蔽(护罩)	
19	插头的一个极		26	屏蔽导线	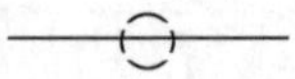

表 2-15　触点与开关符号

序号	名　称	图形符号	序号	名　称	图形符号
27	动合(常开)触点		49	定位(非自动复位)开关	
28	动断(常闭)触点		50	按钮开关	
29	先断后合的触点				
30	中间断开的双向触点		51	能定位的按钮开关	
31	双动合触点		52	拉拔开关	
32	双动断触点				
33	单动断双动合触点		53	旋转、旋钮开关	
34	双动断单动合触点				
35	一般情况下手动控制		54	液位控制开关	
36	拉拔操作				
37	旋转操作		55	机油滤清器报警开关	OP
38	推动操作				
39	一般机械操作		56	热敏开关动合触点	$t°$
40	钥匙操作				
41	热执行器操作		57	热敏开关动断触点	$t°$
42	温度控制	t			
43	压力控制	p	58	热敏自动开关动断触点	
44	制动压力控制	BP			
45	液位控制		59	热继电器触点	
46	凸轮控制				
47	联动开关		60	旋转多挡开关位置	0 1 2
48	手动开关的一般符号				

续表

序号	名　　称	图形符号	序号	名　　称	图形符号
61	推拉多挡开关位置	0　1　2	63	多挡开关、点火、启动开关,瞬时位置为 2 能自动返回到 1(即 2 不能定位)	0　1　2　　0,1
62	钥匙开关(全部定位)	0　1　2	64	节流阀开关	

表 2 – 16　电器元件符号

序号	名　　称	图形符号	序号	名　　称	图形符号
65	电阻器		77	极性电容器	+
66	可变电阻器		78	穿心电容器	
67	压敏电阻器	U	79	半导体二极管一般符号	
68	热敏电阻器	$t°$	80	单向击穿二极管,电压调整二极管(稳压管)	
69	滑线式变阻器		81	发光二极管	
70	分路器		82	双向二极管(变阻二极管)	
71	滑动触点电位器		83	三极晶体闸流管	
72	仪表照明调光电阻		84	光电二极管	
73	光敏电阻		85	PNP 型三极管	
74	加热元件、电热塞		86	集电极接管壳三极管(NPN 型)	
75	电容器		87	具有两个电极的压电晶体	
76	可变电容器		88	电感器、线圈、绕阻、扼流图	

序号	名　称	图形符号	序号	名　称	图形符号
89	带磁芯的电感器		96	两个绕组电磁铁	
90	熔断丝				
91	易熔线		97	不同方向绕组电磁铁	
92	电路断电器				
93	永久磁铁				
94	操作器件一般符号		98	触点常开的继电器	
95	一个绕组电磁铁		99	触点常闭的继电器	

表2－17　仪表符号

序号	名　称	图形符号	序号	名　称	图形符号
100	指示仪表	＊	107	转速表	n
101	电压表	V	108	温度表	t°
102	电流表	A	109	燃油表	Q
103	电压电流表	A/V	110	车速里程表	v
104	欧姆表	Ω	111	时钟	
105	瓦特表	W	112	数字式时钟	
106	油压表	OP			

表 2 –18   各种传感器符号

序号	名称	图形符号	序号	名称	图形符号
113	传感器的一般符号	*	120	空气流量传感器	AF
114	温度表传感器	$t°$	121	氧传感器	λ
115	空气温度传感器	$t°a$	122	爆震传感器	K
116	水温传感器	$t°w$	123	转速传感器	n
117	燃油表传感器	Q	124	速度传感器	v
118	油压表传感器	OP	125	空气压力传感器	AP
119	空气质量传感器	m	126	制动压力传感器	BP

表 2 –19   电气设备符号

序号	名称	图形符号	序号	名称	图形符号
127	照明灯、信号灯、仪表灯、指示灯	⊗	134	蜂鸣器	
128	双丝灯		135	报警器、电警笛	
129	荧光灯		136	元件、装置、功能元件	
130	组合灯		137	信号发生器	G
131	预热指示器		138	脉冲发生器	G
132	电喇叭		139	闪光器	G
133	扬声器		140	霍尔信号发生器	

序号	名　称	图形符号	序号	名　称	图形符号
141	磁感应信号发生器		155	滤波器	
142	温度补偿器		156	稳压器	
143	电磁阀一般符号		157	点烟器	
144	常开电磁阀		158	热继电器	
145	常闭电磁阀		159	间歇刮水继电器	
146	电磁离合器		160	防盗报警系统	
147	用电动机操纵的怠速调整装置		161	天线一般符号	
148	过电压保护装置		162	发射机	
149	过电流保护装置		163	收音机	
150	加热器(除霜器)		164	内部通讯联络及音乐系统	
151	振荡器		165	收放机	
152	变换器、转换器		166	天线电话	
153	光电发生器		167	传声器一般符号	
154	空气调节器		168	点火线圈	

序号	名　称	图形符号	序号	名　称	图形符号
169	分电器		185	点火电子组件	
170	火花塞		186	风扇电动机	
171	电压调节器		187	刮水电动机	
172	转速调节器		188	天线电动机	
173	温度调节器		189	直流伺服电动机	
174	串激绕组		190	直流发电机	
175	并激或他激绕组		191	星形连接的三相绕组	
176	集电环或换向器上的电刷		192	三角形连接的三相绕组	
177	直流电动机		193	定子绕组为星形连接的交流发电机	
178	串激直流电动机		194	定子绕组为三角形连接的交流发电机	
179	并激直流电动机		195	外接电压调节器与交流发电机	
180	永磁直流电动机		196	整体式交流发电机	
181	起动机(带电磁开关)		197	蓄电池	
182	燃油泵电动机、洗涤电动机		198	蓄电池组	
183	晶体管电动燃油泵				
184	加热定时器				

续表

序号	名 称	图形符号	序号	名 称	图形符号
199	蓄电池传感器	 B	206	自记车速里程表	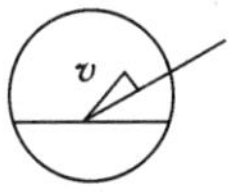
200	制动灯传感器	 BR	207	带时钟自记车速里表	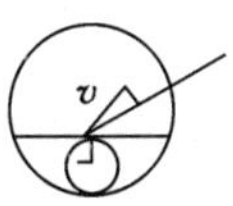
201	尾灯传感器	 T	208	带时钟的车速里程表	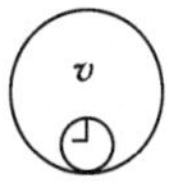
202	制动器摩擦片传感器	 F	209	门窗电动机	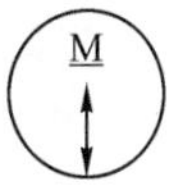 M
203	燃油滤清器积水传感器	 W	210	座椅安全带装置	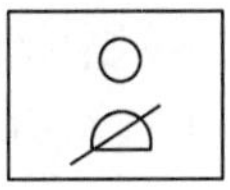
204	三丝灯泡	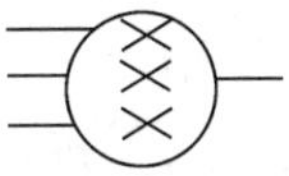			
205	汽车底盘与吊机间电路滑环与电刷				

二、图形符号的使用原则

① 在满足条件的情况下,应首先采用最简单的形式,但图形符号必须完整。

② 在同一份电路图中同一图形符号应采用同一种形式。

③ 符号方位不是固定的,在不改变符号意义的前提下,符号可根据图面布置的需要旋转或成镜像放置,但文字和指示方向不得倒置。

④ 图形符号中一般没有端子代号,如果端子代号是符号的一部分,则端子代号必须画出。

⑤ 导线符号可以用不同宽度的线条表示,如电源线路(主电路)可用粗实线表示,控制、保护线路(辅助电路)则可用细实线表示。

⑥ 一般连接线不是图形符号的组成部分,方位可根据实际需要布置。

⑦ 符号的意义由其形式决定,可根据需要进行缩小或放大。

⑧ 图形符号表示的是在无电压、无外力的常规状态。

⑨ 图形符号中的文字符号、物理量符号,应视为图形符号的组成部分。当用这些符号不能满足标注时,可按有关标准加以补充。

⑩ 电器图中若未采用规定的图形符号,必须加以说明。

第八节　电器部件接线端子的标记

　　为了使导线与电器部件尽可能准确无误地互相连接,汽车电器部件采用了大量的接线端子标记。赋有一定含义的汽车电器接线端子标记,对于汽车电器产品设计制造或汽车电路配线、检修具有重要的意义。

　　德国是世界上汽车工业发达国家中使用接线端子标记最早也是最成熟的国家,许多接线端子标记已列入德国工业标准(DIN 72552)。经过多次修改与补充,不仅在本国和欧洲推广,也在日本、美国的汽车电器产品中大量引用。我国在 1989 年结合国情参照德国标准制定了《汽车电器接线端子标记》国家标准(ZBT 36 009—1989),该标准于 1999 年被国家汽车行业标准(QC/T 423—1999)所替代。

一、接线端子的标记原则

　　(1)接线端子标记采用阿拉伯数字代号为主、英文字母为辅的基本原则。

　　(2)产品上有两个或三个互相绝缘的,且在其上的连接导线可以互换的接线端子,允许不编制标记。

　　(3)某些产品根据需要,可用于不同用途或电路中,仍按自身的特点编制接线端子标记,不另外编制标记。

　　(4)接线端子标记应清晰、耐久地保存在产品上。

二、接线端子标记的含义

　　1. 常规汽车电器装置接线端子的标记

　　常规汽车电器装置接线端子的标记见表 2 - 20。

表 2 - 20　常规汽车电器装置接线端子的标记与含义

电器	接线端子标记		接线端子标记的含义	曾用过的标记	说明
	基本标记	下标			
一般用途	30		电器上接蓄电池正极或电源的接线端子	B	除发电装置外,所有电路中都可使用
	31E		电器上接蓄电池负极的接线端子	-	
	E		电器上的搭铁接线端子	E	

　　2. 发电机接线端子的标记

　　发电机接线端子的标记见表 2 - 21。

表 2 – 21　发电机与调节器的接线端子标记

电器	接线端子标记		接线端子标记的含义	曾用过的标记	接线图上应用示例
	基本标记	下标			
发电机装置	61		交流发电机上,调节器上,接充电指示灯的接线端子	L	图 2 – 29
	A		直流发电机上,电枢输出接线端子;调节器上的相应接线端子	A、S	
	B		交流发电机上的输出接线端子 直流发电机调节器上,接蓄电池正极的接线端子 交流发电机调节器上,接点火开关或电源开关的接线端子	B、A B –	图 2 – 27 图 2 – 28 图 2 – 29 图 2 – 30
	D +		交流发电机上,磁场二极管的接线端子;调节器上相应接线端子	D +	图 2 – 27
	F		发电机上的磁场接线端子,调节器上的相应接线端子	–	图 2 – 28 ~ 图 2 – 30
	N		交流发电机上的中性接线端子;调节器上的相应接线端子	N	图 2 – 28 ~ 图 2 – 30
	S		交流发电机调节器上,接蓄电池电压检测点的接线端子	–	图 2 – 30
	W		交流发电机上的相电流接线端子	R、W	
		W1	交流发电机上的第一个相电流接线端子	–	图 2 – 27
		W2	交流发电机上的第二个相电流接线端子	–	

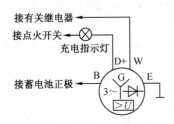

图 2 – 27　整体式发电机充电
电路(IC 电压调节器)

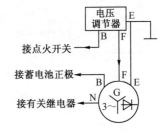

图 2 – 28　分立式发电机充电
电路(电子电压调节器)

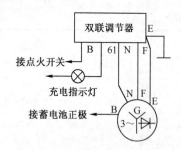

图 2 - 29　带充电指示继电器的
充电电路(电磁振动式电压调节器)

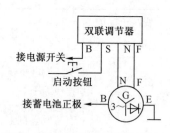

图 2 - 30　带磁场继电器的充电
电路(电磁振动式电压调节器)

3. 点火装置接线端子的标记

点火装置接线端子的标记见表 2 - 22。

表 2 - 22　点火装置接线端子的标记与含义

电器	接线端子标记		接线端子标记的含义	曾用过的标记	接线图上应用示例
	基本标记	下标			
点火装置	1		点火线圈和分电器上,互相连接的低压接线端子;电子点火装置中,点火线圈上低压接线端子	-	图 2 - 31 图 2 - 32 图 2 - 33
		1a	带两个分立电路的分电器Ⅰ的低压接线端子(自点火线圈Ⅰ的低压接线端子1来)	-	
		1b	带两个分立电路的分电器Ⅱ的低压接线端子(自点火线圈Ⅱ的低压接线端子1来)	-	
		1e	电子组件上,输入信号的接线端子	-	图 2 - 32、图 2 - 33
	7		无触点分电器上,输出信号的接线端子电子组件上,输出信号的接线端子		
	15		点火开关和点火线圈上,互相连接的接线端子	+	图 2 - 32
			电子点火装置中,点火线圈上,分电器上,电子组件上的电源接线端子	-	图 2 - 33

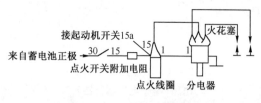

图 2 - 31　传统点火系统

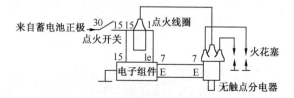

图 2 - 32　磁电式电子点火系统

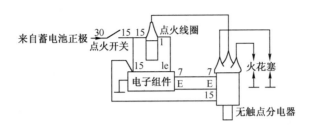

图 2-33　霍尔式电子点火系统

4. 启动装置接线端子的标记

启动装置接线端子的标记见表 2-23。

表 2-23　启动装置接线端子的标记与含义

电器	接线端子标记		接线端子标记的含义	曾用过的标记	接线图上应用示例
	基本标记	下标			
启动装置		15a	起动机开关上接点火线圈的接线端子	-	图 2-34
		30a	带有 12/24 V 电压转换开关时,电压转换开关上接蓄电池Ⅰ正极的接线端子	-	图 2-35
	31		12/24 V 电压转换开关上,接蓄电池Ⅰ负极的接线端子	-	图 2-35
	48		启动继电器上或 12/24 V 电压转换开关上,控制起动机电磁开关上的输出接线端子;起动机电磁开关上的相应接线端子	-	图 2-35 图 2-36 图 2-37
	50		点火开关上、预热启动开关上,用于启动的输出接线端子、启动按钮的输出接线端子;机械式启动开关上的相应接线端子 带有 12~24 V 电压转换开关时,电压转换开关上,控制本身的输入接线端子	-	图 2-34 图 2-35 图 2-36 图 2-37
		61a	复合启动继电器上,接充电指示灯的接线端子	L	图 2-37
	86		启动继电器上,绕组始端接线端子	S、SW	图 2-36、图 2-37
	A		启动继电器上,接交流发电机 A 的接线端子	-	图 2-36
	N		复合启动继电器上,接交流发电机 N 或类似作用的接线端子	-	图 2-37

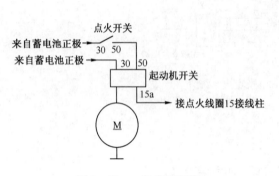

图 2-34　一般启动系统

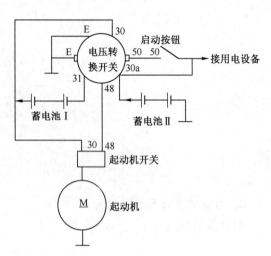

图 2-35　带 12 V/24 V 电压转换开关的启动系统

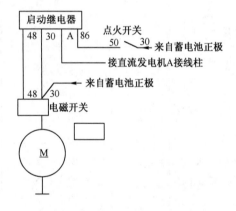

图 2-36　带启动继电器的启动系统

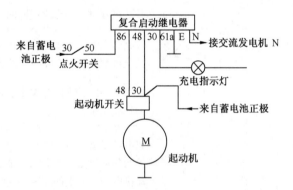

图 2-37　带复合启动继电器的启动系统

5. 启动预热装置接线端子的标记

启动预热装置接线端子的标记见表2-24和图2-38。

表 2-24　预热启动装置接线端子的标记与含义

电器	接线端子标记		接线端子标记的含义	曾用过的标记	接线图上应用示例
	基本标记	下标			
预热启动装置	15		预热启动开关上的接其他用电设备的接线端子	BR	图 2-38
	19		预热启动开关上的预热接线端子	R1	
	50		预热启动开关上的启动接线端子	C、R2	

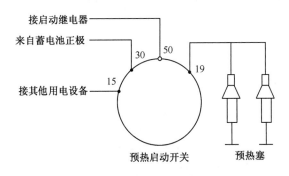

图 2 – 38　预热启动装置

6. 电动机接线端子的标记

电动机接线端子的标记见表 2 – 25 和图 2 – 39。

表 2 – 25　电动机接线端子的标记与含义

电器	接线端子标记		接线端子标记的含义	曾用过的标记	接线图上应用示例
	基本标记	下标			
各种用途的电动机	33		电动机上的电源输入接线端子	—	图 2 – 39
		33a	变速电动机上的高速接线端子	—	
		33b	变速电动机上的第二挡低速接线端子	—	
		33c	变速电动机上的第三挡低速接线端子	—	
		33d	变速电动机上的第四挡低速接线端子	—	
		33L	电动机上的顺时针旋转接线端子	—	
		33R	电动机上的逆时针旋转接线端子	—	

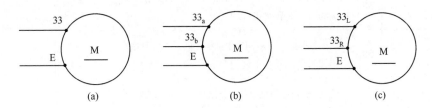

图 2 – 39　电动机接线端子的标记

（a）单速电动机；（b）双速电动机；（c）双向电动机

7. 照明装置接线端子的标记

照明装置接线端子的标记见表 2 – 26 和图 2 – 40。

表 2－26　照明与信号系统的接线端子标记

电器	接线端子标记		接线端子标记的含义	曾用过的标记	接线图上应用示例
	基本标记	下标			
照明装置	54		制动灯开关和制动灯互相连接的接线端子		
	55		雾灯开关和雾灯互相连接的接线端子		
	56		灯光总开关和变光开关互相连接的接线端子;变光开关上除远光、近光、超车接线端子外的另一个接线端子		
		56a	变光开关上的远光接线端子;远光灯上的相应接线端子		
		56b	变光开关上的近光接线端子;近光灯上的相应接线端子		
		56d	变光开关上的超车接线端子		
	57		灯光总开关上或点火开关上和停车灯开关互相连接的接线端子		
		57L	停车灯开关和左停车灯互相连接的接线端子		图 2－40
		57R	停车灯开关和右停车灯互相连接的接线端子		
	58		灯光总开关上接前小灯、示宽灯、尾灯、牌照灯、仪表照明灯等的接线端子 灯光开关上,用于控制示宽灯、尾灯、牌照灯、仪表照明灯的接线端子		
		58a	仪表照明灯开关和仪表照明灯互相连接的接线端子(单独布线时)		
		58b	室内照明灯开关和室内照明灯互相连接的接线端子(单独布线时)		
		58c	灯光总开关和前小灯互相连接的接线端子(单独布线时)		
	59		倒车灯开关和倒车灯互相连接的接线端子		
		59a	倒车指示灯上电源接线端子		
		59b	倒车报警器上的电源接线端子		

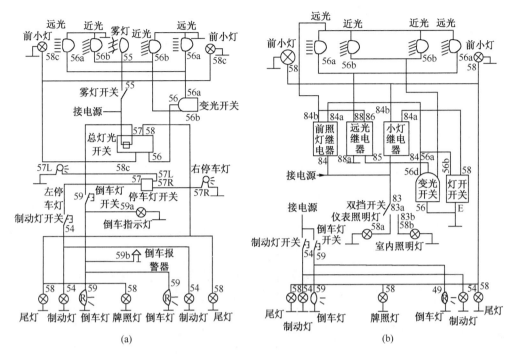

图 2 - 40　照明装置接线端子的标记

（a）带灯光总开关的照明与信号系统；（b）带灯光继电器的照明与信号系统

8. 转向信号装置接线端子的标记

转向信号装置接线端子的标记见表 2 - 27。

表 2 - 27　转向信号与危险信号系统接线端子标记

电器	接线端子标记		接线端子标记的含义	曾用过的标记	接线图上应用示例
	基本标记	下标			
转向信号装置	49		转向开关上的输入接线端子 报警开关上的接转向开关的接线端子		图 2 - 41
		49a	报警闪光器和报警开关互相连接的接线端子		
		49L	转向开关上、报警开关上和左转向灯互相连接的接线端子		
		49R	转向开关上、报警开关上和右转向灯互相连接的接线端子		
	L		转向信号闪光器上接转向开关的接线端子 报警开关上，接转向信号闪光器的接线端子		
	P		转向信号闪光器上接监视灯的接线端子		
		P1	左监视灯的接线端子		
		P2	右监视灯的接线端子		

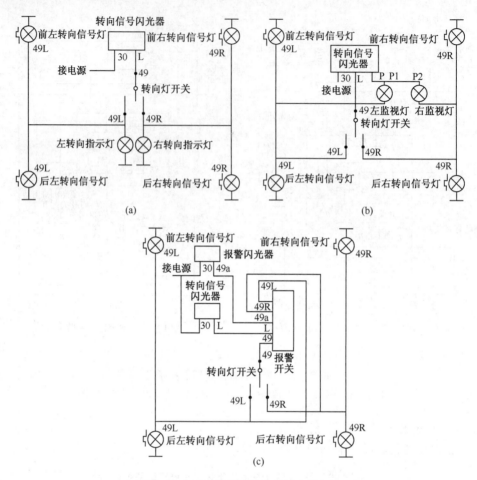

图 2-41　转向信号装置接线端子的标记

（a）一般转向信号系统电路；（b）带监视灯的转向信号系统电路；（c）带报警闪光器的转向信号系统电路

9. 喇叭与声响报警装置接线端子的标记

喇叭与声响报警装置接线端子的标记见表 2-28。

表 2-28　喇叭与声响报警装置接线端子的标记与含义

电器	接线端子标记		接线端子标记的含义	曾用过的标记	接线图上应用示例
	基本标记	下标			
喇叭和声响报警装置	72		报警开关上的接线端子	—	图 2-42
	H		喇叭继电器上，接电喇叭的接线端子	—	
	S		喇叭继电器上，电磁阀上，接喇叭按钮的接线端子	—	
	W		报警继电器上，接报警灯、报警喇叭的接线端子	—	

10. 挡风玻璃刮水器、洗涤器接线端子的标记

挡风玻璃刮水器、洗涤器接线端子的标记见表 2-29 和图 2-43。

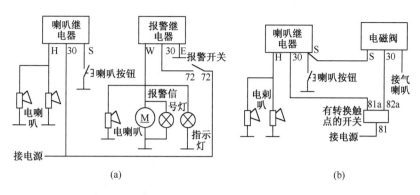

图 2 – 42 电喇叭与声响警报接线端子的标记

（a）一般电喇叭电路；（b）带气喇叭变换电路

表 2 – 29 挡风玻璃刮水器、洗涤器的接线端子的标记与含义

电器	接线端子标记		接线端子标记的含义	曾用过的标记	接线图上应用示例
	基本标记	下标			
风窗刮水器、洗涤器	53		刮水电动机上的主输入接线端子；刮水器开关上的相应接线端子 间歇继电器上，绕组始端接线端子 洗涤器上，电源接线端子		图 2 – 43
		53c	洗涤器和刮水器开关互相连接的接线端子		
		53e	带有复位机构刮水器上的复位接线端子；刮水器开关上相应接线端子		
		53i	刮水器开关上和间歇继电器上绕组互相连接的接线端子		
		53j	刮水器开关上和间歇继电器上触点互相连接的接线端子		
		53m	刮水器和间歇继电器互相连接的接线端子		
		53s	间歇控制板上的电源接线端子；刮水器开关上的相应接线端子		
		53H	双速刮水器上的高速接线端子；刮水器开关上的相应接线端子		
		53L	双速刮水器上的低速接线端子；刮水器开关上的相应接线端子		

11. 继电器接线端子的标记

继电器接线端子的标记见表 2 – 30 和图 2 – 44。

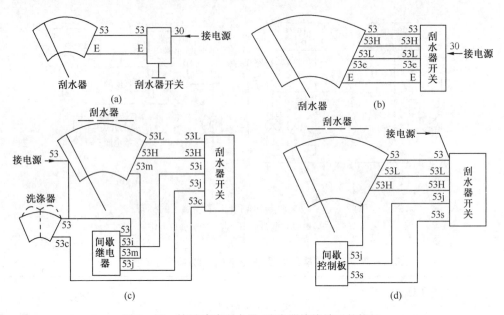

图 2 - 43　挡风玻璃刮水器、洗涤器接线端子的标记

（a）单路刮水器电路；（b）带复位机构的双速刮水器电路；
（c）带刮水间歇继电器的刮水器、洗涤器电路；（d）带间歇控制板的刮水器

表 2 - 30　继电器接线端子的标记与含义

电器	接线端子标记		接线端子标记的含义	曾用过的标记	接线图上应用示例
	基本标记	下标			
继电器（专用继电器除外）	84		继电器上,绕组始端和触点共同输入接线端子		
		84a	继电器上,绕组末端输出接线端子		
		84b	继电器上,触点输出接线端子		
	85		继电器上,绕组末端输出接线端子		
	86		继电器上,绕组始端输入接线端子		
	87		继电器上,动断触点和转换触点的输入接线端子		
		87a	常闭触点的第一个输出接线端子(转换触点在常闭触点一侧)		
		87b	常闭触点的第二个输出接线端子(转换触点在常闭触点一侧)		
		87c	常闭触点的第三个输出接线端子(转换触点在常闭触点一侧)		图 2 - 44
		87z	常闭触点和转换触点的第一个输入接线端子		
		87y	常闭触点和转换触点的第二个输入接线端子		
		87x	常闭触点和转换触点的第三个输入接线端子		
	88		继电器上,常开触点的输入接线端子		
		88a	常开触点的第一个输出接线端子		
		88b	常开触点的第二个输出接线端子		
		88c	常开触点的第三个输出接线端子		
		88z	常开触点的第一个输入接线端子(单独电流回路时)		
		88y	常开触点的第二个输入接线端子(单独电流回路时)		
		88x	常开触点的第三个输入接线端子(单独电流回路时)		

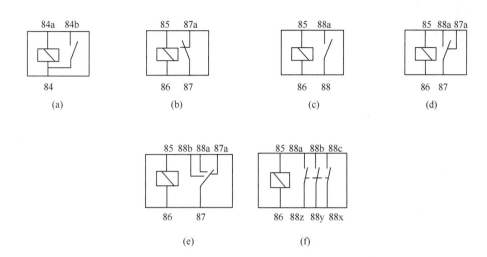

图 2 - 44　继电器接线端子的标记

（a）绕组与触点共一个输入端的继电器；（b）带一个常闭触点的继电器；

（c）带一个常开触点的继电器；（d）带一个转换触点的继电器；

（e）带组合转换触点（一个常闭触点，一个双联常开触点）的继电器；

（f)三极继电器（三联常开触点）

思考题

1. 什么是图形符号？图形符号有哪些类型？

2. 图形符号的使用原则是什么？

3. 如何识读图形符号和文字符号？

4. 接线端子的标记原则是什么？

5. 开关的表示方式有哪三种形式？

6. 如何识别汽车电磁继电器？

7. 如何检测继电器？

8. 如何选用继电器？

9. 电路保护装置有哪些类型？他们各自的特点是什么？

10. 汽车配电盒主要由哪些部件组成？主要功能是什么？

11. 安装线束时应注意哪些事项？

12. 如何选择低压导线？

13. 插接器的功用是什么？

第三章

汽车电路图的识读方法

第一节　汽车电路图的识读过程

电路原理图、布线图和线束图三种形式的汽车电路图仅仅是对目前各种汽车电路图从表达方式上的简单归纳。由于各国各汽车厂商电路图绘制的技术标准、文字标注上的差异,使得各国各大汽车厂家在电路图的绘制、连接关系的表达、表示符号和文字标注等方面不尽相同,特别是各种进口汽车(含国产化进口车型)的一些图形符号还很不一致,有时候难以说清楚是布线图还是原理图或线束图。虽然不同汽车电路图的绘制风格各不相同,给识读带来许多不便,但是汽车电气系统的基本工作原理是相通的,因而,识读汽车电路图也不是毫无章法、全无规律可循的,仍然存在一些通用技巧和经验可以遵循。

一、基础入手

从电工电子等基础知识开始学习,掌握直流、交流电路的基础知识。了解蓄电池、起动机、发电机及其调节器、继电器、开关等部件的基本原理,然后掌握电源电路、启动电路、灯光照明电路等单元电路的工作情况。

二、寻求共性

汽车电路的组成与特点、各种汽车电路图的绘制方式和特点、汽车电路的连接原则等均属于汽车电路的共性,是识读汽车电路图的基础。以这些共性为指导,了解各种型号的汽车电路,又可以发现更多的共性以及各种车型之间的差异。

三、区分差异

各国各汽车厂商汽车电路图图形符号、标注差异较大,画法也不相同,我们在识读时应注意区分,寻找它们各自电路的特点和相互间的差异。特别对于容易混淆的部分,更应注意区分。

四、循序渐进

从识读电源电路、启动电路、点火电路、灯光照明、仪表电路、信号电路、刮水洗涤电路等传统基础单元电路入手，逐渐识读电子控制电路；从识读 EQ1090、CA1092、EQ1181 等货车简单电路到识读复杂轿车电路；从识读国产汽车电路到识读各种进口汽车电路。这样由简到繁，整理归纳，比较提高。

五、举一反三

目前，国内汽车保有量逐年增加，品牌日趋多样，想要识读所有车型种类的汽车电路图极不现实，也大可不必。许多车型汽车电路原理图，很多部分都是类似或相近的，这样，只要突破一两种车型，举一反三，对照比较，就可触类旁通。汽车电器的通用性和专业化生产使同一国家汽车的整车电路形式大致相同，例如，掌握了东风牌汽车电路的特点，就可以大致了解解放、跃进等一批国产汽车电路的特点；掌握了丰田、三菱、日产等汽车电路，也就可以基本了解日本汽车电路的特点；掌握了桑塔纳轿车的电路，就可以进一步了解奥迪、捷达、波罗、宝来等德国大众公司汽车电路的特点。如此反复，不断积累，便可提高识读各种汽车电路图的能力。

六、化整为零

有的汽车电路图上线条密集交错，易使识读分析出错，有条件的话，可尝试参考有关资料和实物把原车线路图按系统改画成不同的单元电路原理图。对于整车电路图的识读分析，也可仿照上述方法化整为零，化全车整体图为系统部分图以方便识读。对于各个系统单元电路图同样可以采取各个击破的办法进行识读。例如，电子控制系统电路，就可以分成发动机电子控制系统、自动变速器电子控制系统、制动防抱死电子控制系统等电路；发动机电子控制系统又可以分为燃油喷射控制、点火控制、排放控制等不同电路，逐一进行阅读分析；同时，还应注意各系统单元电路之间的相互关系和相互影响，以便合零为整。

七、先易后难

有些汽车电路图的某些局部电路，或局部电路中的某些部分，可能比较复杂，一时难以看懂，可以暂时不顾及，待其他局部电路都看懂后，再来进一步识读这部分电路。

八、寻找资料

由于新的电气设备不断地出现和应用在汽车上，促使汽车电路图的变化很大，因此，对于看不懂的电路要请教有关人员，还要查找收集相关资料，注意深入研究典型汽车的电路，特别要注意积累实际工作经验。

熟练掌握汽车专业英语，据此可快速判定一些进口车型电路图中的接线端子上的缩略语的含义，便于全面快捷地理解电器工作原理。这也是目前困扰广大汽车检修人员的一个难题，许多教材和专业书籍中都存在着一些缩略语无明确解释的情况，这严重影响了读者的识图。

第二节   汽车电路原理图、布线图及线束图的识读方法

一、汽车电路原理图的识读方法

汽车电路原理图只标明组成汽车电路的各个电气设备的工作原理,如电流走向、流过电器装置的顺序等,图上的导线只标明各电气设备及其间的相互联系,而不代表实际安装位置。

识读汽车电路原理图的一般步骤为:

1. 了解电路原理图的整体布局

汽车电路原理图中电器装置的布置顺序从左到右、从上到下:供电电源(特别是蓄电池)在左,用电器在右,各局部电路尽量画在一起;"火线"在上,搭铁线在下;并且在图的上方,有一个说明条框,说明每一部分电路的功能。在局部电路的原理图中,信号输入(或控制端)在左,信号输出端(或驱动端)在右;"火线"在上,搭铁线在下。

2. 寻找主干电路

汽车电路以点火开关为中心将全车电路分成几条主干电路,即:30 号线、15 号线、15A 号线、31 号线。

(1) 30 号线。30 号线又称为蓄电池火线,即从蓄电池正极直接引出或从蓄电池正极引出后通过熔断丝盒的导线,也有的汽车的蓄电池火线接到起动机"30"接线端子上,再从那里引出的导线。

(2) 15 号线。只有点火开关在 ON(工作)和 ST(启动)挡时才有电的导线称为 15 号线。这些电路主要包括点火电路系统(柴油车为断油电磁阀电路)、发电机的磁场电路、仪表电路等。

(3) 15A 号线。用于发动机不工作时需要接入的电器,如收放机、点烟器等。点火开关单独设置一挡予以供电,此挡即为点火开关的 ACC 挡。但发动机运行时收音机等仍需接入与点火仪表指示灯等同时工作,所以点火开关触刀与触点的接触结构要进行特殊设计。

(4) 31 号线。汽车各种电器部件的搭铁线在电路原理图中的一般用 31 号线表示。

3. 认真读几遍图注

图注是说明汽车所有电气设备的名称及其数码代号,通过读图注可初步了解该汽车都装配了哪些电气设备。然后通过电气设备的数码代号在电路图中找出该电气设备,再进一步找出相互联线和控制关系,这样就可以了解汽车电路的特点和构成。

4. 牢记电器图形符号

汽车电路图是利用电器图形符号来表示其构成和工作原理的。因此必须了解电器图形符号的含义,才能看懂电路图。

5. 熟记电器部件接线端子的标记符号

为了便于绘制和识读汽车电器电路图,有些电器装置或其接线柱等上面都赋予不同的标志代号。例如,接至电源端接线端子用"B"或"+"表示;接至点火开关的接线端子用"SW"表示;接至起动机的接线端子用"S"表示;接至各种灯具的接线端子用"L"表示;发电机中性点接

线端子用"N"表示;发电机磁场接线端子用"F"表示;励磁电压输出端接线端子用"D+"表示;发电机电枢输出端接线端子用"B+"表示等。

另外,任何电路工作都需要电源(蓄电池或发电机),若分析每部分电路都将电源电路画出,会很烦琐,也没有必要。但又要表示出该电路工作时电源来自何方,为此将各用电设备的供电电源用符号表示。

6. 要牢记回路原则

任何一个完整的电路都是由电源、开关、用电设备、导线等组成。电流流向必须从电源正极出发,经过熔断丝、开关、导线等到达用电设备,再经过导线(或搭铁)回到电源负极,才能构成回路。这样的电路才是正确的,否则就是读错了或查错了。具体方法可以沿着工作电流的流向,由电源查明用电设备;也可逆着工作电流的方向,由用电设备查向电源。尤其是查寻一些不太熟悉的电路时,后者比前者更为方便。

在上述查找过程中,要特别注意以下两点:

(1) 从电源正极出发,经某用电器(或再经其他用电器),最后又回到同一电源的正极,由于电源的电位差(电压)仅存在于电源的正负极之间,电源的同一电极是等电位的,没有电压。这种"从正到正"的途径是不会产生电流的。

(2) 在汽车电路中,发电机和蓄电池都是电源,在寻找回路时,不能将其混为一谈,不能从一个电源的正极出发,经过若干用电设备后,回到另一个电源的负极,这种做法,不会构成一个真正的通路,也不会产生电流。所以必须强调,回路是指从一个电源的正极出发,经过用电器,回到同一个电源的负极。

7. 牢记搭铁极性

我国和世界各国都规定了汽车电器电路为负极搭铁。过去曾经有采用正极搭铁的汽车,但这类车型已很旧,现在已很少见到。

8. 注意开关在电路中的作用

对多层多挡多接线柱的开关要按层、按挡位、按接线柱逐级分析其各层各挡的功能。有的用电装置受两个以上单挡开关(或继电器)的控制,有的受两个以上多挡开关的控制,其工作状态可能比较复杂,如间歇刮水器电路。当开关接线柱较多时,首先抓住从电源来的一两个接线柱,再逐个分析与其他各接线柱相连的用电装置处于何种挡位,从而找出控制关系。

对于组合开关,在线路图中是画在一起的,而在电路原理图中又按其功能画在各自的局部电路中,遇到这种情况时,必须仔细研究识读。因此,建议在对电路图中的组合开关采用一个数码代号,而各个开关用英文下标加以区别;或者用英文符号代表组合开关,而各个开关用数码下标加以区别。在读电路图和车上查线时又要注意它们只是组合开关中的一部分。

读图时应注意与开关有关的5个问题:

(1) 在开关的许多接线端子中,注意哪些是接直通电源的?哪些是接用电器的?接线端子是否有接线符号?这些符号是否常见?

(2) 开关共有几个挡位?在每个挡位中,哪些接线端子通电?哪些断电?

(3) 蓄电池或发电机的电流是通过什么路径到达这个开关的?中间是否经过别的开关和熔断丝?这个开关是手动的还是电控的?

(4) 各个开关分别控制哪个用电器?被控用电器的作用和功能是什么?

(5) 在被控的用电器中,哪些电器处于常通?哪些电器处于短暂接通?哪些应先接通,哪些应后接通？哪些应单独工作？哪些应同时工作？哪些电器允许同时接通？

9. 注意开关、继电器的初始状态

在电路图中，各种开关、继电器都是按初始位置画出的，如按钮未按下，开关未接通，继电器线圈未通电，其触点未闭合（常开触点）或未打开（常闭触点）时，这种状态称原始状态。但看图时，不能完全按原始状态分析，否则很难理解电路所表达的工作原理，因为大多数用电设备都是通过开关、按钮、继电器触点的变化而改变回路的，进而实现不同的电路功能。所以，必须进行工作状态的分析。例如，刮水器就是通过刮水开关挡位的变化来实现间歇、低速、高速刮水功能的，分析电路时，必须把三种工作状态的电路走通。

10. 注意电器装置在电路图中的布置

在电气系统中，有大量电器装置是驱动部分和被驱动部分采用机械连接的，如各种继电器，还有多层多挡组合开关。这些电器装置在电路图上表示时，应做到既使画面简单，又便于识图，可采用集中表示法或分开表示法进行表示。

随着汽车电路的日趋复杂，一个电器装置有较多的组成部分（如组合开关），若集中画在一起，则易引起线条往返和交叉线过多，造成识图困难。再如继电器的线圈、触点，有时绘制在一起，也易引起线条往返和交叉线过多，同样也会造成识图困难。这时宜采取分开表示法，即把继电器的线圈、触点分别画在不同的电路中，用同一文字符号或数字符号将分开部分联系起来。

11. 注意各局部电路之间的内在联系和相互关系

汽车全车电路基本上由电源电路、充电电路、点火电路、启动电路、照明电路、辅助电气设备电路等单元电路组成。从整车电路来讲，各局部电路除电源电路公用外，其他单元电路都是相对独立的，但它们之间也存在着内在联系并相互影响。如启动发动机时，由于起动机瞬间电流很大，导致蓄电池内阻压降增大，其输出电压降低，因而会影响其他电路的正常工作。再如发电机输出电压过高，又会造成分电器白金触点烧蚀、灯泡烧坏等。因此，识图时，不但要熟悉各局部电路的组成、特点、工作过程和电流流经的路径、来龙去脉，而且还要了解各局部电路之间的联系和影响。这是掌握汽车电路的一个重要环节，也是实现准确判断和迅速找出故障部位，排除故障的必要条件。

12. 浏览全图框画各个系统

要读懂汽车电路图，首先必须掌握组成电路的各个电器元件的基本功能和电器特性。在大概掌握全图的基本原理的基础上，再把一个个单独的电器系统框出来（或画出来），这样就容易抓住每一部分的主要功能及特性。

在框画各个系统时，应注意既不能漏掉各个系统中的组件，也不能多框画其他系统的组件，一般规律是：各电气系统只有电源和总开关是公用的，其他任何一个系统都应是一个完整的独立的电器回路，即包括电源、开关（保险）、电器（或电子线路）、导线等。并从电源的正极经导线、开关、保险丝至电器后搭铁，最后回到电源负极，否则所框出的系统图就不正确。

二、汽车布线图的识读技巧

如前所述，汽车电路的布线图在画法上比较注重各电气设备在汽车上的实际位置，如图的左边一般代表汽车的前部，图的右边则代表汽车的尾部。同时，图中的电气设备大多以实物轮廓的示意形状来表示，给人以真实感。虽然识读比较困难。但只要掌握一定的方法，便能识图,并且能将线路图改画成电路图。布线图的识读可按浏览、展绘、整理三个阶段进行。

1. 浏览

拿到布线图后,先认真阅读图注,然后对照图注,了解整车有哪些电器,并找出各主要电气设备在布线图上的位置。主要电气设备包括组成电源电路、启动电路、点火电路等的电气设备。各电气设备在线路图上以阿拉伯代号标注,在图注中能找到该数字或代号所代表的电气设备名称。识图时,也可在图注中找到待查找的电气设备名称,并根据其数字或代号在线路图中找到该电气设备。

2. 展绘

浏览后虽然可以基本了解电器各系统的组成和原理,但由于整车电器系统支路数较多,浏览不一定能完全了解电路原理及连接特点。因此,需着手把图中的每条线准确地层绘出来,为避免展绘出现差错,可用直尺或纸条把每一条电流通路找出,并把它详细地绘下来。为防止遗漏失误,展绘应找出一段记录一条,直到绘制到最后一条导线为止,展绘时每条支路一般按电源→火线→熔断丝→继电器或开关等中间环节→用电器→搭铁→电源的顺序找线。目前汽车上的熔断丝、插接器、继电器、报警指示灯数量较多,这些元件应仔细标注清楚,由于灯光总开关、刮水器开关、点火开关、仪表板的接线端子较多,且绘制导线密集,展绘时应仔细观察,展绘不一定要求绘出简洁规范的原理图,展绘的目的仅仅是把布线图展开。

3. 整理

展绘是"化整为零,找出通路"的过程,展绘得到的图一般较散乱,分布无规则,为便于分析、保存,一般还要几次反复改绘,才能整理出简洁整齐的原理图。改绘的电路原理图布局应有统一的格式,元器件符号应尽可能采用标准符号,有些特殊元器件,图注中还需用文字简要说明,原理图上接线柱的标号、导线的标号、元器件的标号应尽可能与原图编号一致。

识读一定数量汽车电路布线图后,会发现不同车型全车线路肯定有许多共性,比如,无论哪一类汽车,同一种元器件均根据用途安装在大致相同的位置上(发电机安装在发动机的前端,起动机安装在发动机的后端),及时归纳总结这些共性,找出差异,对今后快速读图起很大的作用。

三、汽车线束图的识读方法

1. 先读懂电器原理图

汽车电器原理图是汽车电器线束图的基础。先看懂电器原理图,可以比较容易地了解整车电路的工作原理及特点,有助于快速读懂电器线束图。利用线束图,则可以了解线束各部分所连接的电气设备。

2. 找出主要元器件的位置

在汽车线束图上,其主要元器件标注都比较明显,一般都不难找到。例如,电源系统的发电机、蓄电池;启动系统的起动机;灯光系统的大灯、灯光开关;点火系统的点火线圈、分电器;喇叭系统的电喇叭等。

当找到了所需要检查的单元电路的主要元器件后,再将其与汽车上的实物对上号,就可根据电器线路图上各导线的颜色和去向,找到所要找的导线或其他元器件了。

3. 了解电路图提供的信息

在电路图中,每根导线中都标注有数字代号(或数字与字母组合代号),这些代号代表了该线的颜色、直径。在读识导线的颜色、线径代号时,会出现 33、33A、33B、33C、33E 这样的标注方法,它表示这是同一通路的电线。其中 33 是基本的主线,33A 是 33 线的一个分支,用字母 A 加以区别,33B 是 33 线的另一个分支,用字母 B 加以区别,依次类推。

4. 画出直观图

对照实际的电路线束,画出电路线束的直观分布图,根据电路原理图和线束图,在图中标出每个分支所连的电器、开关等的名称,再给出一个附表,在附表中列出每一分支中每根导线的颜色或符号标记、作用及去向。这样,在实际安装电路线束时,对照直观图就可以顺利地识别线束的各个接线端子。

现在汽车电器的通用性和专业化生产使同一国家汽车的整车电路形式大致相同,如掌握了解放牌汽车电路的特点,就可以大致了解东风、北京等国产汽车电路的特点;掌握了日产、丰田等汽车电路特点,就基本了解日本汽车电路的特点;掌握了桑塔纳汽车电路的特点;就大致了解了西欧汽车电路的特点。因此,许多汽车只要略作比较,便可知其异同,从而可以举一反三。

第三节 汽车电子电路图的识读方法

一、汽车电子电路的特点

汽车电子电路也是由电子元器件组合而成的,具有普通电子电路的特点,但也有其特殊点,归纳起来主要有以下几点。

1. 机电一体化结合较紧密

汽车电子技术应用在实际电路上时,多与汽车上某些相关的机械系统结合起来去完成某项功能。而电子电路通常是处理接收到的检测信号,然后根据检测信号发出相关的控制指令,由继电器等相关开关控制执行系统(或机构)去完成某项功能。

2. 多以组件方式应用在汽车上

由于汽车的特殊工作条件(环境条件恶劣)限制,汽车上的电子电路多以组件方式应用,且组件多采用密封方式,安装在通风较好的地方。例如,充电系统中的电子电压调节器、点火系统中的电子点火器、发电机电控单元 ECU 等。

3. 多用以完成某项控制功能

汽车上使用的电子电路,除极少数由大规模集成微处理器构成的组件具有多种控制功能外,多数都用以完成某项控制功能,故电路相对来说比较单一。

二、汽车电子电路图种类

汽车电子电路图有方框图、安装图和电路原理图三种。

1. 汽车电子电路方框图

方框图是把一个完整电路划分成若干部分,各个部分用方框表示,每一方框再用文字或符号说明,各方框之间用线条连接起来,用以表明各部分的相互关系。

因此,方框图是用来表示某一部分(单元电路)的电子线路是由哪几部分组成的,以及它们之间的关系。每一部分可以用一个方框表示它的功能,不必画出元器件和它们之间的具体连接情况。方框图是为说明电路的工作原理服务的。一个电路划分成几部分,各部分的关系清清楚楚,由此就可以掌握全局。

2. 汽车电子电路原理图

这是详细说明汽车电子电路元器件间、执行电路间、单元电路间、元器件和单元电路之间的连接关系及电路工作原理的简图。它是设备调试、维修的依据。

汽车电子电路原理图各个元器件旁注明了元器件的代号(或参数值)。借助原理图分析电路中电流的来龙去脉,即可了解电路图对应设备的工作原理。

3. 汽车电子电路安装图

汽车电子电路的安装图也称为布线图。原理图只说明了电路的工作原理,看不出各元器件的实际形状,在设备中是怎样连接的,位置在什么地方,安装图则可以说明这些问题。

目前电路中的元器件一般均安装在印制电路板上,所以安装图就是在电路板图上用实物图或符号画出每个元器件的位置及焊在哪些焊接孔上。对于一些较简单的电路,一般还可以画出对应的实体图。

三、汽车电子电路图的读识方法

1. 牢记元器件符号

看电路图时,必须首先熟悉电路图中各符号所对应的元器件,了解其基本功能。

2. 了解基本常用单元电路

无论多复杂的电路,均是由少数几个单元电路组成的。因此,初学者只要切实了解常用的基本单元电路,学会分析和分解电路的方法,看懂一般的汽车电子电路图就不困难了。

3. 会建立原理方框图

在熟悉了电路图中各符号所对应的元器件,了解了其基本功能后,要学会根据工作原理画出方框图,并找出各单元电路,这样就能了解整个电路的大致工作情况,为最后看懂整个电路图打下基础。在画原理方框图时,还应明确方框图中包含哪些元器件,包含哪个单元电路。

4. 记住"接地"符号的意义

在汽车电子电路图中,要记住"接地"(搭铁)的意义,图中两个或两个以上的接地符号之间就等于用导线连接在一起。"接地"点是电路图中的参考点,常称为零电位点。

5. 多看汽车电子电路图

要多看常用汽车电子电路(或电子设备)的电路图,多看电子杂志、报刊和图书中介绍的汽车电子装置的电路图,并将有典型意义的电路图画下来,长期的日积月累,看再复杂的汽车电子电路也就不会感到困难了。

6. 理清直流供电通路

汽车电子电路只有在得到正常的直流供电时才能正常工作。因此,理清直流供电关系,是读识电路原理图的重要内容。例如,桑塔纳轿车电子点火电路(如图3-1)中的直流供电通路为:蓄电池正极→点火开关→点火控制器组件接线端子4。之后又分成两路:一路经 VD_1 隔离二极管隔离后分别经 R_4、R_6 加至有关电路;另一路经点火线圈 T 初级绕组加到有关电路。

7. 熟悉电路的连接规律

（1）对于交流信号而言,在电路原理图中信号的传输方向通常是从左向右,且信号受到一级一级的放大、处理和传输,输入信号或信号源通常在图中的左边,输出信号或执行元件在图纸的右端。

（2）对于某一信号传输通路而言,直流电压供给电路是从右向左供给的,且电压从右向左逐级下降。对于某一级放大器电路而言,直流电路是从上而下分布的,上端是直流电压供给电路,下端接地(搭铁)。

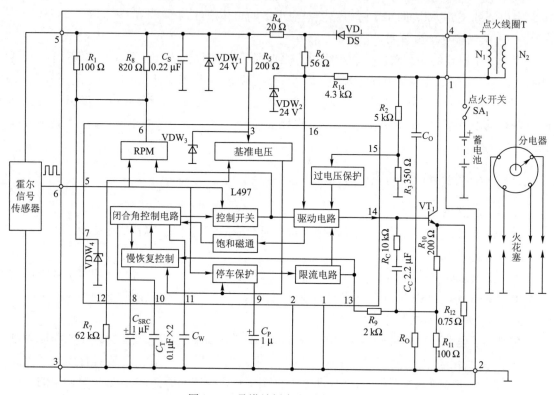

图3-1　桑塔纳轿车电子点火电路

第四节　汽车电路印制板图的识读方法

一、印制板图的作用

印制电路板图是用来表示电路原理图中各元器件在实际电路板上的位置的电路图。读识印制电路板图的目的是寻找元器件在实际电路板上的具体位置,为安装、调制与维修作准备。因元器件在电路板上的实际位置与电路原理图的位置有较大出入,故正确读识印制电路板图是对电路原理图读识的深化,是识图的最后一关。

二、接地面积大

印制电路板中,大面积铜箔线路是电路原理图上的地线,通常地线是相通的,某些组件的外壳等是接地的。

三、抓住主要元器件

汽车电子电路中主要元器件如晶体管、集成电路等,因为它们在图中的数量较少,比较容易找到。例如,要找图 3 – 1 电路中的 C_T 电容,可不必直接去找电容 C_T,因为电容在电路板上较多,可先找到集成电路 L497。从图中可以看出,C_T 接在 L497 的接线端子 10 上,找到 L497 的接线端子 10 后,便能找到电容 C_T。实践证明,用这种方法找 C_T 比直接找 C_T 要省事得多。对于电阻器也可以用此方法去找。例如,要找 R_9,从电原理图上得知它与集成电路 IA97 的接线端子 13 直接相连,只要按集成电路引脚分布规律找到 L497 的接线端子13,便能找到 R_9。

四、根据元器件的分布规律去寻找

虽然印制电路板上的元器件分布不按电路原理图上的排列分布,但是某一级电路中的元器件基本上是集中在一起的。如集成电路各引脚上的元器件基本上在集成电路附近。

五、根据一些元器件的特征去寻找

例如,每块集成电路上面都印有型号,根据型号可确定所要找的集成电路。体积最大的电解电容是电源滤波电容。在点火系统电路中(如图 3 – 1 所示),大功率晶体管多是控制点火线圈初级电流通断的大功率开关管等。

第五节　集成电路图的识读方法

在汽车电子电路中,集成电路的应用越来越广泛,对其电路的识图是电路分析中的一个重点。下面以由 RT1760N 芯片和 LM358N 芯片组成的电路为例讲述其电路识读和分析方法。

一、RT1760N 芯片电路

由 RT1760N 滚动码芯片组成的汽车遥控防盗系统遥控发射器电路如图 3 – 2 所示。

1. 识图方法说明

读识图 3 – 2 所示的遥控发射器电路时,可先从 GP23A 电池的正极电流去向入手。该电流分成三路:一路经 R_1、C_4 去耦合为 IC1(RT1760N)接线端子 3 供电,同时也为 SW_1 – SW_3 提供控制电压。

另一路加至 LED_1 正极,而 LED_1 负极经 R_6 连至 IC1 接线端子 12。显然 LED_1 的工作状态受控于该接线端子,这就组成了发射指示电路。

还有一路经 R_4、C_3 去耦滤波后经发射无线 L00 加至 VT_1 集电极。由于天线 L00 串接在

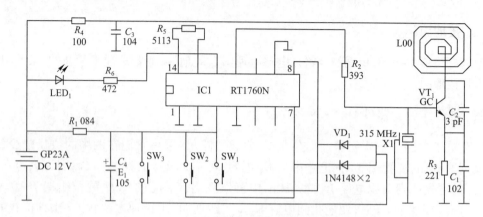

图 3-2　RT1760N 芯片组成的遥控器电路原理图

VT₁ 的供电回路中。该天线发射的信号由 VT₁ 提供,由此就可确认 VT₁ 为发射电路的功率放大管。该管基极经 R_2 与 IC1 接线端子 11 相连,由此说明发射信号来自于 IC1 内。

SW₁-SW₃ 的上端均与电源相连,当它们接通时,相当于将 R_1 提供的电压加到 IC1 接线端子 7 或 8,或通过 VD₁、VD₂ 同时加至接线端子 7、8 上。显然,这几只元件和 IC1 接线端子 7、8 内的电路组成了键盘输入电路。

2. 信号流程分析

滚动码编码发生器 IC1 内部固化了滚动码编码程序,当按键开关 SW₁-SW₃ 其中某一个被按下时,代表该接口的控制信号原始代码,经 IC1 内部的编码器编码加密后,从 IC1 的接线端子 11 输出信号。与此同时,IC1 内的指示灯控制电路也启动工作,并使其接线端子 12 翻转为低电平,从而使 LED1 导通发光,以示遥控器处于信号发射状态。

从 IC1 接线端子 11 输出的滚动码加密信号,经 R_2 加至无线发射电路。该电路在 IC1 接线端子 11 输出的信号控制下,产生的高频键控调幅无线电信号,该信号通过 L00 无线发射出去,从而完成遥控发射过程。

二、LM358N 芯片电路

由 LM358N 芯片组成的汽车遥控防盗系统遥控接收器电路如图 3-3 所示。

1. 识图方法

(1) 供电分布的识别。识读如图 3-3 所示的遥控接收电路时,可从供电的分布来划分各个单元电路。

接收部分的供电电压为 5 V,取自汽车上防盗系统的 +B 电压,然后经一只 7805 三端固定稳压集成电路稳压为 5 V 后进入接收电路。

进入接收电路的供电经 C_{16} 滤波后,分成多路加到有关电路:一路直接加至 IC1 的接线端子 8 上;另一路经 R_{13} 限流、C_4 滤波后,又分别经 R_2、R_6 分送给 VT₁、VT₂ 作供电电压,同时也加至 IC1A 作为信号输入端的接线端子 3、2 上;还有一路经 R_{14}、C_{15} 去耦后加至 IC1B 的接线端子 6 上。

(2) 高频放大电路的识别。从 VT₁ 场效应管的连接方式结合其外围使用的元件来看,这是一级场效应管共源高频放大电路,R_1 为 VT₁ 栅极偏置电阻,L_2 为 VT₁ 漏极负载电感。信号是从漏极输出的。

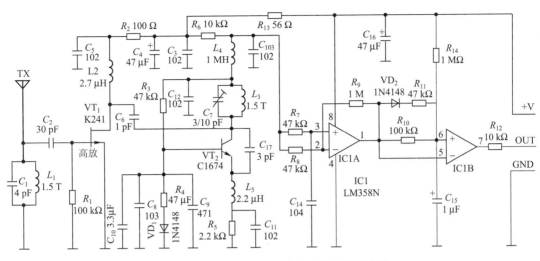

图 3 - 3　LM358N 芯片组成的遥控接收器电路

（3）超再生接收电路的识别。遥控信号接收电路第二部分由 VT$_2$ 构成。从图 3 - 3 中可看出，VT$_1$ 信号经 C$_6$ 加到 VT$_2$ 集电极，VT$_2$ 的基极与集电极、基极与发射极之间还接成了振荡电路方式。由此可见，VT$_2$ 具有一管多能作用，它要完成高频信号的放大、选频、解调等多重任务。显然这是一种超再生接收电路。

（4）放大整形电路。从 IC1 两个运算放大器的连接方式来看，IC1A 组成了高增益电压放大器，IC1B 组成了低增益隔离放大器，两级运放的作用互补，既保证来自前级的低频脉冲信号有较高的放大增益，又兼顾了放大后输出的脉冲信号有很好的波形。两级放大器之间采用直接耦合方式。

2．信号流程分析

TX 为 24 cm 软导线，由遥控发射器发出的高频信号经 TX 感应拾取，由 L$_1$、C$_1$ 组成并联谐振回路选频后，通过 C$_2$ 耦合加到 VT$_1$ 栅极，放大后的信号从 VT$_1$ 漏极输出，经 C$_6$ 耦合加至 VT$_2$ 集电极，经 VT$_2$ 组成的超再生电路对高频信号进行放大、选频、解调等处理后，得到的低频脉冲信号经 14 耦合加至放大整形电路。

IC1 两级运算放大器对输入的信号进行放大和波形整形，得到的信号从 IC1 的接线端子 7 输出，该信号的幅度和波形均符合后级处理电路要求，这是一个低频脉冲串信号。

第六节　微机控制系统电路图的识读方法

汽车用的微机（微型计算机）主要由中央微处理器（CPU）、用于存储程序和数据的内存储器（RAM 和 ROM）、输入/输出（I/O）接口和系统总线组成。汽车用的微机一般与输入接口和输出接口电路集成在一起，统称为电子控制单元（Electronic Control Unit，ECU）。有时人们为了方便将电控单元 ECU 也称为汽车微机或电脑。

在将含有微机的汽车电子控制系统中，电控单元 ECU 是核心，它通过接收传感器和控制开关输入的各种信号,根据其内部预先存储的数据和编制的程序,通过数学计算和逻辑判断,然后直接或间接控制各执行器的工作。因此,任何汽车电子控制系统的电路一般具有共同特点:其电路主要由电控单元的电源电路、信号输入电路及执行器的工作电路等组成。只要掌握三种类型的电路的特点,便可读懂相关的电路,识读其电路图就比较容易。

一、电控单元的电源电路

如图3-4所示,电控单元与电源的连接电路称为电控单元的电源电路。一般分为两大类:一类与电源正极直接相连,其作用为在任何时候都给电控单元供电,以使电控单元保存数据信息,称为永久电源电路;另一类则在点火开关或其他开关的控制下直接或间接向电控单元供电,以提供正常工作时所需要的电能,称为主电源电路。

电控单元通过车体与电源的负极连接的电路称为电控单元的搭铁电路,以使电控单元与电源构成回路。为保证电控单元可靠搭铁,电控单元与车身之间往往有多条搭铁线。

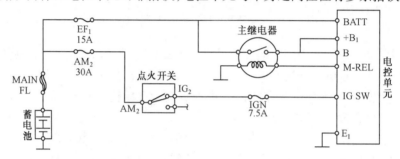

图3-4 丰田汽车电控单元的电源电路

二、信号输入电路

信号输入电路有传感器电路、外接开关电路及几个电控单元之间连接的数据传输电路三种形式。

1. 传感器电路

传感器在电路图中不绘制其具体结构,只绘制其符号或用文字标注。有的车型电路图中用符号或字母较具体的表达如热敏电阻、可变电阻等类型的传感器,而在实践中一般只需要了解其接线端子的代码等有关线路连接的内容。传感器信号输入电路可分为有源传感器电路和无源传感器电路。

(1)有源传感器电路。大多数传感器需要由电控单元提供基准电压(一般为5 V)作为电源才能工作。这类传感器称为有源传感器。如图3-5所示,有源传感器的连接线一般分为电源线、信号线、搭铁线。其中电源线、信号线一般与电控单元连接,而搭铁线可经电控单元搭铁也可直接搭铁。

(2)无源传感器电路。有些传感器的工作无须提供电源,当外界条件变化时会产生电动势向电控单元发出电信号。这类传感器称为无源传感器。如图3-6所示,无源传感器因其信号微弱,为防止电磁干扰引起信号失真,信号线需要加屏蔽层。

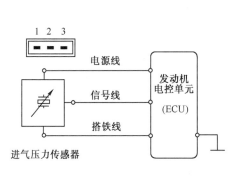

图 3-5 有源传感器的连线

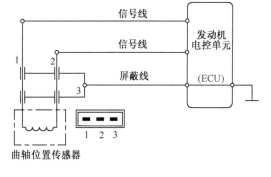

图 3-6 无源传感器的连线

2. 开关信号电路

电控系统中有多种开关,如点火开关、空调开关、制动开关、自动变速器挡位开关等。这些开关向电控单元提供导通和断开两种电信号。常见开关电路有电压输入型、搭铁型。

如图 3-7 所示为电压输入型开关电路,当开关闭合时,电控单元 ECU 接收的电压信号为蓄电池电压;当开关断开时,电控单元 ECU 接收的电压信号为 0 V。

如图 3-8 所示为搭铁型开关电路,当开关闭合时,电控单元 ECU 的电压信号为 0 V;当开关断开时,电控单元 ECU 的电压信号为基准电压。

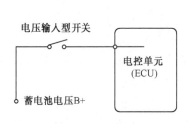

图 3-7 电压输入型开关电路

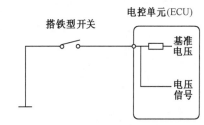

图 3-8 搭铁型开关电路

当电控单元的一个接线端子同时与开关和用电器连接时,要注意区分电路的具体作用。一般有两种情况:

(1) 电控单元与开关共同控制用电设备的工作(如图 3-9 所示),电控单元 12 号接线端子同时与灯控开关和继电器电磁线圈连接。从图中可以看出,电控单元 12 号接线端子内部为电子开关(晶体管),该接线端子和灯控开关共同控制继电器的电磁线圈,进而控制前照灯的工作。

(2) 开关给电控单元提供信号并同时控制用电器的工作(如图 3-10 所示)。在该图中电控单元的接线端子 9 与后备厢开关和用电器连接。从图中可以看出,接线端子 9 的内部为信号接收电路。当后备厢门控开关闭合时,接线端子 9 的电压为 0 V;当开关断开时,接线端子 9 的电压为 12 V。该电路为后备厢门控开关向电控单元接线端子 9 提供后备厢门开闭信号并同时控制后备厢的门控灯工作。

以上两种情况在看电路图、分析电路工作原理时要注意区分。区分的方法是:

① 看电控单元的接线端子代码及文字说明。若注明信号输入,则为开关给电控单元提供信号;若注明为控制某用电器工作,则为电控单元控制用电器的电路。

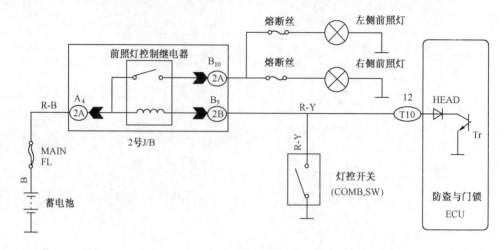

图 3 – 9   雷克萨斯前照灯控制继电器电路

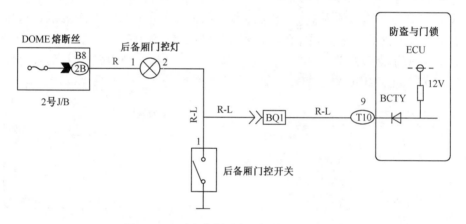

图 3 – 10   雷克萨斯后备厢门控灯开关电路

② 看电控单元内部的电路。如电控单元内为电子开关的则为电控单元控制用电器的电路;电控单元内部为信号接收电路的,则为电控单元信号电路。

3. 与其他电控单元的连接电路

各电控单元之间往往需要传输信号,以实现数据共享及工作匹配。

数据共享是指几个电控单元需要同一个信号输入装置的信号。可以由信号输入装置分别向各电控单元传输信号,也可以向一个电控单元传输信号,然后由这个电控单元通过电控单元间的信号电路传输信号。

工作匹配是指几个系统之间相互影响,如自动变速器在进行换挡控制时,需要发动机电控单元匹配控制,减少喷油量并减小点火提前角,以改善换挡品质。

若要由自动变速器电控单元向发动机电控单元传输换挡信号,需要在电控单元之间连接信号导线。近年来,许多新型汽车使用网络数据传输来实现以上功能。

三、执行器工作电路

执行器是由电控单元控制进行工作。常见执行器有电磁阀、继电器、电动机、灯、蜂鸣器和喇叭等。如图3－11所示，执行器的电路分为电源电路、搭铁电路。当电控单元处于电源与执行器之间的电源电路时，电源电路即为控制电路；当电控单元处于执行器与接地之间的搭铁电路时，搭铁电路即为控制电路。

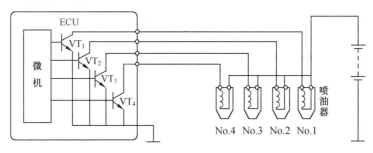

图3－11　执行器的控制电路

思考题

1. 简述汽车电路图的识读过程。
2. 简述识读汽车电路原理图的一般步骤。
3. 全车电路有哪些主干电路？分别用何种符合表示？
4. 如何识读汽车线束图？
5. 如何识读汽车布线图？
6. 如何识读汽车电子电路图？
7. 如何识读电控单元的电源电路？
8. 如何识读电控单元的信号输入电路？
9. 如何识读电控单元的执行器工作电路？

4

第四章

汽车主要电气系统的电路分析

第一节　电源系统

电源系统是汽车电气系统重要组成部分之一,它主要由蓄电池、发电机和调节器等组成。

一、电源电路分析

按发电机和调节器的装配关系,电源系统可分为两种类型:外装调节器式电源系统和整体式交流发动机电源系统。

1. 外装调节器式电源系统

外装调节器式电源系统采用的发电机有内、外搭铁两种形式。

(1) 内搭铁型发电机电源系统。磁场绕组的一端经滑环和电刷在发电机端盖上搭铁的发电机称为内搭铁型交流发电机。如图 4-1 所示为内搭铁型发电机电源系统的电路,电压调节

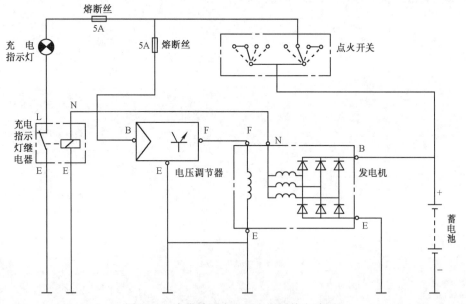

图 4-1　内搭铁型发电机电源系统电路图

器有三个接线端子,其中一根通过熔断丝、点火开关与电源正极连接;另外两根与发电机连接。与发电机连接的两根导线一根为调节器的 F 接线端子与发电机的 F 接线端子连接,另外一根是保证调节器与发电机之间可靠搭铁。

当点火开关旋至点火挡,发动机未启动时,充电指示灯点亮。发电机激磁电路为:蓄电池正极→点火开关→熔断丝→调节器的"B"接线端子→调节器的"F"接线端子→发电机"F"接线端子→发电机磁场绕组→发电机磁场"E"接线端子→搭铁→蓄电池负极。

当发动机运转后,发电机正常发电,发电机中性点电压控制充电指示灯继电器的触点断开,切断充电指示灯电路,充电指示灯熄灭,表明发电机工作正常。此时发电机的激磁电路为:发电机"B"接线端子→点火开关→熔断丝→调节器的"B"接线端子→调节器的"F"接线端子→发电机磁场绕组→发电机磁场"E"接线端子。

(2)外搭铁型发电机电源系统。磁场绕组的两端均与发电机的端盖绝缘,其中一端经调节器后搭铁的发电机称为外搭铁型交流发电机。如图 4-2 所示为外搭铁型发电机电源系统的电路,发电机接线端子 F_1 通过熔断丝、点火开关直接与电源正极连接,接线端子 F_2 与调节器的 F 接线端子连接。

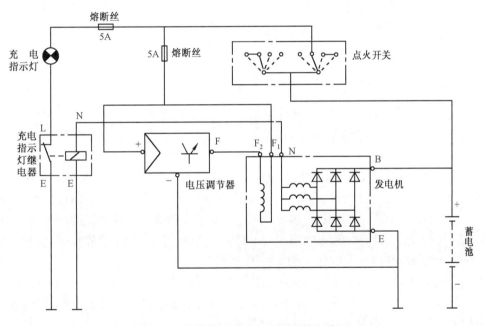

图 4-2　外搭铁型发电机电源系统电路图

当点火开关接通时,发电机激磁电路为:蓄电池正极→点火开关→熔断丝→发电机"F_1"接线端子→磁场绕组→发电机"F_2"接线端子→调节器的"F"接线端子→调节器的"－"接线端子→发电机"E"接线端子→搭铁→蓄电池负极。

当发动机运转后,发电机正常发电时,发电机激磁电路为:发电机"B"接线端子→点火开关→熔断丝→发电机"F_1"接线端子→磁场绕组→发电机"F_2"接线端子→调节器的"F"接线端子→调节器的"－"接线端子→发电机"E"接线端子。

2. 整体式交流发动机电源系统

如图 4-3 所示为桑塔纳轿车采用整体式交流发电机的电源系统电路(1996 年后,部分轿车的输出端"B+"用红色导线经80A易熔线与蓄电池正极柱连接,易熔线支架固定在蓄电池正极柱附近的发动机防火墙上)。

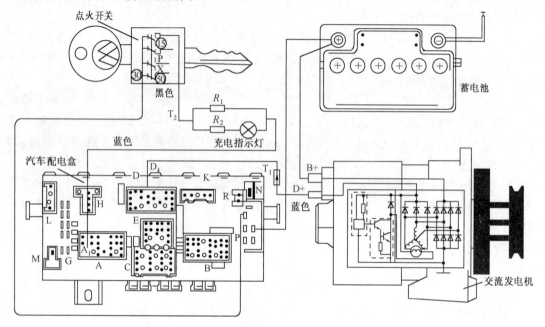

图4-3 桑塔纳轿车充电系统电路

交流发电机3只正极管与3只负极管组成一个三相桥式整流电路,称为输出整流电路,3只磁场二极管与3只负极管也组成一个三相桥式整流电路,称为磁场电流整流电路,其输出端"D+"用蓝色导线经蓄电池旁边的单端子插接器T_1后与汽车配电盒(也成为中央线路板)D插座的4端子连接,再经汽车配电盒内部线路与A插座的16端子相连。点火开关端子㉚用红色导线经汽车配电盒上的单端子插座P与蓄电池正极连接,点火开关端子⑮用黑色导线与仪表盘下方黑色插座的端子14连接(图中未画出,可参见线路图),经仪表盘印刷电路上的电阻R_1、R_2和充电指示灯LED(R_2和充电指示灯串联后再与R_1并联)和二极管接回到黑色插座端子10,再用蓝色导线与汽车配电盒A插座的16端子连接。

当发电机工作时,定子绕组中产生的三相交流电动势经输出整流电路整流后,输出直流电压U_{B+}向负载供电并向蓄电池充电,发电机的磁场电流则由磁场电流整流电路整流后输出的直流电压U_{D+}供给。充电指示灯的控制过程如下:

当点火开关接通时,充电指示灯电路接通,其电路为蓄电池正极→汽车配电盒P插座→点火开关端子㉚─点火开关→点火开关端子⑮→电阻R_1、R_2和充电指示灯→二极管→汽车配电盒A插座的16端子→汽车配电盒内部线路→D插座的4端子→蓄电池旁边的单端子连接器T_1→发电机"D+"端子→发电机磁场绕组→调节器→搭铁回到蓄电池负极构成回路。可见,充电指示灯一端(左端)接蓄电池电压,一端(右端)接发电机"D+"端输出电压。在发电机尚未发电时,发电机"D+"端尚无电压输出,充电指示灯两端电位差较大,指示灯发亮,指示磁场电流接通并由蓄电池供电。

发动机启动后,随着发电机转速升高,发电机"D+"端电压随之升高,充电指示灯两端的电位差降低,指示灯亮度减弱。当发电机电压升高到蓄电池充电电压U_C时,发电机"B+"端与"D+"端电位相等（$U_{B+} = U_{D+} = U_C$），此时充电指示灯两端电位差降低到零,指示灯熄灭,指示发电机已正常发电,磁场电流由发电机自己供给。

当发电机转速降低时,"D+"端电位降低,指示灯两端电位差增大,指示灯又发亮,指示蓄电池放电。当发电机高速运转、充电系统（发电机或调节器）发生故障而导致发电机不发电时,由于"D+"端无电压输出,因此充电指示灯两端电位差增大,指示灯发亮,警告驾驶员应及时停车排除故障。

二、电源系统故障诊断与排除

电源系统常见故障有:充电指示灯不亮、充电系统不充电、充电指示灯时亮时灭、蓄电池充电不足、发电机充电电流过大等故障。

1. 充电指示灯不亮故障

故障现象:接通点火开关和发动机正常运转时,充电指示灯始终不亮。

故障原因:充电指示灯灯丝断路;熔断丝烧断,使指示灯线路不通;指示灯或调节器电源线路导线断路或接头松动;蓄电池极挂上的电缆接头松动;点火开关故障;发电机电刷与滑环接触不良;调节器内部电路故障,如调节器内部电子元件损坏而使大功率三极管不能导通或大功率三极管本身断路。

故障排除方法:

首先启动发动机并怠速（交流发电机转速 2 000 r/min 左右）运转,然后用万用表检查发电机充电系统能否充电（发电机输出电压能够超过蓄电池电压）。将充电指示灯不亮分为充电系统能充电与不能充电两种情况分别进行排除。

当接通点火开关时充电指示灯不亮,启动发动机后发电机又能发电（发电机输出电压能够超过蓄电池电压）,说明发电机充电系统正常,应检查仪表盘上的充电指示灯是否正常,若灯丝断路,则需更换。

当接通点火开关充电指示灯不亮,启动发动机后发电机且不能发电时,故障排除方法与诊断程序如下:

（1）首先断开点火开关,检查熔断丝是否断路。如该熔断丝断路,必须更换相同容量的熔断丝;如仪表熔断丝良好,再继续检查。

（2）接通点火开关,用万用表检测熔断丝上的电压值,如电压为零,说明点火开关以及点火开关与熔断丝之间线路有故障,应予检修或更换;如熔断丝上的电压等于蓄电池的电压,再继续检查。

（3）拆下调节器接线端子上的导线,接通点火开关,用万用表检测调节器接线柱上的导线电压,如电压为零,说明仪表盘上的充电指示灯或充电指示灯的旁通电阻断路,或仪表盘与调节器之间的线路断路,应予检修或更换;如调节器接线柱上的导线电压等于蓄电池的电压,再继续检查。

（4）检查电刷与电刷弹簧,检查电刷与滑环接触是否良好,否则应予检修或更换;如接触良好,再继续检查。

（5）检查调节器有无故障,如有则需更换调节器总成。

（6）检查发电机的转子绕组有无短路、断路、搭铁故障,如有则需更换。

2. 电源系统不充电故障

故障现象:发动机启动后,仪表盘上的充电指示灯不熄灭,或是在发动机正常运转过程中,充电指示灯始终亮着,这都说明发电机出现了不充电故障。

故障原因:发电机磁场绕组短路、断路或搭铁而导致磁场电流减小或不通;定子绕组短路、断路或搭铁故障;整流器故障;电刷磨损过短、电刷弹簧无弹性或电刷在电刷架中卡住,而造成电刷不能与滑环接触或接触不良;调节器故障,如调节器内部电子元件损坏而使大功率三极管不能导通或大功率三极管本身断路;交流发电机的传动皮带过松,由于传动皮带打滑,发电机不转或转速过低而不发电,有关连接的线路有故障。

故障诊断:

当充电指示灯常亮时,说明点火开关、熔断丝以及充电指示灯技术状态良好(指九管、十一管交流发电机的电源系统)。

启动发动机并将其转速逐渐升高,此时用万用表检测发电机"B"端子与发电机壳体间的电压,如万用表指示的电压高于发动机未启动时蓄电池的电压(12 V 左右),说明发电机发电,发电机"B"端子至蓄电池正极柱之间的线路断路;如电压为零或过低,说明充电系统有故障,应按以下方法继续检查。

(1) 断开点火开关,检查交流发电机传动皮带的挠度是否符合规定(5~7 mm),挠度过大应予调整;如传动皮带的挠度正常,则继续检查;

(2) 拆下调节器接线端子上的导线,接通点火开关,用万用表检测调节器接线柱上的导线电压,如电压为零,充电指示灯发亮,说明仪表盘与调节器之间的线路搭铁,应予检修或更换;如调节器接线柱上的导线电压等于蓄电池的电压,再继续检查;

(3) 检查电刷与电刷弹簧,检查电刷与滑环接触是否良好,否则应予检修或更换;如接触良好,再继续检查;

(4) 检查调节器有无故障,如有则需更换调节器总成;

(5) 检测发电机的定子绕组、转子绕组有无短路、断路、搭铁等故障;检测整流器有无故障;如有应予检修或更换。

3. 充电指示灯时亮时灭故障

故障现象:接通点火开关和发动机正常运转时,充电指示灯时亮时灭。

故障原因:发电机传动皮带挠度过大而出现打滑现象;发电机个别整流二极管断路、一相定子绕组连接不良或断路而导致发电机输出功率降低;发电机电刷磨损过多;调节器调节电压过低;相关线路接触不良。

故障排除:

(1) 检查传动皮带的挠度是否符合规定;

(2) 检查相关线路连接情况,如不正常,则需检修;

(3) 拆下调节器和电刷组件总成,并按前述方法检查调节器和电刷组件,如不正常,则需检修或更换;

(4) 检修发电机总成。

4. 蓄电池充电不足故障

故障现象:接通点火开关时充电指示灯能亮,发动机启动后和运转时充电指示灯也能熄灭,但蓄电池会很快出现亏电,并且启动发动机时,起动机运转无力、夜间行车前照灯灯光暗淡。

故障原因:发电机传动皮带过松或损坏;发电机输出端子"B"至蓄电池正极柱之间线路断路或导线端子接触不良;发电机电刷磨损过多导致电刷与滑环接触不良;发电机电刷弹簧卡滞或弹力不足而导致电刷与滑环接触不良;调节器的调节电压过低或其内部电路有故障;发电机转子绕组短路,是磁场变弱而导致发电机输出功率降低;发电机整流器故障或定子绕组有短路、缺相故障而导致发电机输出功率降低;蓄电池使用时间过长、极板硫化、损坏或活性物质脱落;全车线路中有导线搭铁而漏电。

故障诊断与排除:

出现蓄电池充电不足现象时,具体诊断与排除方法如下:

(1) 检查蓄电池的技术状态是否良好,如使用时间过长或负载电压低于 9.60 V,则需要更换蓄电池。

(2) 检查传动皮带的挠度是否符合规定(标准值为 5～7 mm)。

(3) 检查交流发电机"B"端子至蓄电池之间的线路是否断路或导线端子是否接触不良。

(4) 拆下发电机总成,检查电刷组件,如电刷高度过低,则应更换新电刷;如电刷弹簧卡滞或弹力不足,应予更换弹簧。

(5) 试验检测调节器的调节电压,如调节电压过低(低于 14.2 V)或调节器损坏,应予更换新品。

(6) 如上述检查均良好,则分解检修发电机总成。

(7) 断开所有电器开关,拆下蓄电池正极电缆端子,并在该端子与蓄电池正极挂之间串接一只电流表,检测全车线路有无漏电现象。如有漏电,可将驾驶室内和发动机罩下的熔断丝上的熔断丝逐一拔下,检查漏电发生在哪一条线路,然后进行排除。

5. 发电机充电电流过大故障

故障现象:汽车灯泡易烧。蓄电池温度过高且其电解液消耗过快。这说明发电机充电电流过大。

故障原因:发电机充电电流过大的原因一般是调节器调节电压过高或调节器失效造成的。

故障诊断:在确认灯泡易烧、蓄电池温度过高和电解液消耗过快而无其他原因时,应更换调节器。

第二节　启 动 系 统

启动系统主要由起动机、启动继电器、点火启动开关和线束等组成。部分汽车(如桑塔纳、捷达轿车)由于电磁开关线圈流过的电流较小(实测为 10～13 A),因此没有配装启动继电器,电磁开关线圈流过的电流直接由点火启动开关控制。点火启动开关通常简称为点火开关或启动开关。

一、普通启动系统电路分析

如图 4 - 4 所示为东风 ED1090 型载货汽车的启动系统电路。

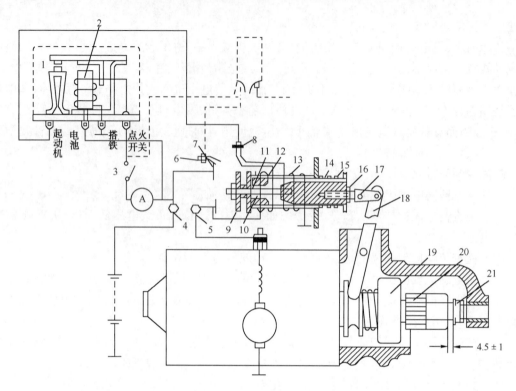

图4-4   ED1090型载货汽车的启动控制电路

1—启动继电器触点;2—启动继电器线圈;3—点火启动开关;4—起动机"30"端子;5—起动机"C"端子;6—附加电阻短路接线柱"15a"端子;7—开关触点;8—起动机"50"端子;9—开关触盘;10—推杆;11—固定铁芯;12—吸引线圈;13—保持线圈;14—活动铁芯;15—复位弹簧;16—调节螺钉;17—耳环;18—拨叉;19—滚柱式单向离合器;20—驱动齿轮;21—止推垫圈

（1）启动发动机时,启动系统工作情况。

① 接通启动开关,启动继电器工作,电磁开关线圈电路接通。

启动发动机时,将点火开关转到启动位置,启动继电器线圈电路接通。蓄电池正极→起动机"30"端子→电流表→点火启动开关→启动继电器"点火开关"端子→启动继电器磁化线圈→启动继电器"搭铁"端子→蓄电池负极。电流流过启动继电器线圈使铁芯磁化,电磁吸力吸下触点臂,触点1闭合接通电磁开关中吸引线圈和保持线圈电路。吸引线圈电路为:蓄电池正极→起动机"30"端子→启动继电器"电池"端子→继电器支架、触点臂→继电器触点1→继电器"起动机"端子→起动机"50"端子→吸引线圈12→起动机"C"端子(图中代号为5)→起动机磁场线圈、电枢绕组→搭铁→蓄电池负极。

保持线圈电路为:蓄电池正极→起动机"30"端子→启动继电器"电池"端子、支架、触点1→继电器"起动机"端子→起动机"50"端子→保持线圈13→搭铁→蓄电池负极。

② 电磁开关与传动机构工作,起动机主电路接通,启动发动机。

当吸引线圈和保持线圈刚刚接通电流时,两线圈产生的磁通方向相同,使固定铁芯和活动铁芯被磁化,在其磁力的共同作用下,活动铁芯14向前移动(图中为向左移动),并带动拨叉绕支点(支撑螺钉)转动,拨叉下端便拨动离合器19向右移动,离合器的驱动齿轮20便与飞轮齿圈进入啮合。

当驱动齿轮后移与飞轮齿圈发生抵住现象时,拨叉下端则先推动右半滑环压缩锥形弹簧继续向后移动,待电动机主电路接通使电枢轴稍微转动、驱动齿轮的轮齿与飞轮齿圈的齿槽对正时,即可进入啮合。

当驱动齿轮与飞轮齿圈接近完全啮合(啮合尺寸约为驱动齿轮齿宽的2/3)时,活动铁芯带动推杆前移使触盘将起动机主电路(即电枢和磁场线圈电路)接通,其电路为:蓄电池正极→起动机"30"端子→电动机开关触盘9→起动机"C"端子→磁场线圈→正电刷→电枢绕组→负电刷→搭铁→蓄电池负极。起动机主电路接通时,电枢绕组和磁场线圈通过电流很大(600 A左右),产生电磁转矩驱动飞轮旋转,当转速达到一定值时,发动机便被启动。当驱动齿轮沿电枢轴的螺旋键槽向后移动(实为又转又移)时具有惯性力作用,后移直到抵住安装在电枢轴上的止推垫圈21为止。止推垫圈内装有卡环,卡环装在电枢轴上,因此止推垫圈的作用是:将驱动齿轮向后移动的惯性冲击力加到电枢轴上,防止冲击力作用到后端盖上而打坏端盖。

③ 当主电路接通时,吸引线圈12被触盘9短路,保持线圈继续工作。

在触盘9将电动机开关触点接通(即将起动机端子"30"与"C"接通)之前,吸引线圈的电流是从起动机"30"端子经启动继电器触点1、起动机"50"端子、吸引线圈12流到起动机"C"端子。当触盘9将电动机端子"30"与"C"直接连通时,吸引线圈12便被触盘短路,吸引线圈因无电流流过而磁力消失。此时保持线圈继续通电,因为此时活动铁芯14与固定铁芯11之间的气隙很小,所以活动铁芯由保持线圈13的磁力保持在吸合位置。故将线圈13称为保持线圈。

(2) 发动机启动后,启动系统工作情况:

① 断开启动开关,启动继电器触点断开。当发动机启动后,放松点火钥匙,点火开关将自动转回一个角度,切断启动继电器线圈电路。继电器线圈2断电后,磁力消失,在支架的弹力作用下,触点1迅速张开。

② 吸引线圈电流改道,电动机开关断开,齿轮分离。当启动继电器触点刚刚断开时,吸引线圈12中的电流电路改道,其电路为:蓄电池正极→起动机"30"端子→触盘9→起动机"C"端子→吸引线圈12→起动机"50"端子→保持线圈13→搭铁→蓄电池负极。

可见,此时吸引线圈12重又通电,但其电流和磁通方向与启动时相反。由于保持线圈13的电流和磁通方向未变,因此两个线圈产生的磁力相互抵消。在复位弹簧15的作用下,活动铁芯14立即右移复位,并带动推杆和触盘向右移动,使起动机主电路切断而停转。与此同时,拨叉带动单向离合器19向左移动,使驱动齿轮与飞轮齿圈分离,启动工作结束。

二、带启动保护的启动控制电路

在启动系统的控制电路中,一般通过增设保护开关或启动保护继电器的措施,来达到保护启动系统和增加行车安全的目的。

1. 增设保护开关

在启动系统的控制电路中,增设离合器开关或变速器空挡开关。只有在离合器踏板踩下或变速器换挡杆处于空挡时,接通启动开关,启动系统才能工作。如图4-5所示为EQ1118GA载货车启动系统电路图,其控制电路为两条:一条是由点火开关控制;另一条是由副启动开关控制。当驾驶室翻起时,可利用副启动开关启动发动机。为防止启动发动机时发

82

生汽车行驶情况,必须将变速换挡杆置于空挡,此时,将钥匙开关置于"ON"位置,按下发动机启动按钮,发动机才可以启动。如变速器处于非空挡位置,由于空挡开关处于断开状态,发动机也就无法启动。

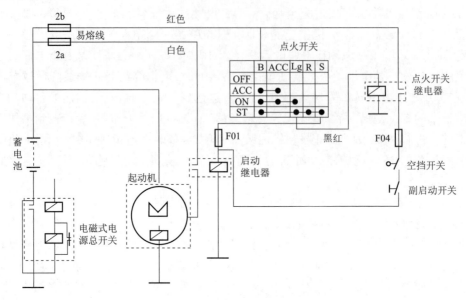

图4-5　EQ1118GA 载货车启动系统的控制电路

2. 增设启动保护继电器

在启动系统的控制电路中,专门增设启动保护继电器。如图4-6所示为斯太尔载货车启动系统电路图,图中 A8 是一启动保护继电器,其功用是:当发动机已启动正常工作时,启动保护继电器 A8 将起动机启动线路断路,如果驾驶员误将点火开关再次旋至启动位置时,起动机也不会工作,从而避免了起动机驱动齿轮与飞轮齿圈打齿故障。这对于后置发动机的汽车来说十分重要,因为车身较长,后置发动机是否已被启动,操作人员往往不易觉察,从而容易造成误操作。

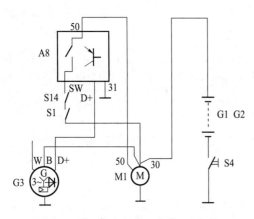

图4-6　斯太尔载货车启动系统电路图
A8—启动保护继电器;G1,G2—蓄电池;G3—交流发电机;
M1—起动机;S1—点火开关;S4—电源开关;S14—空挡开关

启动保护继电器 A48 是由一组继电器线圈和晶体管集成电路组成的延时截止保护电路组成。当发动机启动后发电机 G3 的 D + 端子输出 28 V 电压,到保护继电器 A8 的 D + 端子,电子电路将启动控制线路断路,从而起到防止误操作的保护作用。

此外,启动保护继电器 A8 还具有限时与延时作用,继电器 A8 的通电时间为 13 s,延时 3 s。即钥匙开关旋至启动位置后,继电器 A8 仅使控制线路通电 13 s,超过 13 s即自动断电,以防止钥匙开关不回位造成起动机烧损。延时 3 s 的作用是每次启动间隔必须超过 3 s,如果小于 3 s,启动线路将不能接通。同样,如果发电机不发电,此保护继电器也不会正常工作。

3. 采用组合继电器

如图 4 - 7 所示为解放 CA1091 启动系统控制电路。其启动工作情况与普通启动系统控制电路基本相同,所不同的是用组合继电器取代了启动继电器,从而实现了启动保护。

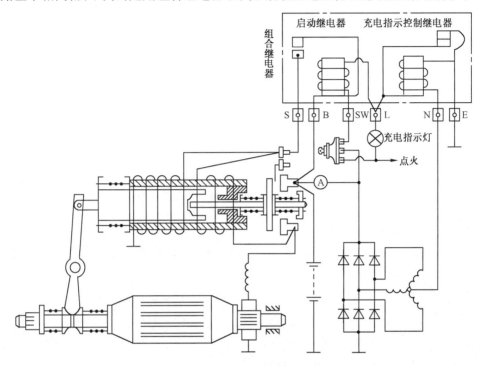

图 4 - 7　解放 CA1091 启动系统控制电路

在发动机正常工作时,如不慎接通启动开关,起动机也不会工作。因为发动机正常工作时,交流发电机已正常发电,其中性点输出电压始终高于充电指示灯继电器动作电压,充电指示灯继电器的常闭触点始终处于断开状态,启动继电器线圈中没有电流流过,其常开触点不可能闭合,所以起动机不会工作,从而实现启动保护,防止齿轮打坏。

4. 微机(ECU)控制的启动系统

如图 4 - 8 所示为一典型微机(ECU)控制的启动系统电路。当点火开关处于"ST"挡时,点火开关的"30"与"50"端子导通,ECU 通过 K43 端子感知驾驶员的操作意图;此外,ECU 还要通过离合器开关、空挡开关等确定汽车所处的状态,判断是否符合启动条件。当满足启动条件时,ECU 通过 A30、A15 端子给启动继电器的线圈供电,来启动发动机。当发动机启动后,ECU 通过曲轴位置传感器判断发动机是否启动成功,以便及时切断启动继电器的供电电路。

如在电路中增设防盗传感器,此电路还可具有防盗功能。

三、启动系统故障的诊断与排除

启动系统常见的故障有接通启动开关起动机不转、起动机运转无力、起动机空转和驱动齿轮与飞轮齿圈不能啮合而发出撞击声。

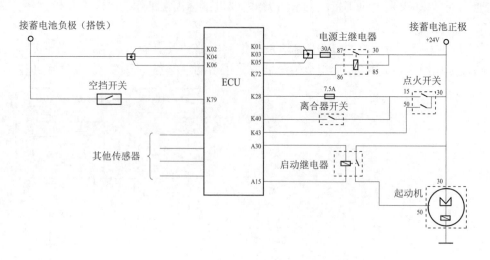

图 4-8　微机(ECU)控制的启动系统电路

1. 接通启动开关起动机不转

（1）故障现象。当启动开关接通时,起动机不工作,发动机不运转。

（2）故障原因。

① 蓄电池严重亏电;蓄电池正、负极柱上的电缆接头松动或接触不良。

② 电动机开关触点严重烧蚀或两触点高度调整不当而导致触点表面不在同一平面内,使触盘不能将两个触点接通。

③ 换向器严重烧蚀而导致电刷与换向器接触不良。

④ 电刷弹簧压力过小或电刷在电刷架中卡死。

⑤ 电刷引线断路或绝缘电刷(即正电刷)搭铁。

⑥ 磁场绕组或电枢绕组有断路、短路或搭铁故障。

⑦ 电枢轴的铜衬套磨损过多,使电枢轴偏心而导致电枢铁芯"扫膛"(即电枢铁芯与磁极发生摩擦或碰撞)。

（3）故障诊断与排除。

① 接通汽车前照灯或喇叭,若灯发亮或喇叭响,说明蓄电池存电较足,故障不在蓄电池;若灯不亮或喇叭不响,说明蓄电池或电源线路有故障,应检查蓄电池搭铁电缆和火线电缆的连接有无松动以及蓄电池存电是否充足。

② 检查启动系统熔断丝是否被烧断;若烧断,需更换熔断丝。

③ 将点火开关转到启动位置,可用试灯(或万用表)检测起动机"50"端子电压是否正常。如正常,说明起动机内部有断路、短路或搭铁故障,需拆下起动机进一步检修;如不正常,说明端子"50"至蓄电池正极之间的线路有故障。

④ 检测启动继电器"起动机"端子电压是否正常。如正常,说明启动继电器与起动机之间的导线断路;如不正常,继续下述检查。

⑤ 检测启动继电器"点火开关"端子电压是否正常。如正常,应检查启动继电器以及启动继电器的电源线和搭铁线;如检测启动继电器"点火开关"端子电压不正常,继续下述检查。

⑥ 检测点火开关的"启动"端子电压是否正常。如正常,说明点火开关与启动继电器之间的导线断路;如不正常,继续下述检查。

⑦ 检测点火开关的"电源"端子电压是否正常。如正常,说明点火开关损坏;如不正常,说明点火开关至蓄电池正极之间的线路断路,应检修。

2. 起动机运转无力

接通启动开关,若起动机能运转,则说明控制电路工作正常,起动机运转无力,说明带负载能力降低,实际输出功率减小。其原因有以下几个方面:

① 蓄电池存电不足或有短路故障使其供电能力降低。

② 电动机主电路接触电阻增大使起动机工作电流减小。接触电阻增大的原因包括:蓄电池搭铁电缆搭铁不实;电池正、负极柱上的电缆端头固定不牢;电动机开关触点与触盘烧蚀;电刷与换向器接触不良;换向器烧蚀等。

③ 磁场绕组或电枢绕组局部短路使起动机输出功率降低。

④ 发动机装配过紧或环境温度很低而导致启动阻力矩过大时,也可能会出现起动机运转无力的现象。

3. 起动机空转

(1) 故障现象。当启动开关接通时,起动机空转,发动机不运转。

(2) 故障原因。

① 单向离合器打滑。

② 起动机的启动时机过早。

③ 起动机的驱动齿轮或飞轮的齿圈损坏。

(3) 故障诊断与排除。

① 接通启动开关喇叭,查听发动机的飞轮处有无齿轮"咔嚓、咔嚓"撞击声,若没有"咔嚓、咔嚓"撞击声,说明单向离合器打滑,需更换单向离合器;若有"咔嚓、咔嚓"撞击声,说明起动机的启动时机过早或起动机的驱动齿轮(或飞轮的齿圈)损坏。

② 检查起动机的驱动齿轮或飞轮的齿圈是否损坏;若已损坏,需更换。

③ 调整起动机的启动时机。

4. 起动机发出打机枪似的"哒、哒……"声

(1) 故障现象。当接通启动开关时,起动机的活动铁芯产生连续不断的往复运动而发出"哒、哒……"声音的现象,称为"打机枪"现象。

(2) 故障原因。

① 蓄电池严重亏电或内部短路。

② 电磁开关保持线圈断路或搭铁不良。

③ 启动继电器触点断开电压过高。

(3) 故障诊断与排除。排除故障时,可先用万用表检测蓄电池电压,接通起动机时,其电压不得低于 9.6 V。如电压过低,说明严重亏电或内部短路,应予更换。如蓄电池性能状况良好,接通启动开关时仍有"打机枪"似的"哒、哒……"声,则说明电磁开关保持线圈搭铁不良而断路或启动继电器断开电压过高,分别检修或更换电磁开关、启动继电器,故障即可排除。

第三节　点火系统

一、传统点火系统电路分析

由于自从发明汽车以来,汽车上一直采用触点点火系统,因此触点点火系统又称为传统点火系统。传统点火系统主要由蓄电池、点火开关、点火线圈、分电器、火花塞和高压线等组成。其工作电路如图4-9所示。

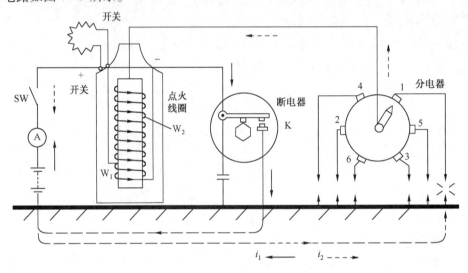

图4-9　传统点火系统的工作电路

发动机工作时,凸轮在配气凸轮轴的驱动下旋转,断电器的触点交替地闭合与断开。在点火开关接通的情况下,当触点闭合时,初级绕组中就有电流流过(初级电流i_1用实线表示),其电路为:蓄电池正极→电流表→点火开关→点火线圈"＋开关"端子→附加电阻→点火线圈"开关"端子→点火线圈初级绕组W_1→点火线圈"－"端子→断电器的触点→搭铁→蓄电池负极。当凸轮将触点断开时,初级电路被切断,初级电流消失,它所形成的磁场随之迅速变化,在两个绕组中都会感应产生电动势。由于次级绕组的匝数多,因此在次级绕组中将感应产生15～20 kV的高压电动势,它足以击穿火花塞的电极间隙,并产生电火花点着可燃混合气。高压电流i_2用虚线表示,流过的路径为:点火线圈次级绕组W_2→"开关"端子→附加电阻→"＋开关"端子→点火开关→电流表→蓄电池→搭铁→火花塞旁电极→中心电极→配电器旁电极→分火头→次级绕组。由此可见,点火系统有两个电路:初级电流i_1流经的电路称为低压电路或初级电路,而高压电流流经的电路称为高压电路。但在使用中,一般将点火线圈到火花塞之间的电路称为高压电路。

断电器的触点每断开一次,点火线圈就产生一个高压电。分电器轴每转一转,配电器就按发动机的点火顺序,轮流向各缸火花塞输送一次高压电。发动机工作时,断电器凸轮和分电器轴在发动机凸轮轴的驱动下连续旋转,断电器的触点循环开闭,点火线圈不断产生高压电,配电器按点火顺序循环向各缸火花塞输送高压电,产生电火花点燃混合气,保证发动机正常工作。如要发动机停止工作,只需断开点火开关,切断低压电路即可。

二、电子点火系统电路分析

电子点火系统分为霍尔式、霍尔式和光电式3种类型。各种类型的电子点火系统的组成和原理基本相同,不同点主要是点火信号发生器。霍尔式电子点火系统的电路如图4-10所示。

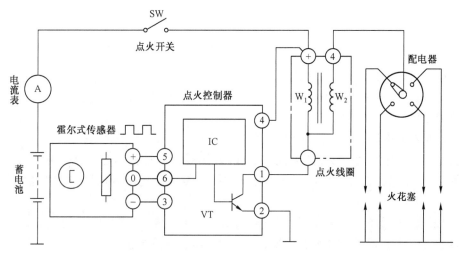

图4-10　霍尔式电子点火系统的电路

当发动机工作,信号发生器输出高电压时,点火器中的大功率三极管就导通,初级绕组中就有电流流过,其电路为:蓄电池正极→电流表→点火开关→点火线圈初级绕组→大功率三极管→搭铁→蓄电池负极。初级电流在线圈的铁芯中形成磁场。当信号发生器输出低电压时,点火器中的大功率三极管就截止,初级电路被切断,初级电流消失,它所形成的磁场随之迅速变化,在两个绕组中都会感应产生电动势。由于次级绕组的匝数多,因此在次级绕组中将感应产生 15~20 kV 的高压电动势,它足以击穿火花塞的电极间隙,并产生电火花点着可燃混合气。点火器大功率三极管每截止一次,点火线圈就产生一个高压电。分电器轴每转一转,配电器就按发动机的点火顺序,轮流向各缸火花塞输送一次高压电。发动机工作时,点火信号转子在发动机凸轮轴的驱动下连续旋转,传感器中不断产生点火信号,大功率三极管循环导通与截止,点火线圈不断产生高压电,配电器按点火顺序循环向各缸火花塞输送高压电,产生电火花点燃混合气,保证发动机正常工作。如要发动机停止工作,只需断开点火开关,切断低压电路即可。

三、微机控制点火系统电路分析

微机控制点火系统又称为 ECU 控制点火系统。如图4-11所示,系统主要由监测发动机运行状况的传感器,处理信号、发出指令的微处理机,响应微机发出指令的点火器、点火线圈等元件组成。

现代汽车发动机大多数都采用集中控制系统,微机控制点火系统是其子系统。ECU 既是

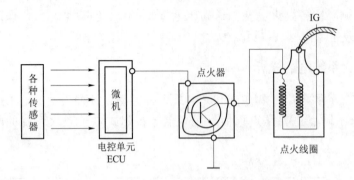

图 4 – 11　微机控制点火系统的组成简图

燃油喷射控制系统的控制核心,也是点火控制系统的控制核心。ECU 不断接收各种传感器发送的信号,并按预先编制的程序进行计算和判断后,向点火控制器发出接通与切断点火线圈初级电路的控制信号。

　　点火控制器的电路、功能与结构依车型而异,有的与 ECU 制作在同一块电路板上,如北京2020VJ 发动机集中控制系统;有的为独立总成,并用线束和插接器与 ECU 相连接,如丰田轿车采用的 TCCS 系统;有的点火控制器与点火线圈安装在一起,如帕萨特 1.8T 电控发动机的点火线圈。

　　微机控制点火系统高压电的分配方式可分为机械配电方式和电子配电方式两种。如图 4 – 12 所示,北京 BJ2020VJ 型吉普车点火系统采用了机械配电方式点火系统。其中,点火控制器与发动机电控单元(ECU)组装在一起。点火线圈初级绕组的电路为:蓄电池正极→点火开关→黄色导线→点火线圈初级绕组→绿色导线→ECU28 端子→ECU 内 VT→ECU31 端子→蓄电池负极。

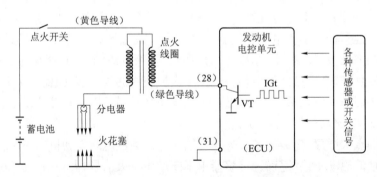

图 4 – 12　北京 BJ2020VJ 型吉普车点火系统的组成与原理

　　采用电子配电方式分配高压电的点火系统称为无分电器点火系统 DIS,主要有双缸同时点火和各缸单独点火两种配电方式。

　　采用单独点火方式时,每一个气缸都配有一个点火线圈,并安装在火花塞上方。采用双缸同时点火方式时,每两气缸配有一个点火线圈,点火线圈的次级线圈的两端分别与两个气缸上的火花塞相连接。气缸的组合原则为:一缸处于压缩行程的末期,另一缸处于排气行程的末期(四缸发动机的 1、4 缸或 2、3 缸;六缸发动机的 1、6 缸、2、5 缸或 3、4 缸),曲轴旋转 360°后两缸所处的行程正好相反。双缸同时点火时的放电电路如图 4 – 13 所示。

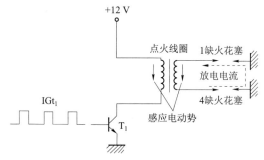

图 4 - 13　双缸同时点火时的放电电路

为防止次级绕组在初级电流接通时产生的电压(约为 1 000 V)加到火花塞电极上而导致误跳火,在部分点火线圈次级回路中连接有一只高压二极管。

第四节　照明系统与信号系统

一、照明系统

1. 照明系统电路的特点

照明系统主要由蓄电池(发电机)、熔断丝、灯控开关、灯光继电器、变光器、灯及其线路组成。汽车的照明灯一般由前照灯、雾灯、小灯、后灯、内部照明灯等组成。不同车型所配置的照明设备不完全相同,其控制线路也各不相同。

(1)如图 4 - 14 所示,照明灯由用灯光开关直接控制。灯光开关在"0"挡时,所有照明灯关断;灯光开关在"1"挡时,小灯亮(包括示宽灯、尾灯、仪表灯、牌照灯);灯光开关在"2"挡时,前照灯、小灯同时亮。

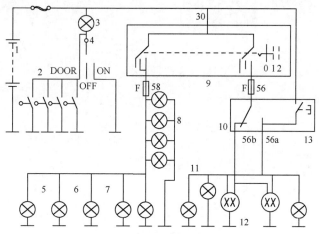

图 4 - 14　常见照明系统电路

1—蓄电池;2—门控开关;3—室内灯;4—室内灯手控开关;5—示宽灯;6—尾灯;

7—牌照灯;8—仪表灯;9—灯光开关;10—变光开关;11—远光指示灯;12—前照灯;13—超车灯开关

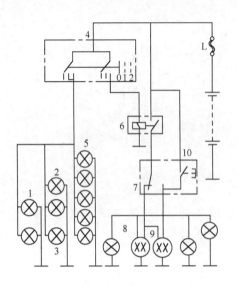

图 4-15 带前照灯继电器的照明电路

1—示宽灯；2—尾灯；3—牌照灯；4—灯光开关；

5—仪表灯；6—前照灯继电器；7—变光开关；

8—远光灯及远光指示灯；9—近光灯丝；10—超车灯开关

（2）如图 4-15 所示，照明系统安装有继电器，灯光开关控制断电器线圈，而继电器触点流过的电流才是灯泡的电流。

（3）超车灯信号常用远光灯亮灭来表示，发出此信号时不通过灯光开关，属于短时接通式。

（4）室内灯位于车内前部顶棚上，其功能是给驾驶员提供照明条件。此外，它还能受各车门开关控制，为驾驶员提供各个车门的开闭状态信号。

（5）在有些车辆中，为了保证发动机顺利启动，当点火开关打至启动挡时，前照灯及空调系统等耗电量较大的用电设备的电路将切断。

2. 典型照明系统的电路

（1）东风 EQ1118GA 汽车照明系统。东风 EQ1118GA 汽车照明的电路如图 4-16 所示，主要由灯控开关、远光继电器、近光继电器、变光和超车灯开关、前照灯、各种小灯和雾灯组成。图中"W22"的含义为："W"表示导线，"22"表示线号，其颜色需要查表 4-1 获得。

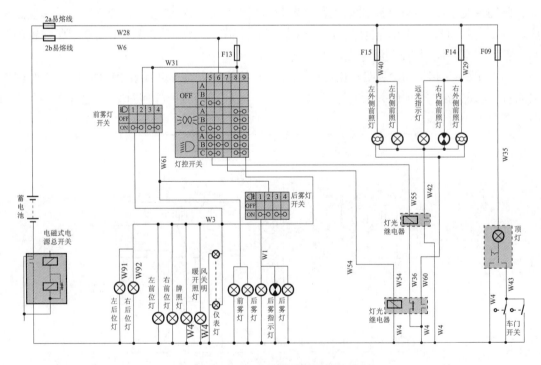

图 4-16 EQ1118GA 照明系统的电路图

表4-1　东风 EQ1118GA 汽车导线代号与颜色对照表

导线代号	导线颜色	导线代号	导线颜色	导线代号	导线颜色
W1	绿/蓝色	W31	绿/蓝色	W54	红/蓝色
W3	绿/白色	W35	红色	W55	红/黄色
W4	黑色	W36	白色	W60	红/黑色
W6	红色	W40	红/绿色	W61	红/蓝色
W28	白色	W42	红/白色	W91	白色
W29	红/黄色	W43	绿色	W92	白色

　　① 小灯电路。灯控开关置于"1"挡,小灯点亮。从图4-16可知,小灯电路为:蓄电池正极→易容线 2b→导线 W6(红色)→熔断丝 F13→导线 W31(绿/蓝色)→灯控开关 8 端子→灯控开关"1"挡→灯控开关 9 端子→导线 W3(绿/白色)→各种小灯(仪表灯、暖风开关照明灯、前位灯、后位灯)→搭铁→电磁式电源总开关→蓄电池负极。

　　② 前照灯电路。灯控开关置于"2"挡,前照灯点亮。分析图4-16电路图,可画出前照灯的电路如图4-17所示。

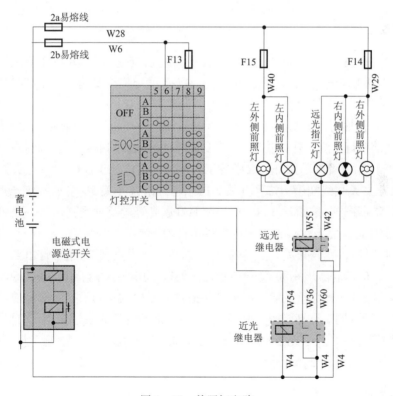

图4-17　前照灯电路

　　(2) 捷达轿车前照灯工作电路。捷达轿车前照灯的工作电路如图4-18所示,主要由蓄电池、点火开关、熔断丝、灯光开关及变光/超车灯开关等组成。其工作过程如下:

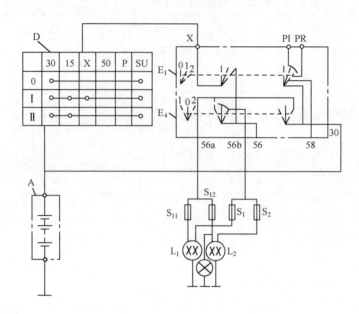

图 4 - 18　捷达轿车前照灯工作电路

A—蓄电池；D—点火开关；E1—灯光开关；E4—变光/超车开关；

S1、S2、S11、S12—熔断丝；L1—左前照灯；L2—右前照灯

① 接通点火开关，车灯开关 E_1 置于 2 挡(前)位置，变光开关 E4 处于 0(近光)位置。此时前照灯电路中的工作电流由蓄电池正极(+)→点火开关 X 接线端子→车灯组合开关 X 接线端子→灯光开关 2 挡→车灯组合开关 56 端子→变光开关 0 挡位→车灯组合开关 56b 端子→熔断丝 S_1 与 S_2→前照灯近光灯丝→搭铁→蓄电池负极(-)，于是两前照灯近光灯点亮。

② 在上述前照灯近光工作的情况下，将变光开关远光 E_4 朝转向盘方向拉过压力点，使变光开关 E_4 处于 1 挡位，此时前照灯电路中的工作电流由蓄电池正极(+)→点火开关 X 接线端子→车灯组合开关 X 接线端子→灯光开关 2 挡→车灯组合开关 56 端子→变光开关 1 挡位→车灯组合开关 56a 端子→熔断丝 S_{11} 与 S_{12}→前照灯远光灯丝及远光指示灯→搭铁→蓄电池负极(-)，于是前照灯远光及仪表板中的远光指示灯均被点亮。

③ 超车时，只需将变光开关 E_4 朝转向盘方向拉至压力点，此时超车灯电路工作电流由蓄电池正极(+)→车灯组合开关 30 端子→变光开关超车挡位→车灯组合开关 56a 端子→熔断丝 S_{11} 与 S_{12}→前照灯远光灯丝及远光指示灯→搭铁→蓄电池负极(-)，于是前照灯远光及仪表板中的远光指示灯同时点亮。当松开开关手柄时，前照灯远光及远光指示灯同时熄灭；再将该开关拉动，前照灯远光及远光指示灯又被点亮，如此反复地操纵变光/超车灯开关，即可得到前照灯远光闪亮的超车信号。

二、信号系统

信号系统主要由转向信号、倒车信号、制动信号和喇叭信号等组成。

(一) 转向信号

转向信号由转向灯开关、闪光器、转向信号灯和转向指示灯等组成。

转向灯开关装在转向盘下部的转向柱上,由驾驶员操纵,具有自动回位机构,当汽车转弯后,随着转向盘的回位,能将转向开关自动地回到原始的断开位置。

转向信号灯的功能是:汽车转向时告知周围车辆和行人的灯具,发出亮、灭交替的闪光信号,颜色为琥珀色、受转向开关和闪光器控制。

转向指示灯安装在仪表板上,标志汽车转向并指示转向灯工作情况的灯具,它与转向信号灯并联,并一起工作。

1. 转向信号灯控制电路

转向灯的电路一般是:电源→熔断丝→闪光器→转向灯开关→右(左)转向灯及其指示灯→搭铁。但随车型不同其电路也略有差别。如图 4-19 所示为东风 EQ1090E 转向灯控制电路。如图 4-20 所示为丰田皇冠车转向信号系统控制电路。

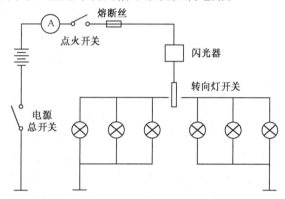

图 4-19　东风 EQ1090E 汽车转向信号灯控制电路

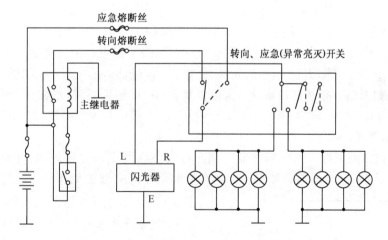

图 4-20　丰田皇冠车转向信号系统控制电路

2. 典型转向及危险警报信号系统

如图 4-21 所示为捷达轿车转向信号灯及危险警报信号灯工作电路。

(1) 当点火开关转至点火挡时,如果车辆向左转弯行使,将转向开关 E_2 手柄向下搬动,这时转向及报警信号电路中的工作电流由蓄电池正极(+)→点火开关15端子→熔断丝 S_{17} →危险报警灯开关 E_3 的常闭触点→闪光器49端子→闪光器→闪光器49a端子→转向灯开关 E_2

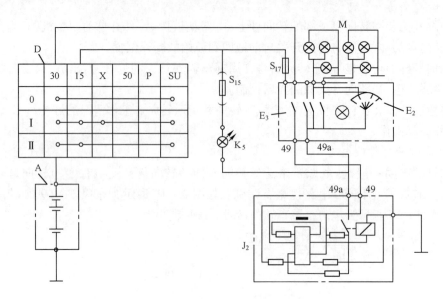

图 4-21　转向信号灯及危险警报信号灯工作电路

A—蓄电池;D—点火开关;S_{15},S_{17}—熔断丝;M—转向灯泡;K_5—转向指示灯;

E_3—危险报警灯开关;E_2—转向灯开关;J_2—闪光器

的左侧触点→左侧转向灯及转向指示灯→搭铁→蓄电池负极(-),于是左侧转向灯及转向指示灯闪亮。当转向结束,转向盘回位时会自动将转向开关拨回,转向灯及仪表板上的转向指示灯同时熄灭。当右转向时,工作电流在转向开关处发生改变,变为向右转向灯和右转向指示灯供电。

(2)当汽车发生故障或有紧急情况时,打开报警灯信号开关,这时前后左右 4 个转向灯一起闪亮,以示警告。无论点火开关处于什么位置,危险报警灯都可以工作。

将危险报警灯开关 E_3 按下,这时危险报警灯电路的工作电流由蓄电池正极(+)→点火开关 30 端子→危险报警灯开关 E_3 →闪光器 49 端子→闪光器→闪光器 49a 端子→危险报警灯开关 E_3 →转向灯及转向指示灯→搭铁→蓄电池负极(-),于是前后、左右 4 个转向灯及转向指示灯同时闪亮。

(二)倒车信号

倒车信号包括倒车灯和倒车蜂鸣器。倒车灯安装在汽车后组合灯内,倒车灯开关安装在变速器盖上,倒车蜂鸣器则单独安装。倒车灯和倒车蜂鸣器由倒车灯开关统一控制。如

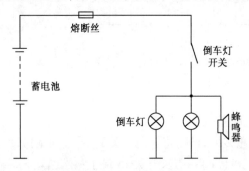

图 4-22　倒车信号系统的工作电路

图 4-22 所示,当变速器挂入倒挡时,倒车灯开关触点闭合,倒车灯和倒车蜂鸣器电路接通,倒车灯点亮,蜂鸣器鸣叫;当变速器摘除倒挡时,倒车灯开关触点打开,倒车灯和倒车蜂鸣器电路切断,倒车灯熄灭,蜂鸣器停叫。

(三)制动信号灯

制动信号灯装在汽车后组合灯内,是指示汽车停车或减速的指示灯具。在踏下制动踏板时,便发出较强的红光,用以提醒后面的车

辆或行人保持安全的距离。

制动信号灯工作电路如图 4-23 所示,主要由蓄电池、熔断丝、制动开关和制动灯组成。当驾驶员踩下制动踏板时,制动开关闭合,制动灯电路接通,制动灯点亮;当抬起制动踏板时,制动开关断开,制动灯电路切断,制动灯熄灭。

制动信号系统的故障诊断与排除方法基本与倒车信号系统相同。

(四) 喇叭信号

汽车上都装有喇叭,用来警告行人和其他车辆,以引起注意,保证行车安全。为了得到更加悦耳的声音,在汽车上常装有两个不同音调(高、低音)的喇叭。其中高音喇叭膜片厚、扬声简短,低音喇叭则相反。

1. 电喇叭控制电路

电喇叭电路有带继电器与不带继电器两类。装用一只喇叭时,喇叭工作电流直接通过喇叭按钮。当装用双喇叭时,因为喇叭消耗电流较大(15~20 A),用按钮直接控制时,按钮容易烧坏。为了避免这个缺点,常采用喇叭继电器,其构造和接线方法如图 4-24 所示。当按下按钮时,线圈因有电流通过而产生电磁吸力,吸下触点臂,使触点闭合接通喇叭电路。因喇叭的大电流不再经过按钮,从而保护了喇叭按钮。当松开按钮时,线圈内电流中断,磁力消失,触点在弹簧作用下断开,即可切断喇叭电路,使喇叭停止发音。

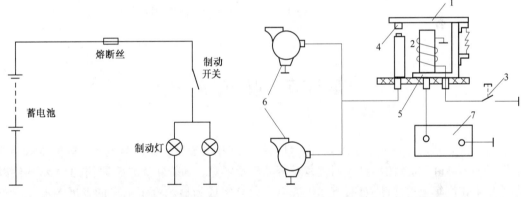

图 4-23 制动信号灯工作电路

图 4-24 电喇叭控制电路
1—活动触点臂;2—线圈;3—按钮;
4—触点;5—铁芯;6—喇叭;7—蓄电池

2. 典型喇叭控制电路

东风 EQ1118GA 汽车喇叭控制电路如图 4-25 所示。

(1) 当喇叭转换开关置于电喇叭挡时,按下喇叭按钮,喇叭继电器触点闭合,电喇叭开始鸣响。电喇叭电路为:蓄电池正极→易熔线 2b→导线 W28→熔断丝 F12→喇叭继电器触点→导线 W12→喇叭转换开关 6 端子→喇叭转换开关 7 端子→导线 W58→电喇叭→搭铁→电磁式电源总开关→蓄电池负极。

(2) 当喇叭转换开关置于气喇叭挡时,按下喇叭按钮,喇叭继电器触点闭合,气喇叭电磁阀电路导通,气流使气喇叭开始鸣响。气喇叭电磁阀的电路为:蓄电池正极→易熔线 2a→导线 W28→熔断丝 F12→喇叭继电器触点→导线 W12→喇叭转换开关 1 端子→喇叭转换开关 2 端子→导线 W62→气喇叭电磁阀→搭铁→电磁式电源总开关→蓄电池负极。

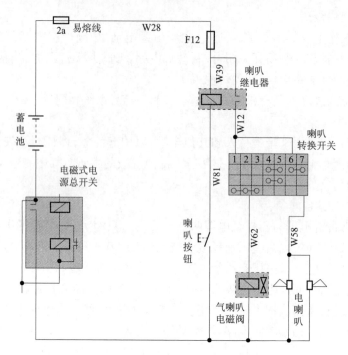

图4-25   东风EQ1118GA汽车的电喇叭和气喇叭电路

第五节   仪表系统

汽车仪表系统由各种指示仪表、指示灯、报警灯和电子显示器件等组成。电子显示器件包括发光显示器件、线条图形显示器件以及液晶显示屏等。随着新型传感器、电子显示器件以及电子技术在汽车上的广泛应用,汽车仪表电子化已经成为显示汽车信息的发展潮流。汽车仪表通常都安装在仪表盘上组成一个总成,称为组合仪表盘或组合仪表盘。汽车仪表按特点可分为传统仪表系统和电控仪表系统(即微机控制仪表系统)。

一、仪表与报警系统电路特点

汽车仪表与报警系统受点火开关控制。当点火开关接通时,仪表与报警系统与电源接通;当点火开关关闭时,仪表与报警系统与电源断开。

当汽车装有电流表时,它串联在蓄电池和发电机之间。当汽车装有电压表时,它并联在电源正负极之间。

汽车仪表一般由指示表和传感器组成。指示表有电热式和电磁式两种,传感器有电热式和可变电阻式两种,其匹配方式如下:

(1)电热式指示表与电热式传感器。如图4-26所示为电热式水温指示表与电热式传感器的连接电路,指示表与传感器串联。指示表有两个接线端子,一个通过点火开关和熔断丝与蓄电池正极连接;另一个与传感器的接线端子连接。

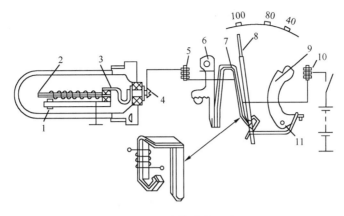

图 4 - 26 电热式水温表

1—固定触点;2—双金属片;3—接触片;4,5,10—接线挂;6,9—调节齿扇;7—双金属片;8—指针;11—弹簧片

（2）电磁式指示表与可变电阻式传感器。如图 4 - 27 所示为电磁式机油压力指示表与可变电阻式传感器的电路。指示表有三个接线端子，一个通过点火开关和熔断丝与蓄电池正极连接;另一个搭铁;第三个与传感器的接线端子连接。

（3）电热式指示表与可变电阻式传感器。如图 4 - 28 所示为电热式燃油指示表与可变电阻式传感器的连接电路。为了防止电源电压波动对指示精度的影响，此种形式指示表与传感器连接一般都安装有仪表稳压器。

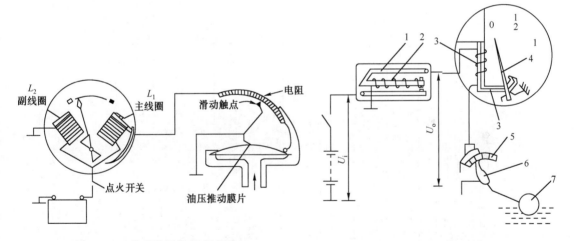

图 4 - 27 电磁线圈并联式油压表

图 4 - 28 电热式燃油表

1—稳压电源;2—加热线圈;3—双金属片;
4—指针;5—可变电阻;6—滑片;7—浮子

报警装置一般由传感器、报警灯（或蜂鸣器）组成。报警灯通常安装在仪表板上，功率为 1 ~ 3 W,在灯泡前有滤光片，以使灯泡发黄或红光，滤光片上通常有图形符号。

如图 4 - 29 所示为水温报警装置。当冷却水温升高到 90 ℃ ~ 95 ℃时，双金属片 1 向静触点 4 方向弯曲，使两触点接触，红色警告灯亮（如图 4 - 29(a)）。如图 4 - 29(b)所示，则是加以改进的警告灯。双金属片开关组成一单刀双掷动作。当水温低于 66 ℃时，开关电路经绿色指示灯搭铁，绿色指示灯亮，向驾驶员提供发动机过冷的警告，使驾驶员不要突然加速。随着冷却液温度的升高,双金属开关臂脱离"冷"触点,处于"冷"和"热"触点之间的某一位置。当发动机水温超过 95 ℃时,双金属片向"热"触点方向弯曲,与"热"触点闭合,红色指示灯亮,表示发动机过热。

为了便于安装和维修,一般将各种汽车仪表和报警装置的电路采用集中薄膜印刷电路。如图 4 - 30 所示为常见汽车仪表与报警系统的电路。

二、典型仪表电路

东风 EQ1118GA 汽车信息显示系统的电路如图 4 - 31 所示,主要由仪表和报警装置两部分组成。指示表主要由机油

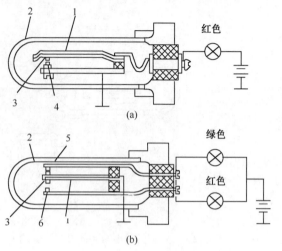

图 4 - 29　水温报警装置
1—双金属片;2—壳体;3—动触点;
4—静触点;5—冷触点;6—热触点

压力表、水温表、燃油表、发动机转速表、车速里程表、电压表及气压表等组成。报警指示灯主要由水位过低/水温过高报警灯、气压过低报警灯、机油压力过低报警灯、驻车制动指示灯、排气制动指示灯、充电指示灯、远光指示灯、转向信号指示灯、进气预热指示灯、空滤阻塞指示灯(选装)等组成。

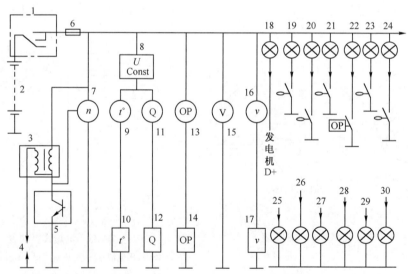

图 4 - 30　仪表与指示灯、报警灯电路
1—点火开关;2—蓄电池;3—点火线圈;4—火花塞;5—点火模块;6—熔断丝;7—发动机转速表;
8—仪表稳压器;9—发动机冷却系统温度表;10—温度表传感器;11—燃油表;12—燃油表传感器;13—机油压力表;
14—机油压力表传感器;15—电压表;16—车速表;17—车速表传感器;18—充电指示灯;19—驻车制动指示灯;
20—制动液面报警灯;21—门未关报警灯;22—机油压力报警灯;23—备用报警灯;24—水位过低报警灯;
25—远光指示灯;26,27—左右转向指示灯;28—座椅安全带未系报警灯;
29—防抱死制动指示灯(ABS);30—巡航控制指示灯

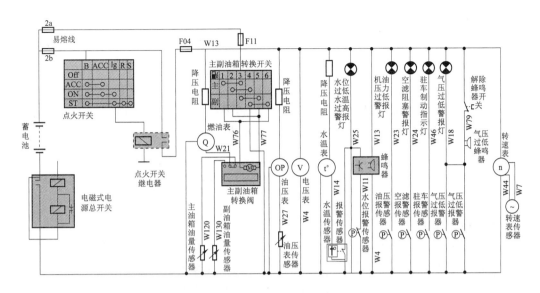

图 4-31 东风 EQ1118GA 汽车仪表与报警系统电路图

下面以水温表、水位过低/水温过高报警灯为例,分析其电路导通情况。当点火开关置于"ON"挡时,点火开关继电器触点闭合,仪表电路接通。

水温表电路为:蓄电池正极→易熔线 2b→点火开关继电器触点→熔断丝 F04→导线 W13→水温表(仪表盘)→导线 W14→水温传感器(安装在发动机上)→搭铁→电磁式电源总开关→蓄电池负极。

水位过低/水温过高报警灯电路为:蓄电池正极→易熔线 2b→点火开关继电器触点→熔断丝 F04→导线 W13→水位过低/水温过高报警灯(仪表盘)→导线 W25→水温传感器(安装在发动机上)→搭铁→电磁式电源总开关→蓄电池负极。

分析后,汽车的水温表与报警装置的电路如图 4-32 所示。

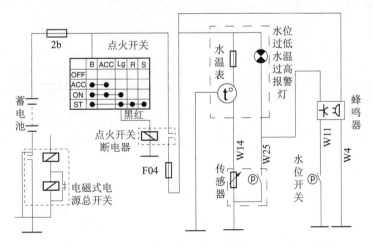

图 4-32 东风 EQ1118GA 汽车的水温表与报警装置的电路

三、电控仪表系统

1. 电控仪表系统的组成

如图4-33所示,电控(微机控制)仪表系统主要由各种传感器、电控单元ECU和各种电子显示器件组成,其中电控单元ECU和各种电子显示器件一般集中安装于仪表盘内。电控单元ECU利用各种传感器传来的信号,进行计算,以确定车辆的行驶速度、发动机转速、发动机冷却液温度、燃油量及车辆其他情况的测量数据,并将这些数据以数字或条形图形式显示出来。

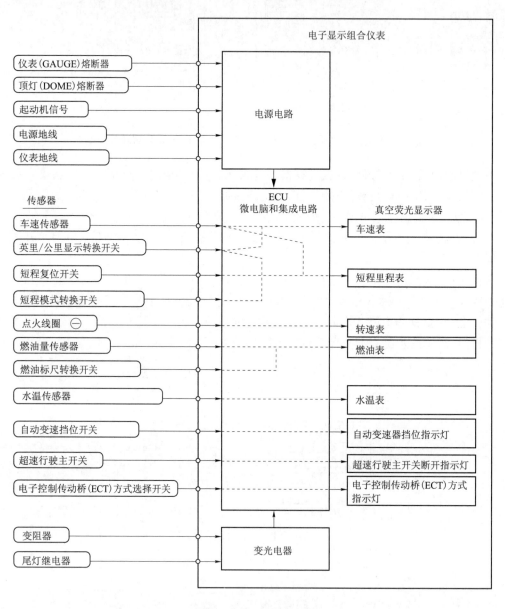

图4-33　电控仪表系统的组成

2. 典型电控仪表系统

如图 4 – 34 所示,猛士 EQ2050 汽车采用电控(微机控制)仪表系统。电控单元 ECU 和各种电子显示器件一般集中安装于仪表盘内。电子显示器件主要包括各种指示表和指示灯(或报警灯),指示表的表针采用步进电机进行驱动;仪表指示灯均采用高亮亮度发光二极管。

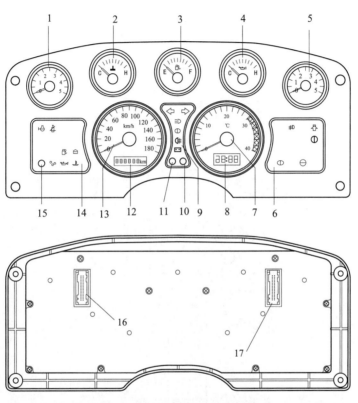

图 4 – 34　猛士 EQ2050 汽车仪表盘

1—前轮气压表;2—水温表;3—燃油表;4—机油压力表;5—后轮气压表;
6—右侧指示灯区域;7—发动机转速表;8—时钟;9—中部指示灯区域;
10—时钟调节按钮(分钟);11—时钟调节按钮(小时);12—里程表;
13—车速表;14—左侧指示灯区域;15—累计日计调节按钮;
16—插座 A(棕色 26 针);17—插座 B(黑色 26 针)

猛士 EQ2050 汽车的仪表盘内部电路如图 4 – 35 所示,猛士 EQ2050 汽车的仪表系统电路如图 4 – 36 所示。

仪表的电源电路为:蓄电池正极→166 黄色导线→插接器 B25 和 B26 端子→仪表盘→插接器 B21 和 B22 端子(或插接器 A25 和 A26 端子)→搭铁→蓄电池负极。当点火开关置于"ON"时,仪表 ECU 从接线端子 A9 接收点火开关接通信号,控制各指示表和指示灯工作。各指示表和指示灯状态取决于各传感器的输入信号。

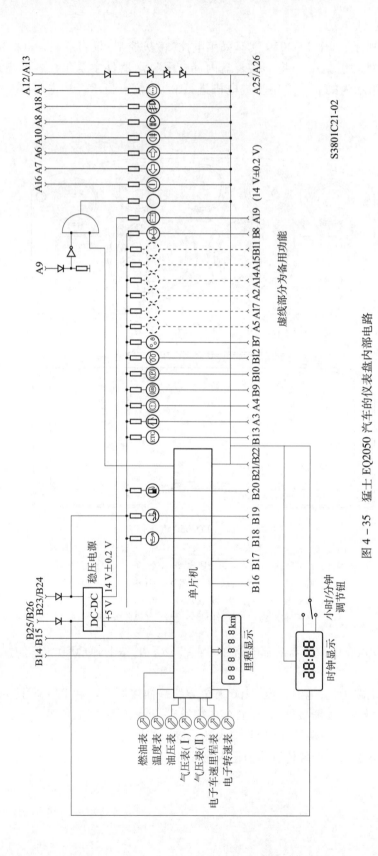

图 4 – 35 猛士 EQ2050 汽车的仪表盘内部电路

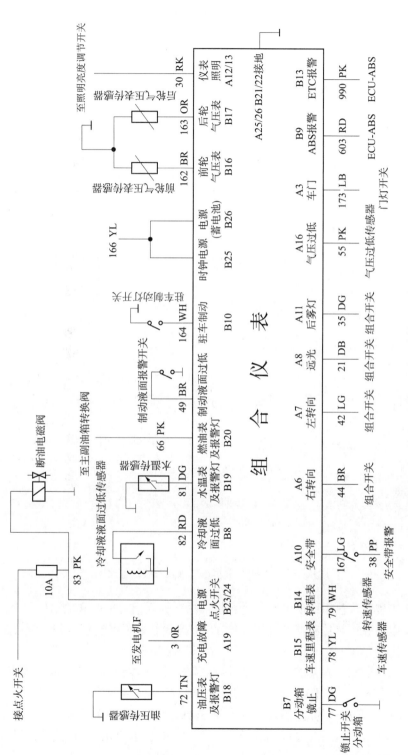

图 4－36　猛士 EQ2050 汽车的仪表系统电路

第六节　辅助电气系统

一、进气预热系统电路的识读

为改善汽车的冷启动性能,在汽车上特别是在大、重型货车上安装有进气预热系统。

1. 火焰式进气预热系统

如图 4 – 37 所示为 SX2190 货车进气预热系统的电路图,主要由预热控制器 A24、温度传感器(安装在发动机水道上)、电磁阀、电热塞 R4、电热塞 R5 和预热指示灯等组成。

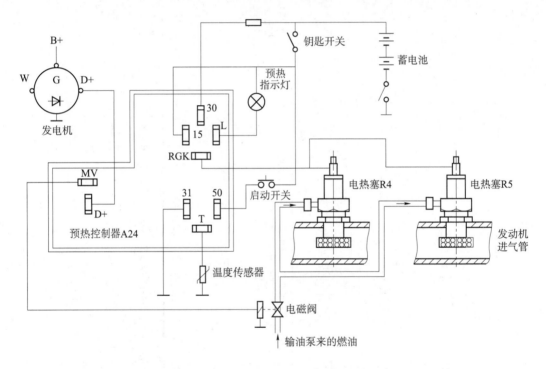

图 4 – 37　SX2190 货车进气预热系统的电路图

斯太尔汽车进气预热系统的电路分为:电源电路、输入信号电路和输出信号电路。

(1)电源电路。预热控制器通过接线端子 30 与蓄电池正极连接,通过接线端子 31 搭铁与蓄电池负极连接。

(2)输入信号电路。预热控制器通过接线端子 15 接收钥匙开关(也称为点火开关)信号,据此信号,控制器开始工作;通过接线端子 T 接收温度传感器信号,据此信号,控制器判断是否工作,决定电热塞加热的时间;通过接线端子 50 接收启动开关信号,若在 30 s 内不启动发动机,电路自动停止工作;通过接线端子 D + 接收发电机输出信号,预热控制器据此信号和温度信号,预热一段时间后,停止电磁阀供电,切断燃油供给。

(3)输出信号电路(结果)。预热控制器通过接线端子 L 控制预热指示灯各种亮、灭或闪烁状态;通过接线端子 FGK 控制火焰预热电热塞是否通电,并控制导电时间长短;通过接线端子 MV 控制电磁阀导通时机。

2. PTC 陶瓷式进气预热系统

如图 4 - 38 所示为解放 CA1122P1K2S 汽车进气预热系统的电路图,主要由蓄电池、点火开关、预热按钮、预热控制器、预热指示灯(安装在预热按钮内)、预热继电器、PTC 陶瓷预热器和行程电磁铁等组成。

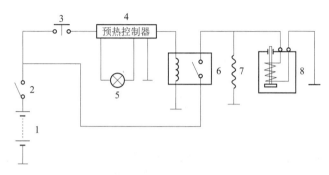

图 4 - 38　解放 CA1122P1K2S 汽车进气预热系统的电路图
1—蓄电池;2—点火开关;3 —预热按钮;4—预热控制器;5—预热指示灯;
6 —预热继电器;7—PTC 陶瓷预热器;8 —行程电磁铁

当点火开关接通时,只要按下预热按钮,预热控制器电源电路便接通。其电源电路为:蓄电池正极→点火开关→预热按钮→预热控制器→搭铁→蓄电池负极。

当预热控制器电源电路接通时,预热控制器就开始工作:一是控制进气预热指示灯点亮;二是控制预热继电器的触点闭合;三是发出启动信号。

当预热继电器的触点闭合时,一是行程电磁铁电路接通,拉动阻风门,使阻风门关闭,改变进入气缸空气的通道;二是 PTC 预热器的电路接通,预热开始。

行程电磁铁电路为:蓄电池正极→点火开关→预热继电器触点(此时处闭合状态)→行程电磁铁的线圈→搭铁→蓄电池负极。

PTC 预热器电路为:蓄电池正极→点火开关→预热继电器触点(此时处闭合状态)→PTC预热器→搭铁→蓄电池负极。

预热控制器从预热开始计时,4～6 min 后,控制进气预热指示灯闪烁,同时控制蜂鸣器鸣叫,这时驾驶员可以启动发动机。

3. 分缸电热塞式进气预热系统

如图 4 - 39 所示为勇士汽车分缸电热塞式进气预热系统电路图,主要由电热塞、预热控制器、点火开关、预热继电器、水温传感器、车速传感器、溢流电磁阀和预热指示灯等组成。

分缸电热塞式进气预热系统的电路主要由电源电路、输入信号电路、输出信号电路组成。

(1)电源电路。预热控制器通过接线端子 10 与蓄电池正极连接,通过接线端子 4 搭铁与蓄电池负极连接。

(2)输入信号电路。预热控制器通过接线端子 6 接收点火开关 ON 信号,据此信号,预热控制器开始工作;通过接线端子 6 接收温度传感器信号,据此信号,预热控制器判断是否工作,决定电热塞加热的时间;通过接线端子 7 接收点火开关 ST 启动信号,若在 10 s ±2 s 内不启动

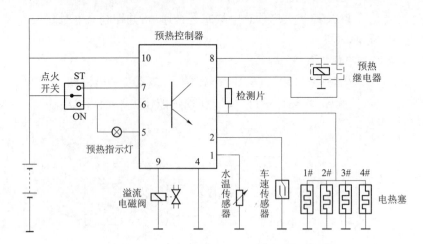

图 4-39　勇士汽车进气预热系统的电路图

发动机,电路自动停止工作。另外,预热控制器通过接线端子 2 接收车速传感器信号。

　　(3) 输出信号电路(结果)。预热控制器通过接线端子 5 控制预热指示灯各种亮、灭或闪烁状态;通过接线端子 9 控制溢流电磁阀是否通电开启;通过接线端子 8 控制预热继电器是否工作,从而控制电热塞是否通电加热,并通过控制预热继电器工作时间长短,来确定电热塞是否通电加热的时间。

二、电动刮水器的电路分析

1. 双速刮水电动机的控制电路

　　双速刮水电动机的控制电路如图 4-40 所示。通过控制开关,可实现刮水器的低速运转、高速运转及停机复位等功能。

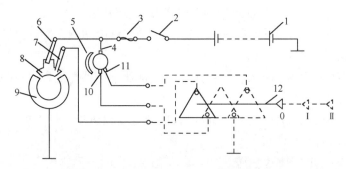

图 4-40　双速刮水电动机的控制线路

1—蓄电池;2—电源开关;3—熔断丝;4,10,11—电刷;5—永久磁铁;
6,7—自动复位触片;8,9—自动复位滑片;12—刮水器变速开关

　　当电源开关接通,刮水器变速开关 12 接到"I"挡时,电流由蓄电池正极→电源开关 2→熔断丝 3→电刷 4→电枢→电刷 10→变速开关"I"挡搭铁,最后回到负极。这时电枢在永久磁场作用下转动,转速较低。

　　当变速开关 12 拉到"II"挡位置时,电流由蓄电池正极→电源开关 2→熔断丝 3→电刷 4→电枢→电刷 11→变速开关"II"挡,回到负极。此时由于电刷 4 与偏置电刷 11 通电,电机转矩增大,其转速升高。

当变速开关拨到"0"时,如果刮水片没有停到适当位置,此时自动复位触片 7 与自动复位滑片 9 接触,电流从蓄电池→电源开关→熔断丝→电刷 4、10→触片 7→滑片 9→搭铁,电机继续转动。当摇臂摆到应停位置时,触片 7 与滑片 9 脱开,同时触片 6、7 和滑片 8 接触,使电枢短路,刮水片停到挡风玻璃下缘的适当位置。

2. 间歇式电动刮水器电路分析

刮水系统的间歇功能主要靠间歇控制器来实现,一般由间歇控制器、刮水器开关、洗涤电动、刮水电动机等组成,如图 4-41 所示。

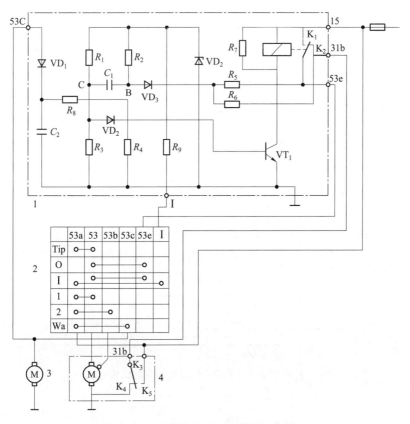

图 4-41 间歇式电动刮水器的工作原理
1—间歇控制器;2—刮水器开关;3—洗涤电动机;4—刮水器开关;
Tip—点动;O—停;I—间歇;1—慢速;2—快速;Wa—洗涤

间歇控制器的工作原理为:当刮水器开关置于间歇挡(I 挡)时,电源便经熔断丝,刮水器开关 53a 端子、刮水器开关内部 I 挡接入间歇控制器的"I"端子。

C_1 被充电。C_1 的充电电路为:蓄电池正极→熔断丝→刮水器开关 53a→I 挡→间歇控制器"I"端子→R_9→R_2→C_1→VD_2→三极管 VT 的基极、发射极→搭铁→蓄电池负极。此时 C 点的电位为 1.6 V,B 点的电位为 5.6 V,C_1 两端有 4 V 的电位差。

C_1 充电时,其充电电流为三极管提供偏流,使三极管导通,接通了继电器线圈的电路,继电器的常开触点 K_1 闭合、K_2 打开,电流经 K_1、53e、开关内的"I"挡、53 端进入刮水电动机的电枢,使刮水电动机慢速旋转,刮水器开始工作。

当刮水片往返一次又回到风窗玻璃的最下位置时,刮水电动机也旋转至自动复位时,K_3、K_4接通,使31b端搭铁,为C_1的放电提供了通路。

C_1放电回路主要有两条。一路经R_2、R_1放电;另一条经VD_3、R_6、31b、电机自动复位触点K_3、K_4、搭铁、稳压管VD、R_1放电。放电瞬间B点电压突然降到2.8 V,由于C_1原有4 V电位差,使C点电位降为 – 1.2 V,三极管VT的基极电位翻转为低电平,于是三极管截止,切断了继电器线圈的电路,则其常开触点K_1又断开,常闭触点K_2又闭合,恢复到自然状态时的31b与53e接通,将电阻R_5、R_6并联,加速C_1放电,为C_1的再充电作准备。

随着C_1放电时间的增加,C点电位逐渐升高,当C点电位接近2 V时,三极管又导通,C_1又恢复为充电状态。

可见,只要刮水器开关置于间歇挡,电源便接入间歇控制器的"I"端子,C_1就会不间断地充、放电,三极管就会导通、截止反复翻转,使继电器反复接通与断开,如此形成了间歇刮水的工作状态,刮洗时间为2 ~ 4 s,间歇时间为4~6 s,直到断开刮水器开关。

三、电子除霜加热器

图4 – 42 是一种典型的除霜加热器电路,它主要由电热线、传感器、继电器、控制电路、除霜开关以及指示灯等组成。

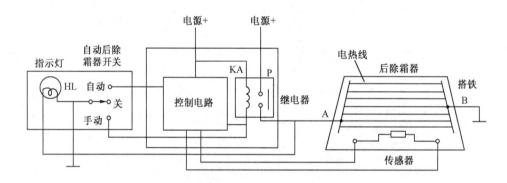

图4 – 42　电子除霜加热器的典型结构

1. 电热线

当在电热涂料两端加上12 V电压时,即会产生25 ~ 30℃的微温,将玻璃加热以消除霜层。

2. 传感器

传感器是一种热敏电阻,一般安装在后窗玻璃下方,用以检测有无积霜。如果有积霜,则传感器电阻减小,控制器就使继电器线圈通电,吸合触点P,使电热线通电。当除霜结束时,玻璃上温度上升,传感器阻值变大,控制电路将继电器断电,使除霜自动停止。

3. 控制电路

控制电路一般主要由分立元件电路或单片集成电路构成。其输入信号有两个:一个是手动/自动除霜开关信号,另一个是传感器信号。传感器信号主要是控制其内的一只电子开关,使电子开关在传感器电阻值减小(也即结霜)时导通,使继电器KA线圈内的电流通路形成,吸合触点P接通,于是给电热线通电加热。

当传感器电阻值增大(即除霜后玻璃温度上升)后,上述电子开关截止,这就切断了 KA 线圈电流,电热线加热停止。

4. 除霜指示灯

除霜指示灯实际上是并接在电热线的两端,受 KA 继电器的控制。当电热线加温时,该指示灯也同时点亮,以示除霜电路处于除霜工作状态。当除霜停止时,该指示灯熄灭。

5. 除霜电路工作原理

(1)手动除霜。当采用手动除霜时,除霜开关接通到"手动"挡,KA 继电器线圈内有电流通过,其触点 P 吸合接通,从而形成以下电流回路:蓄电池正极→KA 继电器 P 触点(闭合)→电热线 A、B 端→搭铁→蓄电池负极。

此时,除霜指示灯 HL 也点亮,以示除霜状态。除霜器的功率一般在 100 W 左右。

(2)自动除霜。当采用自动除霜时,控制电路的工作状态受传感器输入信号的控制。当结霜、传感器电阻变小时,启动电热线工作,即开始加热。当温度上升到除完霜后,即传感器的电阻值增大到一定值时,断开电热线电流回路。如此循环,就实现了自动除霜的目的。

四、电动车窗

1. 电动车窗玻璃升降系统的基本电路

电动车窗玻璃升降系统一般由电动机、主控开关、分控开关(门窗开关)和门窗升降器组成。其中电动机广泛采用永磁式直流电动机,也有采用双磁场式电动机,如图 4－43 所示。电动机内有两组绕向不同的磁场线圈,分别和开关的升、降接点相连,两个磁场线圈分别工作,使电动机能输出正、反两个方向的转动力矩,从而控制车窗玻璃的升或降。

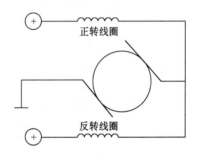

图 4－43　能正反转的电动机
结构原理简图

电动车窗玻璃升降系统的基本电路如图 4－44 所示,在电动机上还装有一个断路开关,控制电动机的搭铁线,当车窗玻璃上升或下降到终点时,断路开关把电路切断 40 s 左右,然后再恢复到接通状态。

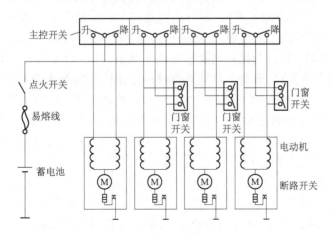

图 4－44　电动车窗的基本电路

2. 常见的电动车窗玻璃升降器的工作过程

图 4-45 是一种具有 4 个车门的玻璃升降器电子控制电路,除具有驾驶席主开关外,它还由各个车门开关、乘客车窗玻璃升降的驱动电机,以及前驱动器(包括开关、电机)等组成。

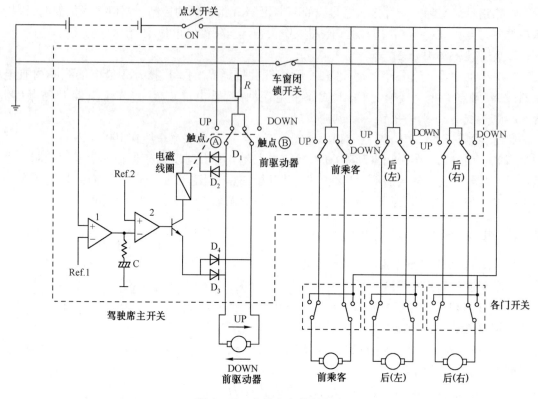

图 4-45   电动车窗控制电路

(1) 手动操作控制玻璃升降。当把手动推向车辆前方时,车窗玻璃即上升。此时,触点Ⓐ与"UP"(向上)接点相连,触点Ⓑ处于原来状态,电机按"UP"箭头方向通过电流,车窗玻璃上升且关闭;当把手离开调节柄时,利用其开关自身的回复力,此时开关回到中立位置。若把手动调节柄推向车辆后方,触点Ⓐ保持原位不动;而触点Ⓑ则与"DOWN"(向下)侧相接,电机所通过的电流按"DOWN"箭头所示的方向流动,电机反转,以实现车窗玻璃向下移动,直至下降到底。

(2) 自动控制玻璃升降。当把自动旋钮压向车辆前方时,触点Ⓐ与"UP"侧相接,电机按"UP"箭头方向通过电流,门窗玻璃上升且关闭;与此同时,电阻 R 上电压降低,此电压加于比较器 1 的一端,它与参考电压 Ref.1 进行比较。Ref.1 的电压值设定为相当于电机锁止电流值约 15 A,通常为比较器 1 的低电位端("-"端);而比较器 2 的参考电压 Ref.2 通常设定为小于比较器 1 的输出,且为高电位端("+"端)。所以,比较器 2 的输出为高电位,使三极管正偏而导通,电磁线圈通过较大的电流,其路径为:蓄电池的"+"→点火开关→"UP"→触点Ⓐ→二极管 D_1→电磁线圈→三极管→二极管 D_4、触点Ⓑ→电阻 R→搭铁(蓄电池"-")。此电流产生较大的电磁力,吸引驱动器开关的柱塞,使棘爪板向上升,越过棘爪板凸缘的滑锁,在原来位置被锁定,这样即使把手离开自动调节柄,开关仍会保持原来的状态。

当门窗玻璃上升至终点位置,在电机上有锁止电流流动,电阻 R 上的压降增大,当此电压超过参考电压 Ref.1 时,比较器 1 的输出由低电位转变为高电位,此时,电容器 C 开始充电,当

电容器 C 两端电压上升至超过比较器 2 的参考电压 Ref.2 时，比较器 2 则输出低电位，三极管立即截止，电磁线圈中的电流被切断，棘爪板在滑锁内由弹簧的反力被压下，自动调节柄自动回复到中立位置，触点Ⓐ搭铁，电机停转。

门窗玻璃自动下降的工作情况与上述情况相反，操作时只需将自动调节柄压向车辆后方即可。

五、电动后视镜

后视镜角度的调整一般比较麻烦，采用电动后视镜，驾驶员坐在座椅上通过电动机就可以方便快捷地对后视镜的后视角度进行任意调节。

电动后视镜主要由调整开关、电动机、传动和执行机构等组成。如图 4 - 46 所示为一种较典型后视镜控制电路，其控制原理如下：

（1）后视镜向上摆动。以右侧后视镜为例，其向上摆动时的原理如下：将滑动开关从中央位置拨至右边，按下控制按钮的上端，此时形成了如下的电流通路：蓄电池正极→点火开关 SA→熔断丝 FU→按钮开关接线端子 B→接线端子 V_2→电动机 M_3→接线端子 C→搭铁端子 E→蓄电池负极。这一电路使 M3 电机中有电流流过，电机产生的转矩带动右侧后视镜向上摆动。

（2）后视镜向下摆动。将滑动开关从中央位置拨至右边，按下控制按钮的下端。此时形成了如下的电流通路：蓄电池正极电流→点火开关 SA→熔断丝 FU→按钮开关接线端子 B→接线端子 C→M_3 的下端接线柱→V_2 接线柱端→E 搭铁端→蓄电池负极。这一电路使 M_3 电机中有与上述电流流向相反的电流流过，M_3 以改变转动方向的转矩，带动右侧后视镜向下摆动。

有些汽车的后视控制电路中具有存储功能，它由驱动位置存储器、回复开关和位置传感器等组成。用以将上述操作功能的数据自动存储在存储器中。如果需要，可直接将存储器中存储的数据调出使用。

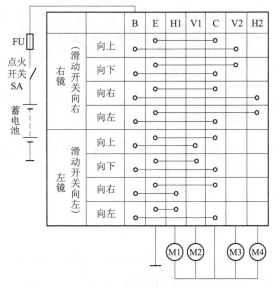

图 4 - 46　丰田皇冠后视镜控制电路示意图

六、汽车点烟器

汽车点烟器为驾驶员吸烟提供了方便,避免使用明火带来的安全隐患。它的插座还为外接汽车电器提供了 12 V 电源。气泵、检修照明灯及故障诊断仪等用电都可以从点烟器插座由专用插头引出。

汽车点烟器的电路原理如图 4 - 47(a)所示,其结构如图 4 - 47(b)。它主要由电热圈插头 3、双金属片温度开关的插座 5、外壳以及安装托架导线组件等组成。

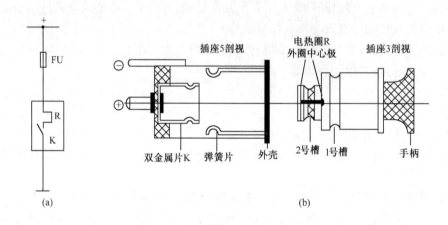

图 4 - 47　普通点烟器结构与控制电路

点烟器插头平时被插座内弹簧片夹住,此时电热圈 R 中心极即与外壳接通,也即与蓄电池负极连接。当需要点烟器点烟时,将插头再用力下插,则双金属片弹片把电热圈外圈夹住,电热圈便开始发热。此时的电流通路为蓄电池正极→熔断丝 FU→双金属片弹片→电热圈外圈→电热圈中心极→外壳→蓄电池负极。

第七节　发动机电控系统

一、发动机电子控制系统的组成

发动机电子控制系统的核心是电控单元(ECU),电控单元根据发动机各种传感器送来的信号,进行燃油喷射控制、点火控制、燃油蒸发回收控制、发动机怠速控制、空调压缩机控制等。

电子控制系统主要由各种传感器、电控单元(ECU)和各种执行器组成,如图 4 - 48 所示。

二、发动机电子控制系统电路图的组成

不论何种电控发电机,按电路的功能,发动机电子控制系统电路图主要由电源电路、传感器电路和执行器电路组成。富康轿车采用的 TU5JPK 发动机电子控制系统电路图如图 4 - 49 所示,下面将以此为例加以说明,以达到举一反三的目的。

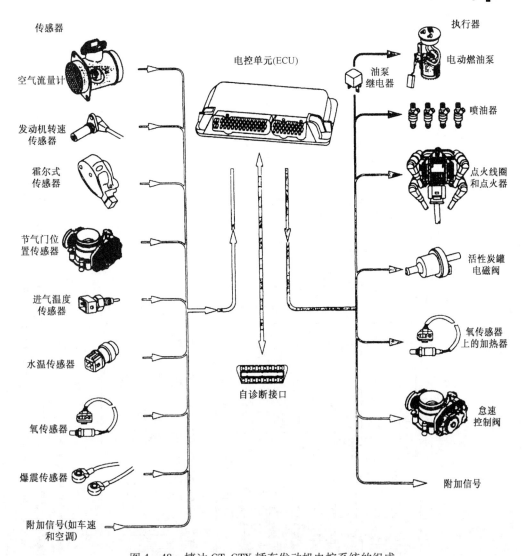

图 4 - 48　捷达 GT、GTX 轿车发动机电控系统的组成

三、电源电路

从图 4 - 49 可以检索到:电控单元 ECU 的端子 18 直接与电源盒连接,端子 37 通过主继电器与电源盒连接,端子 3 通过惯性开关和主继电器与电源盒连接,端子 14 搭铁。据此,TU5JPK 发动机电子控制系统的电源电路如图 4 - 50 所示。

四、传感器电路

1. 进气压力传感器电路

进气压力传感器的电路如图 4 - 51 所示。进气压力传感器上有三个接线端子,其中接线端子 1 与发动机电控单元 ECU 的接线端子 12 连通;接线端子 2 与电控单元 ECU 的接线端子 26 连通,并给该传感器提供 5 V 电源电压;接线端子 3 与电控单元 ECU 的接线端子 7 连通,并将该传感器的产生信号送给电控单元 ECU。

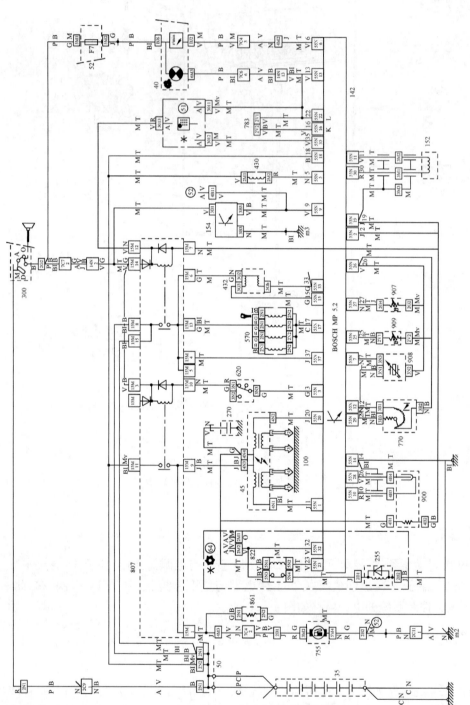

图4-49　TU5JPK 发动机电子控制系统电路图

35—蓄电池;40—仪表板;45—点火线圈;50—电源盒;52—闪接熔断丝盒;142—发动机电控单元;152—曲轴位置传感器;154—车速传感器;176—防盗密码控制盒(选装);255—空调压缩机离合器;270—点火线圈上的电容器;300—点火线圈上的电容器;430—点火开关;432—炭罐控制阀;570—怠速控制阀;620—喷油器;770—节气门位置传感器;783—故障自诊断插座;807—主继电器;900—氧传感器;907—进气温度传感器;908—进气压力传感器;909—水温传感器

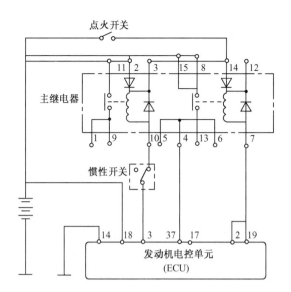

图 4 - 50　TU5JPK 发动机电子控制系统的电源电路

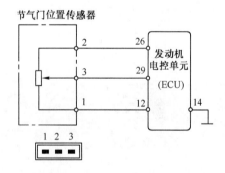

图 4 - 51　进气压力传感器的电路

2. 曲轴位置传感器电路

曲轴位置传感器的电路如图 4 - 52 所示。曲轴位置传感器上有三个接线端子，其中接线端子 1 与发动机电控单元 ECU 的接线端子 30 连通，接线端子 2 与电控单元 ECU 的接线端子 11 连通；接线端子 3 是一屏蔽线与电控单元 ECU 的接线端子 19 连通。

3. 节气门位置传感器电路

节气门位置传感器的电路如图 4 - 53 所示。节气门位置传感器上有三个接线端子，其中接线端子 1 与发动机电控单元 ECU 的接线端子 12 连通；接线端子 2 与电控单元 ECU 的接线端子 26 连通，并给该传感器提供 5 V 电源电压；接线端子 3 与电控单元 ECU 的接线端子 29 连通，并将该传感器的产生信号送给电控单元 ECU。

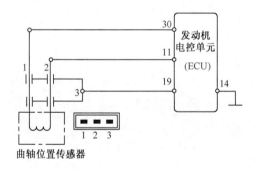

图 4 - 52　曲轴位置传感器的电路

图 4 - 53　节气门位置传感器的电路

4. 进气温度传感器电路

进气温度传感器的电路如图 4 - 54 所示。进气温度传感器上有两个接线端子，其中接线端子 2 与发动机电控单元 ECU 的接线端子 26 连通，并给该传感器提供 5 V 电源电压；接线端子 4 与发动机电控单元 ECU 的接线端子 27 连通。

5. 水温传感器电路

如图 4 - 55 所示。水温传感器上有两个接线端子，其中接线端子 2 与发动机电控单元 ECU 的接线端子 26 连通，并给该传感器提供 5 V 电源电压；接线端子 1 与发动机电控单元 ECU 的接线端子 25 连通。

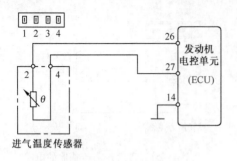

图 4 - 54   进气温度传感器电路

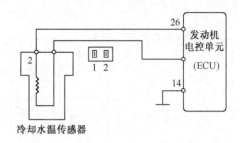

图 4 - 55   冷却水温传感器电路

6. 氧传感器电路

氧传感器的电路如图 4 - 56 所示。氧传感器上有四个接线端子,其中接线端子 1 通过主继电器与蓄电池连通;接线端子 2 与发动机电控单元 ECU 的接线端子 19 或 2 连通;接线端子 3 与电控单元 ECU 的接线端子 10 连通;接线端子 4 与电控单元 ECU 的接线端子 28 连通。

7. 车速传感器电路

车速传感器的电路如图 4 - 57 所示。车速传感器上有三个接线端子,其中接线端子 1 通过点火开关与蓄电池连通;接线端子 2 搭铁;接线端子 3 是一信号输出线,它与发动机电控单元 ECU 的接线端子 9 连通。

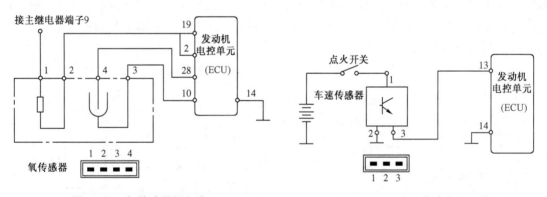

图 4 - 56   氧传感器的电路   图 4 - 57   车速传感器的电路

五、执行器电路

1. 怠速控制阀电路

怠速控制阀的电路如图 4 - 58 所示。怠速控制阀上有三个接线端子,其中接线端子 2 通过主继电器与蓄电池连通;接线端子 1 与发动机电控单元 ECU 的接线端子 33 连通,接线端子 3 与发动机电控单元 ECU 的接线端子 15 连通。接线端子 1、3 接收电控单元 ECU 发出的控制信号。

2. 燃油泵电路

燃油泵的电路如图 4 - 59 所示。燃油泵上有两个接线端子,其中接线端子 2 通过主继电器与蓄电池连通;接线端子 4 搭铁。

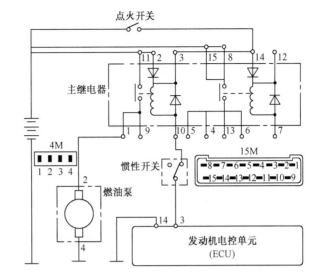

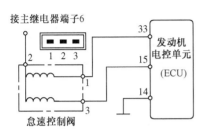

图 4 - 58　怠速控制阀的电路　　　　　　　　图 4 - 59　燃油泵的电路

3. 喷油器控制电路

喷油器的控制电路如图 4 - 60 所示。喷油器上有两个接线端子,其中接线端子 1 通过主继电器与蓄电池连通;接线端子 2 与发动机电控单元 ECU 的接线端子 17 连通。

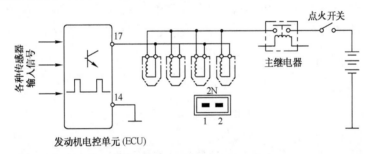

图 4 - 60　喷油器的控制电路

4. 点火系统的电路

点火系统的电路如图 4 - 61 所示。点火线圈有四个高压线插孔,分别插接一、二、三、四缸的高压线;另外点火线圈上还有一个插座,插座内有四个接线端子,其中接线端子 1 与发动机电控单元 ECU 的接线端子 1 连通;接线端子 2 与发动机电控单元 ECU 的接线端子 20 连通;接线端子 3、4 通过主继电器与蓄电池连通。电控单元 ECU 通过控制接线端子 1、20 电路的通断来控制点火线圈低压电路的通断。

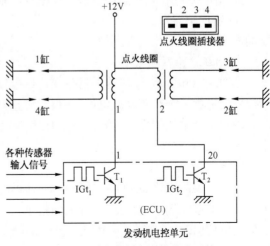

图 4 - 61　富康轿车电控点火系统

第八节　汽车底盘电控系统

一、汽车底盘电子控制系统的组成

汽车底盘电子控制系统主要包括:电子控制自动变速器、电子控制制动防抱死系统、驱动防滑控制系统、动力转向系统、悬架控制系统、巡航控制系统等。他们具有共同特点,即电子控制系统主要由各种传感器、电控单元(ECU)和各种执行器组成。下面以电子控制自动变速器为例加以说明。

二、自动变速器电子控制系统的组成及其电路图特点

1. 自动变速器电子控制系统的组成

自动变速器的电子控制系统由各种传感器、变速器电控单元和电磁阀等执行机构组成。电控单元采集各种传感器的信号,如:各种转速、负荷、排挡杆的位置、油温、油压、制动等,经过运算后输出信号控制压力调节、流量调节、变矩器锁止、换挡规律的选择和自动升降挡等。

2. 自动变速器电路图的特点

自动变速器电路图主要由电源电路、传感器电路和执行器电路等组成。以 AL4 自动变速器为例,讲述其主要部件的电路分析方法 AL4 自动变速器电子控制系统的电路图如图 4 – 62 所示。

三、自动变速器的电路分析

1. 自动变速器的电源电路

AL4 自动变速器电控单元的电源电路如图 4 – 63 所示。

2. 变速器输入(输出)转速传感器电路

如图 4 – 64 所示,变速器输入转速传感器与电控单元通过两根导线连接。

3. 油温传感器电路

如图 4 – 65 所示,油温传感器与变速器电控单元通过两根导线连接。电控单元通过接线端子 54 给传感器提供 5 V 的电源电压;传感器通过接线端子 53 给电控单元输送一个随变速器油温度变化而变化的电压信号。

4. 油压传感器电路

如图 4 – 66 所示,油压传感器与变速器电控单元通过三根导线连接,其中一根是电控单元给传感器提供一个 5 V 电源电压;一根是传感器通过电控单元搭铁,另外一根是传感器向电控单元输送一个电压信号。随着主油道压力变化,传感器的接线端子 C2 向电控单元反馈回一个 0. 5 ~ 4. 5 V 连续变化的电压。

5. 挡位开关电路

挡位开关的电路如图 4 – 67 所示,变速器电控单元通过 7 根导线与挡位开关连接。其中,电控单元的接线端子 42 为挡位开关的搭铁端;电控单元接线端子 31、32、33、34、37 正常情况为高电位(12 V),当某一挡位接通时,其相应接线端子变为低电位(0 V)。变速器电控单元据此可知变速器当前所处的挡位。

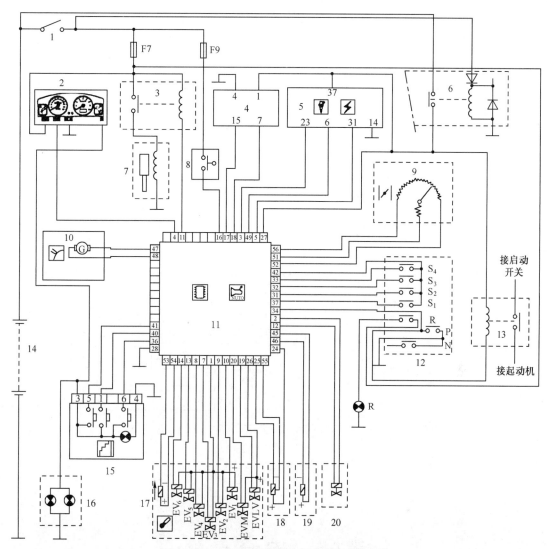

图4-62　AL4自动变速器电子控制系统电路

1—点火开关;2—仪表盘;3—排挡杆锁止继电器;4—16通道诊断插座;5—发动机电控单元;6—主继电器;
7—排挡杆锁止机构;8—制动开关;9—双轨道节气门位置传感器;10—变速器输出转速传感器;11—自动变速器电控单元;
12—挡位开关;13—禁止启动继电器;14—蓄电池;15—程序选择器;16—换挡板照明灯;17—油温传感器和各种电磁阀
(其中EV1~6为顺序电磁阀,EVM为油压调节电磁阀,EVLV为变矩器锁止电磁阀);18—油压传感器;
19—变速器输入转速传感器;20—流量调节电磁阀

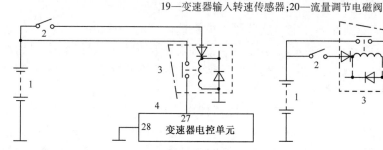

图4-63　变速器电控单元的电源电路

1—蓄电池;2—点火开关;3—主继电器;
4—变速器电控单元

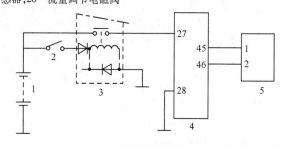

图4-64　变速器输入传感器电路

1—蓄电池;2—点火开关;3—主继电器;4—变速器电控元;
5—变速器输入转速传感器

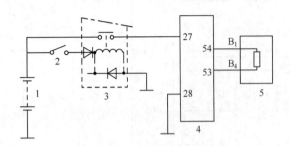

图4-65　油温传感器的电路
1—蓄电池;2—点火开关;3—主继电器;
4—变速器电控单元;5—油温传感器

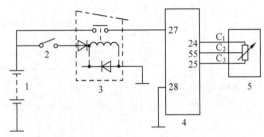

图4-66　油压传感器的电路
1—蓄电池;2—点火开关;3—主继电器;
4—变速器电控单元;5—油压传感器

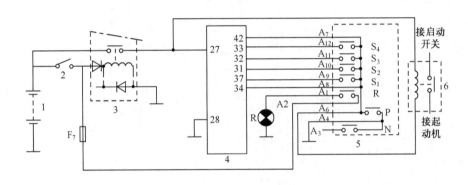

图4-67　挡位开关电路
1—蓄电池;2—点火开关;3—主继电器;4—变速器电控单元;5—挡位开关;6—禁止启动继电器

第九节　安全气囊

一、安全气囊系统 SRS 基本电路

如图4-68所示,当汽车受到前方一定角度范围内的高速碰撞时,安装在汽车前端的碰撞传感器和安装在SRS电控单元内部的中心碰撞传感器和防护碰撞传感器都会检测到汽车突然减速的信号,传感器电路就会接通,将减速度信号传送到SRS电控单元;SRS电控单元中预先设置的程序经过数学计算和逻辑判断确定碰撞达到一定程度后,立即向SRS气囊组件的点火器(引爆管)发出点火指令,接通引爆电路引爆电雷管,使点火剂(引药)受热爆炸(即电热丝通电发热引爆炸药)。点火剂引爆时,迅速产生大量热量,使充气剂(叠氮化钠固体药片)受热分解释放大量氮气并充入气囊,气囊便冲开气囊组件的装饰盖板膨胀,使驾驶员头部和胸部压在充满气体的气囊上,在人体与车内构件之间铺垫一个气垫,将人体与车内构件之间的碰撞变为弹性碰撞,通过气囊产生变形来吸收人体碰撞产生的动能,达到

保护人体的目的。

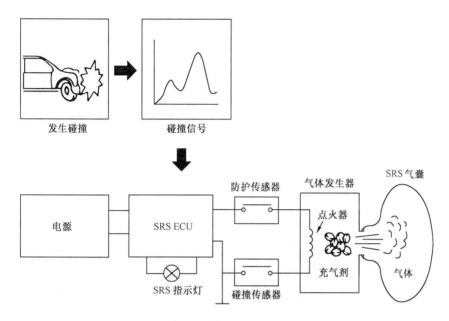

发生碰撞　　　　碰撞信号

图 4 - 68　安全气囊系统 SRS 基本工作电路

　　SRS 电控单元主要由信号处理电路、备用电源电路、保护电路和稳压电路等组成。SRS 气囊系统有两个电源：一个是汽车电源（蓄电池和交流发电机）；另一个是备用电源，由电源控制电路和若干个电容器组成。备用电源的功用是：当汽车电源与 SRS 电控单元之间的电路切断后，在一定时间（一般为 6 s）内，维持 SRS 气囊系统供电，保持 SRS 气囊系统的正常功能。当汽车遭受碰撞而导致蓄电池和交流发电机与 SRS 电控单元之间的电路切断时，电控单元备用电源能在 6 s 之内向电控单元供给电能，保持电控单元测出碰撞、发出点火指令等正常功能。

二、SRS 气囊系统导线插接器及其保险机构

　　SRS 气囊系统的插接器与汽车其他电器系统的插接器有所不同。过去曾采用过深蓝色插接器。目前 SRS 气囊系统采用的插接器绝大多数都为黄色插接器，欧洲汽车有的采用橘红色插接器，奔驰汽车采用红色插接器。SRS 气囊系统的插接器采用了导电性能和耐久性能良好的镀金端子，并设计有防止气囊误爆机构、端子双重锁定机构、插接器双重锁定机构和电路连接诊断机构等保险机构，用以保证气囊系统可靠工作。

　　1. 防止 **SRS** 气囊误爆机构

　　从 SRS 电控单元至点火器之间的插接器均采用了防止气囊误爆的短路片（铜质弹簧片）机构。其作用是：当插接器拨开（插头拔下或插头与插座未完全结合）时，短路片（弹簧片）自动将靠近 SRS 气囊点火器一侧插头或插座的两个引线端子短接，如图 4 - 69 所示，防止静电或误通电将电热丝电路接通而造成气囊误膨开。

　　2. 电路连接诊断机构

　　电路连接诊断机构的作用是：监测插接器的插头与插座是否可靠连接。电路连接诊断

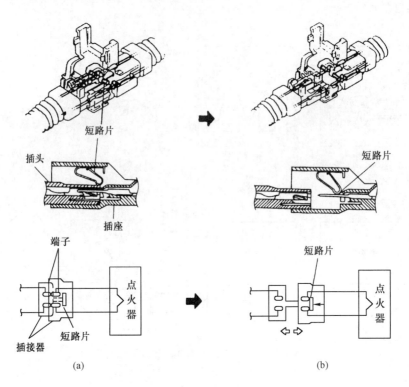

图4-69　防止气囊误爆的结构与原理

(a)插接器正常连接时,短路片与端子脱开;(b)插接器拨开时,短路片端子短接

机构的结构如图4-70所示。在插接器插头(或插座)上,设有一个诊断销。在插接器插座(或插头)上,设有两个诊断端子,端子上有弹簧片。其中一个诊断端子与碰撞传感器触点的一端相连,另一个诊断端子经过一个电阻(丰田车系为755～885 Ω)与碰撞传感器触点的一端相连。

前碰撞传感器触点为常开触点,当传感器插头与插座半连接(未可靠连接)时,诊断端子与诊断销尚未接触,如图4-70(a),此时电阻尚未与传感器触点构成并联电路,插接器引线之间的电阻为无穷大。因为引线与SRS电控单元连接,所以当电控单元监测到碰撞传感器的电阻为无穷大时,即诊断为插接器连接不可靠,自诊断电路便控制SRS指示灯闪亮报警,同时将故障编成代码储存在存储器中。当传感器插头与插座可靠连接时,诊断端子与诊断销可靠接触,如图4-70(b)所示,此时电阻与碰撞传感器触点构成并联电路。因为传感器触点为常开触点,所以,当SRS电控单元检测到的阻值为该并联电阻的阻值(丰田车系为755～885 Ω)时,即诊断为插接器连接可靠。

3. 插接器双重锁定机构

SRS气囊系统(包括座椅安全带收紧器)在线束的重要连接部位,其插接器采用了双重锁定机构。插接器双重锁定机构的作用是:锁定插接器插头与插座,防止插接器脱开。

插接器双重锁定机构的结构如图4-71所示。其工作原理是:当主锁未锁定时,插头上的两个凸台就会妨碍和阻止副锁锁定,当主锁完全锁定时,副锁锁柄方能转动并锁定。

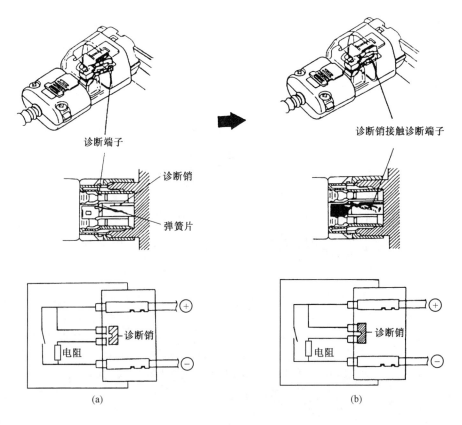

图 4-70　电路连接诊断机构结构与原理

(a)半连接时;(b)可靠连接时

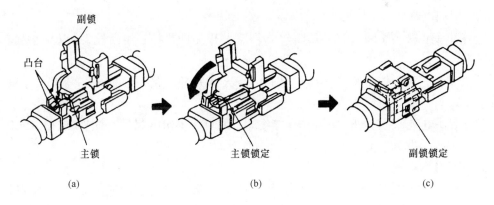

图 4-71　插接器双重锁定机钩

(a)主锁打开,副锁被挡住;(b)主锁锁定,副锁可以合上;(c)双重锁定

4. SRS 气囊系统线束

目前,SRS 气囊系统的所有线束都套装在黄色波纹管内,并与整车线束总成连成一体,以便于区别。为了保证转向盘具有足够地转动角度而又不致损伤驾驶席 SRS 气囊组

件的连接线束,在转向盘与转向柱管之间采用了螺旋线束,即将线束安装在螺旋形弹簧内,再安放到弹簧壳体内,如图 4 - 72 所示。通常情况下,电喇叭线束也安装在螺旋形弹簧内。安装螺旋弹簧时,应注意其安装位置和方向,否则将会导致转向盘转动角度不足或转向沉重。

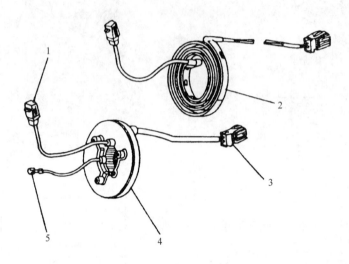

图 4 - 72　螺旋形弹簧与螺旋线束

1,3—线束插头或插座;2—螺旋形弹簧;4—弹簧壳体;5—搭铁插头

三、典型安全气囊电路分析

如图 4 - 73 所示为本田车系 DE 型 SRS 的电路图。

1. SRS 电控单元与电源的连接电路

(1) 电源电路。

① 蓄电池正极→熔断丝 15→熔断丝 19→点火开关"IG"挡→熔断丝 2→SRS 电控单元接线端子 VA。

② 蓄电池正极→熔断丝 15→熔断丝 19→点火开关"IG"挡→熔断丝 3→SRS 电控单元接线端子 VB。

(2) 搭铁电路。通过 SRS 电控单元接线端子 GNDA、GNDB 搭铁。此外,电控单元内有备用电路,作为后备电源。

2. 信号输入电路

(1) 左、右碰撞传感器。SRS 电控单元 4、11 接线端子给传感器提供搭铁,传感器经 SRS 电控单元 15、5 接线端子将信号送至检测回路,同时,在左、右碰撞传感器有一个闭合时,就给安全气囊提供了搭铁。

(2) 内部的保护传感器。可以看出,当保护传感器闭合后,电源经熔断丝接至安全气囊,若左、右碰撞传感器有一个闭合,则安全气囊电路被接通,安全气囊被引爆。

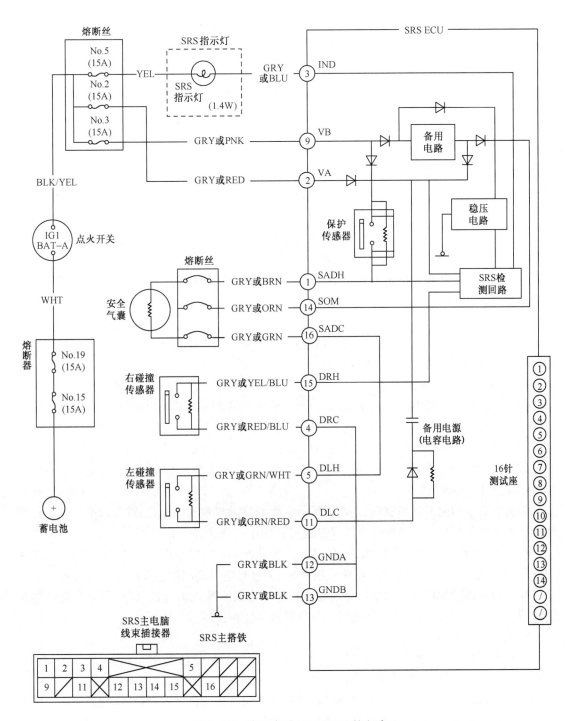

图 4-73 本田车系 DE 型 SRS 的电路

第十节　汽车空调系统

汽车空调的作用是对车内空气的温度、湿度等进行调节。汽车空调系统按操纵和控制方式可划分为手动空调和自动空调。

一、汽车空调电路特点

汽车空调系统基本控制电路可以分成鼓风机电机控制、压缩机控制、冷凝器风扇电机控制、发动机负荷控制、安全保护控制和通风系统控制等。

1. 鼓风机电机控制

为使车内获得舒适的环境,除控制送风温度外,还应根据环境变化和乘员的不同需要,控制鼓风电机(简称鼓风机)的转速,以控制送风速度。鼓风机转速的控制主要有三种方式:手动鼓风机挡位开关和调速电阻控制方式、ECU通过晶体管自动控制方式、晶体管和调速电阻组合控制方式。

2. 压缩机控制

压缩机控制即控制压缩机电磁离合器电路,其控制方式主要有:应用于手动空调系统的开关控制、空调控制器控制及应用于自动空调系统ECU控制。

3. 冷凝器风扇电机控制

空调的冷凝器一般都装在水箱前,并将水箱冷却风扇和冷凝器风扇组装在一起,利用一个或两个风扇对水箱和冷凝器进行散热。如冷凝器不装在水箱前,冷凝器风扇须单独设置。车型不同,则配置风扇的数量不同,控制线路差异也很大,但其控制方式主要有三种方式:空调开关直接控制、空调开关与水温开关联合控制、制冷剂压力开关与水温开关联合控制。

4. 发动机负荷控制

非独立式空调由发动机驱动,空调的运行会影响发动机负荷的变化,进而影响汽车的行驶性能。发动机负荷控制一般通过怠速提升装置和加速切断装置完成。

怠速提升装置有两种不同的结构形式。一种是增大节气门开度(化油器式发动机)或油门开度(柴油发动机);另一种是(电喷式发动机)通过怠速控制阀调整发动机怠速时转速。

加速切断装置的功用是汽车加速或超车时暂时切断压缩机离合器电路,提高汽车的加速性能,同时保护压缩机。加速切断装置分为机械式和微机控制式两种形式。

5. 安全保护控制

当制冷系统由于某种原因出现压力、温度异常时,如果没有安全措施,就会发生运行故障,因此,在汽车空调系统中都设有安全控制电路。安全控制电路很简单,就是通过压力开关、温度开关等,当系统出现压力过高、过低或温度过高时,切断压缩机电磁离合器电路,使制冷压缩机停止运转,对制冷系统起到保护和自动控制的作用。

6. 通风系统控制

通风系统控制就是通过控制混合门、模式门的位置,改变送风方向和送风温度,以满足空气调节的需要。风门的控制方式有机械拉索控制、真空控制和电机控制三种方式,其中手动空调一般采用机械拉索控制方式;自动空调一般采用电机控制,其控制方式又分为直流电机驱动型和步进电机驱动型两种形式。

二、手动空调系统的电路

手动空调系统是依靠驾驶员拨动控制板上的各种功能键实现对温度、通风机构和风向、风速的控制。

1. 手动空调控制开关

空调控制板上设有三个控制开关,分别是风机开关、空调方式选择开关和温度选择开关。

(1)风机开关。风机开关设有不同的挡位,以控制风机不同的转速。风机为一直流电机,其转速的改变是通过调整串入风机电路的电阻值来实现的。风机除在停用状态不工作外,在制冷、取暖及通风状态下均可工作。

(2)空调方式选择开关。空调方式选择开关用于确定空调系统的功能,驾驶员通过拨动开关可要求空调是制冷、取暖、通风还是除霜。

(3)温度选择开关。温度选择开关是控制温度门的开关,用钢丝和温度门连接。当开关处于左半区时,温度门关死通向加热器的风道,出来的空气是未经加热的空气,称为冷风区。当开关处于右半区时,温度门打开通向加热器的风道,送入车内的空气是经过除湿后的暖空气,称为热风区。开关可在左右两半区无级连续调节,可停在任意位置,对应温度门也有确定的位置。

2. 手动汽车空调系统的基本电路

汽车空调系统的基本电路如图 4-74 所示。其工作过程如下:

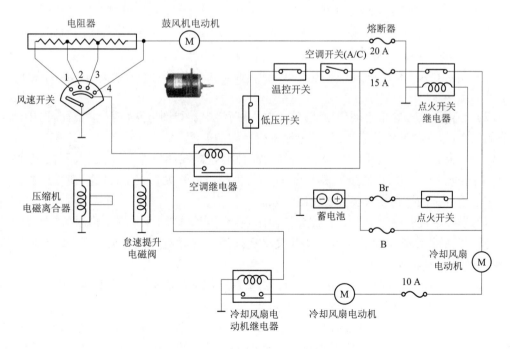

图 4-74　汽车空调系统的基本电路

(1)接通点火开关,点火开关继电器触点闭合。

点火开关继电器线圈电路为：蓄电池正极→熔断丝 Br→点火开关→点火开关继电器线圈→搭铁→蓄电池负极。

（2）接通空调开关（A/C），将鼓风机开关（图中为风速开关）置于 1 挡（或其他挡），此时，空调继电器线圈电路导通，鼓风机开始工作。

空调继电器线圈电路为：蓄电池正极→熔断丝 B→点火开关继电器触点→15 A 熔断丝→空调开关（A/C）→温控开关→低压开关→空调继电器线圈→鼓风机开关 1 挡（或其他挡）→搭铁→蓄电池负极。

鼓风机电路为：蓄电池正极→熔断丝 B→点火开关继电器触点→20 A 熔断丝→鼓风电动机→电阻器→鼓风机开关 1 挡→搭铁→蓄电池负极。

（3）空调继电器触点闭合，压缩机电磁离合器、怠速提升电磁阀、冷却风扇继电器线圈电路导通。

压缩机电磁离合器电路为：蓄电池正极→熔断丝 B→点火开关继电器触点→15 A 熔断丝→空调继电器触点→压缩机电磁离合器→搭铁→蓄电池负极。

怠速提升电磁阀电路为：蓄电池正极→熔断丝 B→点火开关继电器触点→15 A 熔断丝→空调继电器触点→怠速提升电磁阀→搭铁→蓄电池负极。

冷却风扇继电器线圈电路为：蓄电池正极→熔断丝 B→点火开关继电器触点→15 A 熔断丝→空调继电器触点→冷却风扇继电器线圈→搭铁→蓄电池负极。

（4）冷却风扇继电器线圈触点闭合，冷却风扇电动机电路导通。

冷却风扇电动机电路为：蓄电池正极→熔断丝 B→冷却风扇电动机→10 A 熔断丝→冷却风扇电动机→冷却风扇继电器触点→搭铁→蓄电池负极。

3. 典型汽车空调系统电路分析

如图 4-75 所示为桑塔纳轿车空调电路，它由电源电路、电磁离合器控制电路、鼓风机控制电路和冷凝器风扇电机控制电路组成。其工作过程如下：

（1）点火开关 1 处于断开（置 OFF）位置时，减荷继电器 2 的线圈电路切断，触点张开，空调系统不工作。

（2）点火开关 1 处于启动（置 ST）位置时，减荷继电器线圈电路切断，触点张开，中断空调系统的工作，以保证发动机启动时，蓄电池维持足够的电能。

（3）点火开关处于接通（置 ON）位置时，减荷继电器线圈电路接通，触点闭合，空调继电器 10 中的线圈 J_2 通电，接通鼓风机电路，此时可由鼓风机开关 12 进行调速，使鼓风机按要求的转速运转，进行强制通风、换气或送出暖风。

（4）当外界气温高于 10 ℃时，才允许使用空调。当需要制冷系统工作时，接通空调开关 11，空调开关的指示灯 19 亮，表示空调开关已经接通。此时电源经空调开关 11、环境温度开关 14 可接通下列电路：

① 新鲜空气翻板电磁阀 18 电路接通，该阀动作接通新鲜空气翻板控制电磁阀的真空通路，使新鲜空气进口关闭，制冷系统进入车内空气内循环。

② 经蒸发器温控开关 13、低压保护开关 15 对电磁离合器 17 线圈供电，同时电源还经蒸发器温控开关接通化油器的怠速提升真空转换阀，提高发动机的转速，以满足空调动力源的需要。

③ 对空调继电器中的线圈 J_1 供电，使两对触点同时闭合，其中一对触点接通冷凝器冷却风扇继电器 7 线圈电路；另一对触点接通鼓风机电路。

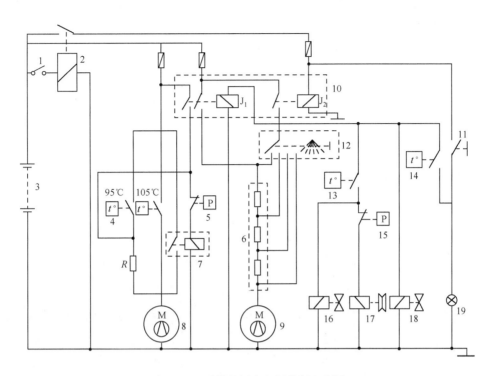

图 4 - 75　桑塔纳轿车空调控制电路图

1—点火开关;2—减荷继电器;3—蓄电池;4—冷却液温控开关;5—高压保护开关;6—鼓风机调速电阻;
7—冷却风扇继电器;8—冷却风扇电机;9—鼓风机;10—空调继电器;11—空调开关;12—鼓风机开关;
13—蒸发器温控开关;14—环境温度开关;15—低压保护开关;16—怠速提升真空转换阀;
17—电磁离合器;18—新鲜空气翻板电磁阀;19—空调开关指示灯

　　低压保护开关串联在蒸发器温控开关和电磁离合器之间,当制冷系统因缺少制冷剂使制冷系统压力过低时,开关断开,压缩机停止工作。

　　高压保护开关 5 串联在冷却风扇继电器和空调继电器 J_1 的一对触点之间,当制冷系统高压值正常时,触点张开,将电阻 R 串接入冷却风扇电机电路中,使风扇电机低速运转。

　　当制冷系统高压超过规定值时,高压保护开关触点闭合,接通冷却风扇继电器线圈电路,冷却风扇继电器的触点闭合,将电阻 R 短路,使风扇电机高速运转,以增强冷凝器的冷却能力。同时,冷却风扇电机还直接受发动机冷却液温控开关 4 的控制,当不开空调开关时,若发动机冷却液温度低于 95 ℃时,风扇电机不转动,高于 95 ℃时,冷却风扇电机低速转动。当冷却液温度达到 105 ℃时,则风扇电机将高速转动。

　　空调继电器中的 J_1 触点在空调开关一接通时即可闭合,使鼓风机低速运转,以防止蒸发器因表面温度过低而结霜。

三、自动空调系统的电路

　　自动空调系统由电子控制单元根据传感器监测到的信号或驾驶员设定的信号,通过对执行元件的控制,对车内温度、鼓风机转速、配风方式等进行调节。

　　1. 空调控制面板

　　如图 4 - 76 所示,自动空调的控制面板上有多个按键,以便驾驶员进行车内温度的设定、空调工作模式的选择等操作。

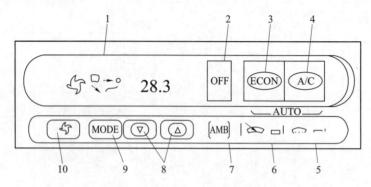

图 4 – 76　自动空调的控制面板

1—显示屏;2—停止键;3—经济模式;4—空调开关;5—除霜开关;6—风门控制开关;
7—车外温度显示按键;8—车内温度设定;9—鼓风机模式转换;10—鼓风机开关

2. 自动汽车空调系统的基本电路

自动空调系统的组成如图 4 – 77 所示,其电路主要由传感器电路和执行器控制电路组成。

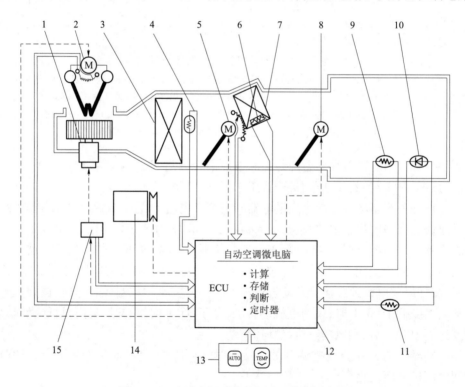

图 4 – 77　自动空调系统的组成及控制示意图

1—鼓风机;2—进气风门伺服电机;3—蒸发器;4—蒸发器温度传感器;5—冷暖空气混合风门伺服电机;
6—水温传感器;7—热交换器;8—出风风门伺服电机;9—车内温度传感器;10—阳光传感器;
11—车外温度传感器;12—空调电控单元 ECU;13—空调控制面板;14—压缩机;15—功率晶体管

（1）传感器及开关信号输入电路。传感器主要有车内温度传感器、车外温度传感器、水温传感器、蒸发器温度传感器和阳光(光照)传感器;有部分汽车还安装有制冷剂流量传感器、空气质量传感器。开关信号包括制冷系统的压力开关、控制面板各种按键开关等。

（2）执行器电路。执行器主要包括压缩机电磁离合器、鼓风机和各种风门伺服电机。各种风门伺服电机主要包括进气风门伺服电机、出风口风门伺服电机和冷暖空气混合风门伺服电机。

① 风门伺服电机电路。各种风门伺服电机的电路原理基本相同。进气风门伺服电机结构简图如图4-78所示，其电路原理如图4-79所示。

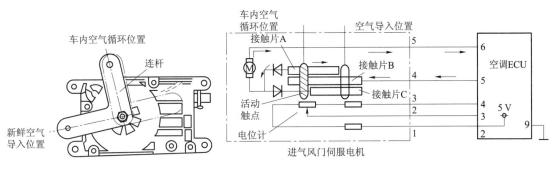

图4-78　进气风门伺服电机结构简图　　　　图4-79　进气风门伺服电机的电路

电机的电枢轴经连杆与进气风门连接，当空调ECU输出"车内空气循环"或"车外空气导入"控制信号时，电机带动连杆顺时针或逆时针转动，使进气风门转至相应的位置，以实现改变进风方式的控制。

当按下"车外空气导入"按键时，伺服电机电路为：空调ECU 5号端子→伺服电机4号端子→接触片B→活动触点→接触片A→电机→伺服电动机5号端子→空调ECU 6号端子→空调ECU 9号端子到搭铁。此时，电机通电转动，带动进气风门转动及活动触点移动。当进气风门转至"车外空气导入"位置时，活动触点与接触片A脱离，电机停转，进气风门停在车外进气通道开启、车内进气通道关闭的位置。

当按下"车内空气循环"时，伺服电机电路为：空调ECU6号端子→伺服电机5号端子→电机→接触片C→活动触点→接触片B→伺服电机4号端子→空调ECU 5号端子→空调ECU 9号端子到搭铁。此时，电机通电反向转动，带动进气风门转动及活动触点反向移动。当进气风门转至"车内空气循环"位置时，活动触点与接触片C脱离，电机停转，进气风门停在车内进气通道开启、车外进气通道关闭的位置。

当按下"自动控制"按键时，空调ECU则根据各相关传感器的信号计算所需的出风温度，并根据计算结果自动控制进气风门伺服电动机的转动方向，实现进气方式的自动控制。

进气风门伺服电动机内部的电位计活动触点随电动机转动而移动，用于向空调ECU反馈进气风门的位置信号。注意：当采用步进电机时，由于步进电机具有自身定位功能，则不需此电位计。

② 鼓风机风扇转速控制电路。鼓风机风扇转速控制电路用于控制空调的风量，典型鼓风机的风扇转速控制电路如图4-80所示。

当按下高速按键时，空调ECU输出高速控制信号（ECU的40号端子搭铁），使高速继电器线圈通电、触点闭合，鼓风机电流经高速继电器触点直接搭铁，电流最大而高速旋转。

当按下低速按键时，空调ECU输出低速控制信号（ECU的31号端子无电流输出），风机控制模块大功率晶体管VT_2截止，鼓风机电流经鼓风机电阻搭铁，电流最小而低速旋转。

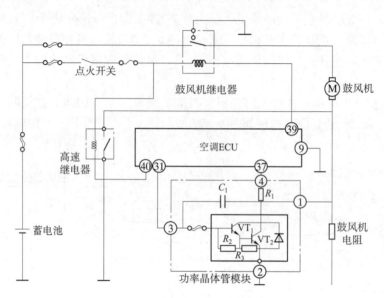

图 4 - 80　鼓风机风扇转速控制电路

当按下"自动控制"按键时,空调 ECU 根据计算结果输出相应的控制信号(ECU 的 31 号端子输出占空比脉冲电压)使风机控制模块大功率晶体管 VT_2 间歇性导通。VT_2 导通时,鼓风机电流经 VT_2 搭铁,空调 ECU 使 VT_2 的导通时间增加,鼓风机风扇的转速就提高。空调 ECU 通过 31 号端子输出不同的占空比脉冲信号实现对风机风扇电动机转速(风量)的无级调节。

3. 典型自动空调系统电路分析

丰田雷克萨斯 LS400 轿车自动空调系统电路如图 4 - 81 所示,系统除了有对空调的温度、出风温度及送风方式等自动控制功能外,还设置了冷气最足送风控制功能,用于使车内迅速凉爽。空调 ECU 可通过冷气最足伺服电动机控制冷气最足风门在全开、中间和关闭三个位置。

(1) 空调 ECU 电源电路。空调 ECU 通过 1/18 端子和熔断丝与蓄电池正极连接,在任何时候都给电控单元供电;通过 2/18 端子和点火开关间接向电控单元供电,并提供点火开关信号;通过 9/18 端子搭铁。

(2) 传感器电路。

① 阳光传感器。阳光传感器有两个接线端子,分别与空调 ECU 的 1/16 端子和 9/16 端子连接。

② 车内温度传感器。车内温度传感器有两个接线端子,分别与空调 ECU 的 2/16 端子和 8/16 端子连接。

③ 环境温度传感器。环境温度传感器即车外传感器,它有两个接线端子,分别与空调 ECU 的 3/16 端子和 8/16 端子连接。

④ 冷却液温度传感器。冷却液温度传感器即水温传感器,它有两个接线端子,分别与空调 ECU 的 5/16 端子和 8/16 端子连接。

⑤ 蒸发器温度传感器。蒸发器温度传感器有两个接线端子,分别与空调 ECU 的 4/16 端子和 8/16 端子连接。

⑥ 压力开关。压力开关一个端子与空调 ECU 的 6/16 端子连接,另一个搭铁。

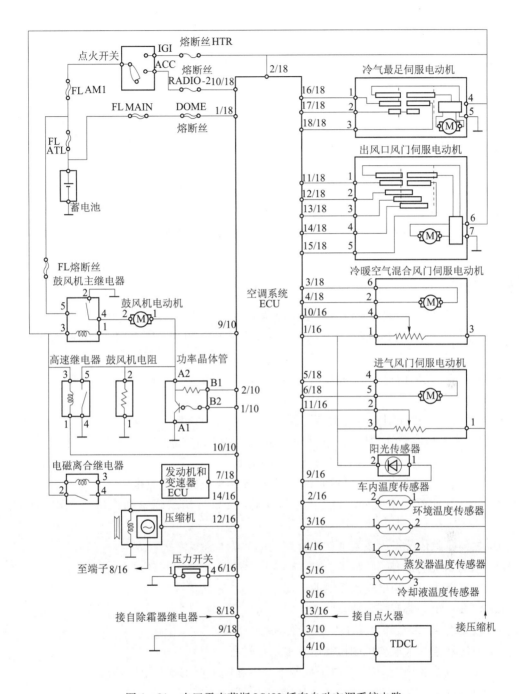

图 4-81 丰田雷克萨斯 LS400 轿车自动空调系统电路

⑦ 压缩机转速传感器。压缩机转速传感器有两个接线端子,分别与空调 ECU 的 12/16 端子和 8/16 端子连接。当汽车在转向和爬坡需要最大动力,且压缩机转速传感器较低时,空调 ECU 将切断压缩机电路,因此压缩机转速传感器又称为锁止传感器。

(3)执行器电路。

① 压缩机电磁离合器。空调 ECU 通过发动机和变速器 ECU、电磁离合器继电器控制压

缩机电磁离合器电路。

② 鼓风机电路。空调 ECU 通过高速继电器、鼓风机电阻、功率晶体管控制鼓风机电路,使鼓风机风扇具有高速、低速及两者期间的无级变速状态。

③ 冷气最足送风伺服电机。冷气最足送风伺服电机有 5 个接线端子,其中有 3 个与空调 ECU 相应端子连接,端子 4 与点火开关连接,端子 5 搭铁。

④ 出风口风门伺服电机。出风口风门伺服电机有 7 个接线端子,其中有 5 个与空调 ECU 相应端子连接,端子 6 与点火开关连接,端子 7 搭铁。

⑤ 冷暖空气混合风门伺服电机。冷暖空气混合风门伺服电机有 5 个接线端子与空调 ECU 相应端子连接,其中端子 2、6 为电机控制端子,端子 1、3、4 为进气风门电位计端子。

⑥ 进气风门伺服电机。进气风门伺服电机有 5 个接线端子与空调 ECU 相应端子连接,其中端子 4、5 为电机控制端子,端子 1、2、3 为进气风门电位计端子。

思考题

1. 简述外装调节器式电源系统发电机与调节器之间的连接关系。

2. 以桑塔纳轿车整体式交流发动机为例,简述其充电指示灯和发电机磁场线圈工作电路。

3. 如何排除充电指示灯不亮故障?

4. 如何排除电源系统不充电故障?

5. 简述普通启动控制电路的工作过程。

6. 启动保护电路有几种形式? 各有何特点?

7. 如何排除接通启动开关后起动机不转的故障?

8. 传统点火系统工作时,分析初级绕组和次级绕组电路中电流走向。

9. 霍尔式(或磁感应式)电子点火系统工作时,分析初级绕组和次级绕组电路中电流走向。

10. 如何排除传统点火系发动机不能启动的故障?

11. 照明系统电路有哪些特点?

12. 根据图 4 – 16 画出其仪表照明电路。

13. 仪表系统电路有哪些特点?

14. 根据图 4 – 35 分析 SX2190 进气预热系统电路。

15. 简述双速刮水电动机的控制电路的工作过程。

16. 按照电路的功能,发动机电子控制系统电路图主要由哪些电路组成?

17. 分析图 4 – 46 后,绘制出节气门位置传感器的电路。

18. 分析图 4 – 59 后,绘制出流量调节电磁阀的电路。

19. SRS 气囊系统导线插接器和保险机构有何特点?

20. 汽车空调电路有哪些特点?

21. 根据图 4 – 71 简述手动汽车空调系统的工作过程。

22. 根据图 4 – 78 分析丰田雷克萨斯 LS400 轿车自动空调系统的鼓风机电路。

第五章

汽车电路故障检修

第一节　汽车电器的工作条件和工作状态

一、汽车电器的工作条件

汽车电器的工作条件可概括为:大范围的温度和湿度变化,波动的电压及较强的脉冲干扰,电器间的相互干扰,剧烈的振动以及尘土的侵蚀等。

1. 温度与湿度

温度的变化包括两方面:一是外界环境温度;二是使用温度,它与电气设备工作时间的长短、布置位置以及电器元件自身的发热散热条件有密切关系。对于电子元件来讲,较高的使用温度是造成过热损坏的主要原因。

在湿度较大的环境下,将会增加水分子对电子元件的浸润作用,使其绝缘性能下降,影响电气设备的工作性能。

2. 电压的波动

汽车电气系统的电压波动可分为两种:一种是正常范围内的波动即从蓄电池的端电压到电压调节器起作用的电压之间;另一种为过电压,过电压将对汽车上的电子设备带来极大危害。过电压从其性质来分,可分为非瞬变性过电压和瞬变性过电压。

非瞬变性过电压主要是由于发电机调节器失灵,或其他原因引起发电机激磁电流未经调节器,使发电机电压升高到不正常值。这种故障如不及时排出,则整个充电系统的电压会一直处于不正常的高压,过电压有时可高达一百多伏。它会使蓄电池的电解液沸腾,电器设备烧毁。

瞬变性过电压对汽车电子元件危害最大,其产生主要有以下几种情况:

(1)当停车关闭点火开关时,由于发电机的磁场绕组与蓄电池之间通路瞬间切断,从而在磁场绕组中感应出按指数规律变化的负电压,其反向峰值可达 $-100 \sim 50$ V。该脉冲由于没有蓄电池吸收,极易引起电子元件的损坏。

(2)汽车运行中,发电机与蓄电池之间的导线意外松脱,或者在没有蓄电池的情况下,突然断开其他负载。发电机端电压瞬间可升高很多,极限情况可达 100 V 以上,且可维持 0.1 s 的时间。对一些过电压敏感的电子元件,这样的过电压足以造成其损坏或误动作。

（3）电感性负载，如喇叭、各种电机、电磁离合器等，在切换时，将在电路中产生高频振荡，振荡的峰值电压可达 200 多伏，但其持续时间较短（300 μs 左右），一般不能引起电子元件损坏，但对于具有高频响应的控制系统，如电控汽油喷射系统，往往会引起误动作。

3．电器间的相互干扰

由于各个电器设备工作方式不同，它们之间会以不同的方式彼此侵扰。通常将汽车上所有电器能在车上正常工作而不干扰其他电器正常工作的能力称为汽车电器的相容性。在实际中，电器间的相互干扰是不可避免的，因此，对汽车电气系统来说，重要的是相容性。任何因素激发出的振荡都会通过导线等以电磁波的方式发射出去，势必对其他电子系统产生电磁干扰。因此，汽车上应用的计算机等，都应具有良好的屏蔽措施，一旦屏蔽被破坏，也会导致其工作异常。

4．其他

汽车行驶中不可避免地产生振动和冲击，它将造成电子设备的机械性损坏。如脱线、脱焊、触点抖动、搭铁不良等故障。尘土及有害气体的侵蚀会导致接触不良、绝缘性能下降等故障。

二、电路的满载、空载和过载工作状态

在使用和维修过程中常常通过满载、空载和过载三种不同的工作状态，对电气设备进行性能测试、分析和判断故障所在。

1．满载工作状态（额定工作状态）

电气设备产品的铭牌上都规定了"额定电压""额定电流"或"额定功率"等。按照额定值去使用维护，则工作效率高，安全可靠，寿命较长。电气设备在额定状态下工作，称为满载工作状态。

2．空载（开路）

电路一般通过开关和熔断丝把电源和负载连接起来。开关用来接通和切断电路，起控制电路的作用。当开关打开或熔断丝熔断时，这时电路的工作状态称为空载（开路）。

3．过载（超载）

电路中的电流或功率超过了电源或用电设备的额定值，叫过载。过载时电气设备可能发热损坏。

第二节　常用的检测仪器、设备与基本检测技术

当诊断和查找故障时，需要借助一些工具和仪表。在使用这些工具和仪表前，必须详细了解其结构性能及使用注意事项，以决定其适合哪些电气系统的测量。

一、常用电工仪表

1．电流表

电流表是用来测量电路中电流大小的一种仪表，通常用符号 A 表示，按测量电流性质的不同，可分为直流、交流两种。

电流表使用时，必须将电流表直接串联在所测电路中，尤其在测量直流电流时，要注意电

流表的极性;以免损坏仪表。

在测量交流电流时,对于 500 V 以下低压系统,当测量值小于 50 A 时,可将交流电流表直接串联在电路中进行测量;若当电流较大时,则必须与电流互感器配合使用,才可测量。

在一些精度较高的仪表的刻度标尺板下,还装有一块弧形镜片,它的作用就在于消除使用者的"视觉"误差。

2. 电压表

电压表是测量电路中电压高低的一种仪表,通常用符号 V 表示,其特点是内阻较大。按测量电流性质的不同,可分为直流、交流两种。测量时应将电压表同被测电路并联。

3. 万用表

常用的万用表有指针式和数字式两种。

(1)指针式万用表。指针式万用表有 500 型、MF9 型、MF10 型等多种型号。万用表一般都具有测量直流电压、直流电流、交流电压、静态电阻等多种功能,有的还能测量交流电流、电容量、电感量以及半导体管的某些参数等。

(2)数字式万用表。数字仪表是一种新型仪表,具有测量精度高、灵敏度高、速度快及数字显示等特点。20 世纪 80 年代后,随着单片机 CMOS A/D 转换器的广泛应用,所以新型袖珍式数字万用表也迅速得到普及,并在许多情况下正逐步取代指针式万用表。

DT—890 型数字万用表的面板如图 5-1 所示,该表前后面板主要包括液晶显示器、电源开关、功能(量程)选择开关、h_{FE} 插口、输入插孔及在后盖板下的电池盒。

使用时,将黑色表笔插入"COM"插孔,红表笔视测量不同参量,可插入"V/Ω"或"A"及"10A"插孔,按下 ON/OFF 开关,如液晶显示屏左上角无"LO BAT"字样,则意味着电池电压正常,可进行测试。

直流电压及交流电压测试时,当将量程开关转到相应测量范围时,在没测量时,显示屏显示 000,在电流挡

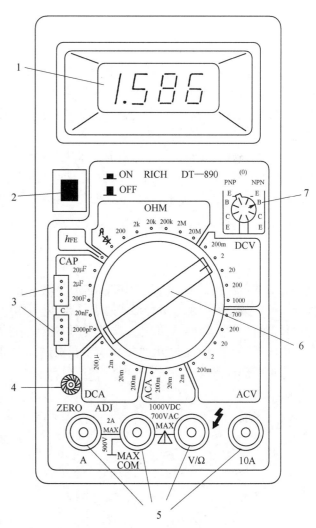

图 5-1 DT—890 型数字万用表
1—液晶(LCD)显示器;2—电源开关;3—电容插孔;
4—测电容零点调节旋钮;5—输入插孔;
6—功能(量程)选择开关;7—h_{FE} 插孔

测试前,显示也相同。而在电阻测试前,即表笔开路时,液晶屏显示"1"(在1/2位上)。

电容测量时,将量程开关置CAP的相应挡位,由于各电容挡都存在失调电压,即没有电容时也会显示一些初始值,因而测量前必须调整"ZBRO ADJ"(零点调节)旋钮,使初始值为000或–000,然后再插上被测电容进行测量,必须注意,每次更换电容挡,都要重新调零,还应事先将被测电容短路放电,以免造成仪表损坏或测量不准。

二极管及线路通断检测是用同一个挡位。测二极管时,红表笔插入"V/Ω"孔,接二极管正极,黑表笔插入"COM"孔,接二极管负极,则测出数值为其正向压降。据此压降值可确定二极管为锗管(显示0.150~0.300)还是硅管(显示0.550~0.700),并确定管脚之极性。当用来测线路通断时,若被测两点间电阻小于30 Ω,则声、光同时指示。

将量程开关置入h_{FE}挡,按PNP或NPN管分类正确插入测试插座,万用表即显示被测晶体管的h_{FE}值。

4. 示波器

示波器分为模拟式和数字式两类。

(1)模拟式示波器。模拟式示波器的显示屏上显示的电压波形称为光迹,是由阴极射线管(CRT)内移动的光束形成的。电子枪产生光束,CRT内的电压极板则在垂直和水平方向上使光束发生偏转,形成光迹,其光迹是一种模拟式的"实时"电压图像。适合于测量频率较快、重复性好(周期稳定)的电压信号。

(2)数字式示波器。数字式示波器采集模拟的电压信号,然后将其转变为数字信息记录下来,再通过显示屏将其重现。比起模拟式示波器该信息具有以下特性:可暂停显示、保存、打印或记录某个波形;可显示、捕捉慢速变化、周期不稳、单一脉冲的各种信号波形。

二、常用检测工具和专用测试仪

1. 跨接线

简单的跨接线就是一段多股导线,它的两端分别接有鳄鱼夹或不同形式的插头,它具有多种样式。工具箱内必须有多种形式的跨接线,以用作特定位置的测量(如图5–2所示)。

跨接线虽然比较简单,但却是非常实用的工具,它的作用只是起一个旁通电路的作用。如某一电气部件不工作,首先将跨接线连接在被试部件接线点"–"极与车身搭铁之间,此时部件工作说明部件搭铁线路断路;如搭铁电路很好,就将跨接线连接在蓄电池"+"极与被试部件的电源接柱之间,此时部件工作,说明部件电源电路有故障(断路或短路),如部件仍不工作,说明部件有故障。

注意事项:

(1)用跨接线将电源电压加至试验部件之前,必须先确认被试部件的电源电压是否应为12 V。如有的喷油器电源电压为4 V,如加上12 V电压就可能使喷油器损坏。

(2)跨接线不可错误连接在试验部件"+"接头与搭铁之间。

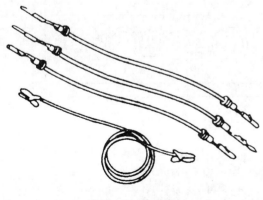

图5–2 跨接线

2. 12 V 测试灯

12 V 测试灯由试灯、导线、各种型号端头组成(如图5-3所示)。它主要是用来检查系统电源电路是否给电气部件提供电源。

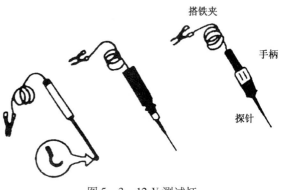

图5-3　12 V 测试灯

将12 V 测试灯一端搭铁,另一端接电气部件电源接头。如灯亮,说明电气部件的电源电路无故障;如灯不亮,再接去向电源方向的第二个接线点,如灯亮,则故障在第一接线点与第二接线点之间,电路出现的是断路故障。如灯仍不亮,则再去接第三接点⋯⋯直到灯亮为止。且故障在最后被测接头与上一个被测接点间的电路上,大多为断路故障。

3. 自带电源测试灯

如图5-4所示,自带电源测试灯与12 V 测试灯基本相同,它只是在手柄内加装两节1.5 V 干电池,它用来检查电气电路断路和短路故障。

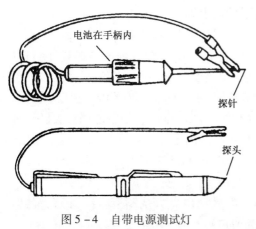

图5-4　自带电源测试灯

(1)断路检查:首先断开与电气部件相连接的电源电路,将测试灯一端搭铁,另一端接电路各接点(从电路首端开始)。如果灯不亮,则断路出现在被测点与搭铁之间,如灯亮,断路则出现在此时被测点与上一个被测点之间。

(2)短路检查:首先断开电气部件电路的电源线和搭铁线,测试灯一端搭铁,一端与余下电气部件电路相连接,如灯亮,表示有短路故障(搭铁)存在,然后逐步将电路中插接器脱开,开关打开,拆除部件等,直到灯灭为止,则短路出现在最后开路部件与上一个开路部件之间。

注意:不可用测试灯检查汽车电子控制系统,除非维修手册中有特殊说明,方可进行。

4. 汽车专用数字式万用表

汽车专用的数字式万用表如图5-5所示;主要技术参数见表5-1。

表5-1　汽车专用数字式万用表主要技术参数

主要功能	技术参数
直流电压	400 mV ~400 V(±0.5%),1 000 V(±1%)
直流电流	400 mA(±1%),20 A(±2%)
交流电压	400 mV ~400 V(±1.2%),750 V(±1.5%)
交流电流	400 mA(±1.5%),20 A(±2.5%)
电阻	400 Ω(±1%),4 kΩ ~4 MΩ(±1%),40 MΩ(±2%)
频率	4 kHz ~4 MHz(±0.05%),最小输入频率10 Hz

续表

主 要 功 能	技 术 参 数
音频	电路通、断音频信号测试
二极管的检测	—
温度的检测	−18 ℃ ~300 ℃(±3%),110 ℃ ~301 ℃(±3%)
转速	150 ~3 999 r/min(±0.3%),4 000 ~10 000 r/min(±0.6%)
闭合角	(±0.5°)
频宽比	(±0.2%)

注:括号内为测量误差。

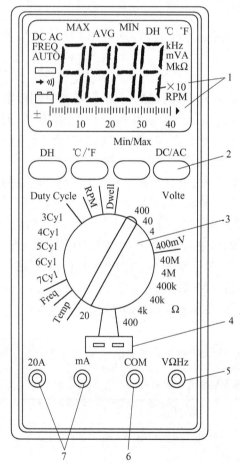

图 5-5　汽车专用数字式万用表
1—4 位数字及模拟量(棒形图)显示器;2—功能按钮;
3—功能选择开关;4—测量温度插座;5—测量电压、
电阻、频率、闭合角、频宽比(占空比)及转速公用插座;
6—公共接地插座;7—测量电流插座

特殊功能及使用方法:

(1)信号频率检测:将功能选择开关转至频率挡(Freq),公用搭铁插座(COM)的测试线搭铁,(V Ω Hz)插座的测试线接被测的信号线,此时在显示器上即可读取被测信号的频率。

(2)温度检测:将功能选择开关置于温度挡(Temp),把温度探针插入温度检测插座,按动测量温度选择钮℃/℉,再把温度探针接触被测物体的表面,显示器即显示出所测的温度。

(3)闭合角检测:将功能选择开关转至相应发动机气缸的闭合角测量位置(Dwell),公用搭铁插座(COM)的测试线搭铁,(V、Ω、Hz)插座的测试线接点火线圈"−"极接柱,在发动机运转时显示器即能显示出点火线圈初级电流增长的时间(即导通角)。

(4)占空比检测:将功能选择开关转至占空比测量位置(Duty Cycle),公用搭铁插座(COM)的测试线搭铁,(V、Ω、Hz)插座的测试线接被测的信号线,显示器即显示出被测电路一个工作循环(周期)中脉冲信号所保持时间的相对百分数(即占空比)。

(5)转速的测量:将功能选择开关置于转速挡(RPM),将测量转速的专用插头插入公用搭铁插座(COM)和(V、Ω、Hz)插座,再将感应式转速传感器的夹子夹到某一气缸的高压分线上,在发动机工作时显示器即显示出发动机的转速。

(6)起动机启动电流的检测:将功能选择开关置于 400 mV 挡(1 mV 相当于 1 A),把霍尔效应式电流传感器的夹子夹在蓄电池的电源线上,按动"Min/Max"按钮(最小/最大),拆除点火线并转动发动机曲轴 2~3 s,显示器即能显示出启动电流。

(7)氧传感器的检测:首先拆下氧传感器线束,用一跨接线将此线束与氧传感器相接。然后将功能选择开关置于 4 V 挡,按动 DC/AC 按钮并置于 DC 状态,再按"Min/Max"按钮,使 COM 插座的测试线搭铁、V、Ω、Hz 插座的测试线与氧传感器的跨接线相连。让发动机运转至快怠速(约 2 000 r/min),此时氧传感器的工作温度可达 360 ℃ 以上。排气浓时,氧传感器的输出电压约为 0.8 V;排气稀时,输出电压在 0.1~0.2 V。

注意:当氧传感器的工作温度低于360 ℃ 时,无电压信号输出。

(8)喷油器喷油脉宽的测量:先将功能选择开关转至占空比(Duty Cycle)位置,测量出喷油器喷油的占空比后,再将功能选择开关置于频率挡(Freq),测量出喷油器的工作频率。按照下列公式即可计算出喷油器喷油的脉冲宽度(即喷油时间):

喷油脉宽 = 占空比(%)/工作频率(s)

5. 汽车专用故障诊断仪

为了便于诊断故障,世界各大汽车公司一般都配备专用故障诊断仪(又称为解码仪)。各种故障检测仪的使用方法各有不同,下面以大众汽车公司使用的 V. A. G1552 型故障诊断仪(如图 5-6 所示)为例,说明其主要功能和使用方法。

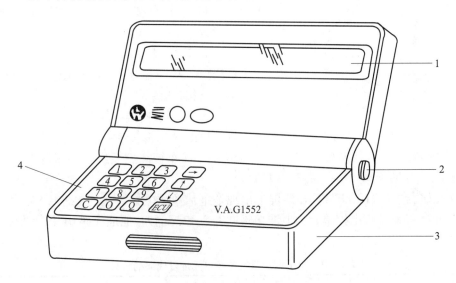

图 5-6　V. A. G1552 故障诊断仪
1—显示屏;2—测试线束插座;3—程序卡插口盖板;4—输入键盘

(1)V. A. G1552 故障诊断仪的功能。

① 询问电控单元的版本功能,屏幕能显示被测试车辆 ECU 的代号。

② 读取故障码的功能,屏幕可对故障码进行显示和说明。

③ 执行机构测试功能,比如桑塔纳 2000 型车在点火开关接通,发动机在未启动的状态下,该功能可使汽油泵、喷油器及活性炭罐等执行元件正常工作,以便检查其工作状态。

④ 基本设定功能,在更换发动机电控单元或怠速控制组件后,可对两者重新匹配,使之达到最佳工作状态。

⑤ 清除故障码功能,当故障排除之后可清除存储器中的故障码。

⑥ 结束测试功能。

⑦ 电控单元编码功能,在更换 ECU 之后重新对其编码。

⑧ 读取数据流功能,能随时反映发动机在各工况下,电控系统各传感器所测的信息,并分块进行显示,以帮助查找故障原因。

⑨ 匹配功能,比如在更换发动机或节气门控制部件,或拆装节气门控制部件,或电源中断之后,必须进行发动机电控单元 ECU 与节气门控制部件的匹配。在更换 ECU 或电子防盗器之后,两者必须进行匹配。在更换组合仪表后,应对车辆维护周期数据进行匹配等。

(2)操作方法。

① 使用故障诊断仪检查测试车辆前,首先要检查该车蓄电池电压不低于 11 V,以确保故障诊断仪的电源正常。

② 故障诊断仪所有功能都由程序卡的软件来控制,当新车型上市后,其程序卡必须更换。更换程序卡时应切断电源后再更换。

③ 连接测试主线束时,关闭点火开关,将测试线束一端与诊断仪相连,另一端与车上诊断接口连接,如图 5 - 7 所示。

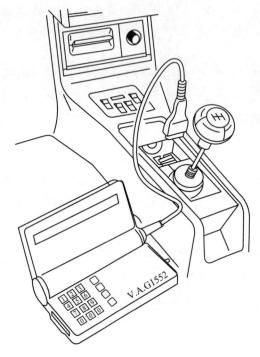

图 5 - 7   V. A. G. 1552 诊断仪与桑塔纳
2000Gli 型轿车自诊断接口连接

④ 按要求连接好仪器,打开点火开关,同时打开诊断仪电源开关。此时,首先进入的是操作模式1(车辆测试系统),显示屏上出现文字。如没有显示,应立即检查连接口情况,并排除。

⑤ 单击键盘上的"HELP"键,显示屏上出现地址清单。电控单元的地址代码由两位数字组成,不同电子控制系统电控单元的地址编码见表 5 - 2。例如,地址代码 01 代表发动机电子控制系统。

表 5 - 2   电子控制系统电控单元地址代码的含义

地址代码	电控单元	地址代码	电控单元
01	发动机电子控制系统	17	仪表盘电子控制系统
02	变速器电子控制系统	24	驱动防滑电子控制系统
03	防抱死制动电子控制系统	25	汽车防盗电子控制系统
08	暖风/空调电子控制系统	34	四轮转向电子控制系统
14	汽车悬架电子控制系统	00	整车电子控制系统故障查询(查询整车电子控制系统的故障代码,并打印结果)
15	安全气囊电子控制系统		

⑥ 单击"HELP"键,可选择测试功能中的任一功能。只要将所选择的功能代码的两位数字键入,并单击"Q"键确认,则可进入所选的功能操作。可供发动机电子控制系统选择的功能见表5-3。

表5-3　V. A. G1552 诊断仪可供发动机电子控制系统选择的功能

代码	功能	前提条件	
		发动机停转,点火开关接通	发动机怠速运转
01	显示控制系统版本号	—	—
02	读取故障代码	是	是
03	执行机构测试	是	否
04	进入基本设定	是	是
05	清除故障代码	是	是
06	结束输出	是	是
07	控制模块编号	—	—
08	读取测量数据块	是	是
09	读取单个测量数据	×	×
10	自适应测试	×	—

注:(1)发动机停转,点火开关接通进行基本设定时,必须在更换电控单元、节气门控制组件、发动机或拆下蓄电池电缆后,才能选择代码"04"进行基本设定。

(2)发动机怠速运转进行基本设定时,冷却液温度高于80 ℃才能进行,如果冷却液温度低于80℃,基本设定功能将被锁止。

6. 汽车通用故障诊断仪

汽车通用故障诊断仪可对世界各大汽车公司的汽车电子控制系统进行故障诊断测试。目前,汽车故障诊断仪的种类繁多,虽然使用方法不同,但操作方法大同小异,参照使用说明书即能很快掌握,下面以金德KT600 为例介绍通用故障诊断仪的使用方法。

(1)金德 KT600 诊断仪的连接。首先确认被测汽车蓄电池电压介于 11～14 V,关闭点火开关,确定诊断座的位置、形状以及是否需要外接电源,如需外接电源则按如图5-8 所示连接,根据车型及诊断座的形状选择相应的插头,将测试延长线的一端插入 KT600 的测试口内,另一端连接测试插头,将连接好测试延长线的测试插头插到车辆的诊断座上,连接好仪器接通电源,启动 KT600 进入主菜单,选择汽车诊断模块如图5-9 所示,界面说明见表5-4。

(2)故障诊断测试。选择相应的车型图标进行车辆故障测试,如点击中国车系、奥迪大众图标,屏幕上即会显示该车的诊断信息(V02.53 为当前仪器内该车型的诊断车型版本,根据测试版本的不同,该号码在程序升级后会随之改变),如图5-10 所示。

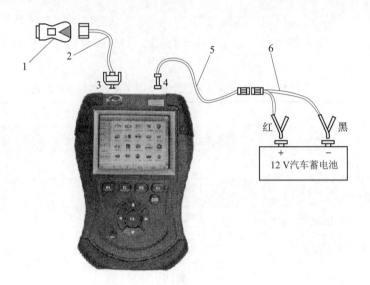

图 5 - 8　KT600 诊断仪的连接

1—专用测试接头;2—测试延长线;3—KT600 测试接口;4—电源接口;5—电源延长线;6—双钳电源线

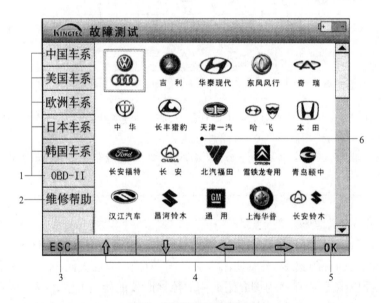

图 5 - 9　汽车诊断模块

表 5 - 4　汽车诊断模块界面说明

图注号	项目	说　　明
1	车系选择	中国车系/美国车系/欧洲车系/日本车系/韩国车系/OBD - Ⅱ,请根据被测车辆正确选择
2	维修帮助	包含了"音响解码功能""演示教程""资料库""电路图""KT 系列注册升级指导""防盗系统""遥控器系统"和"维修手册"等
3	ESC	触摸按钮,退出,返回上级菜单

续表

图注号	项目	说　　　明
4	↑↓←→	触摸按钮,方向选择
5	OK	触摸按钮,确认选择
6	选择车型	根据被测车型正确选择(车型图标会根据使用的频率自动排列)

测试功能包括读取故障码、清除故障码、读取数据流、基本设定、控制器编码、元件控制测试、各种调整匹配、自适应清除、系统登录、匹配防盗钥匙等,在图中点击"选择系统"进入可选择车上被测系统,如图 5 – 11 所示。"按地址码进入系统"可直接输入系统代码进入被测系统;"专家功能"菜单后面显示维修帮助功能菜单,维修帮助功能菜单下包含了"音响解码功能"和"奥迪大众车系维修技术手册"(包含故障码分析、数据流分析、基本设定与调整技巧、控制单元编码技巧、第二及三代防盗系统匹配);"修改维修站代码"菜单可以修改维修站的代码;"BOSCH M1.5.4 系统"菜单可进入 BOSCH M1.5.4 系统。

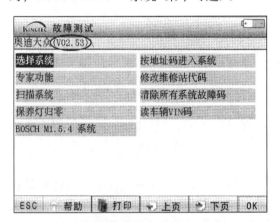

图 5 – 10　奥迪大众故障测试界面

图 5 – 11　系统选择菜单

三、基本测量技术

1. 电压的测量

如图 5 – 12(a)所示。测量时,将万用表置于直流电压挡适当的量程上,将两个测试表笔以并联方式与被测元器件(或电路)相接,同时观察表针的摆动方向。

正向摆动(接法正确),即可读出测量数值;若反向摆动(接法不对),立即交换两个测试表笔的接法后再读数。

2. 电流的测量

如图 5 – 12(b)所示,将万用表置于直流电流挡合适的量程,并将表以串联的方式与被测电路相接。选择量程时应从大到小试选,否则,会损坏表头。

3. 电阻的测量

如图 5 – 12(c)所示。将万用表置于电阻(Ω)挡,此时表头与表内的电池串联,如图中的虚线框所示。

注意:由于测量时表内电池的电压有所变化,所以每一次都需将两个表笔短接进行校零。

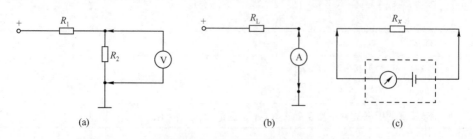

图 5 – 12　基本电量的测量

（a）电压的测量；（b）电流的测量；（c）电阻的测量

第三节　汽车电路常见故障与检修原则

一、汽车电路常见故障

线路常见故障包括断路、短路、漏电以及接线松脱、潮湿及腐蚀等导致的接触不良或绝缘不良等。

1. 断路

电源到负载的电路中某一点中断时，电流不通，导致灯不亮、电动机停转。这种故障被称为断路。断路一般由导线折断、导线连接端松脱或接触不良等原因所造成。

2. 短路

电源正、负极的两根导线直接接通，使电器部件不能工作，导线发热或线路中的熔断丝烧断。造成短路的原因有：导线绝缘破坏，并相互接触造成短路，开关、接线盒、灯座等外接线螺丝松脱，造成和线头相碰；接线时不慎，使两线头相碰；导线头碰触金属部分等。

3. 漏电

漏电现象使耗电量增大，导线发热。漏电原因是电气设备绝缘不良、导线破坏、绝缘老化、破裂、受潮等。

二、检修故障的基本原则

在进行汽车电路检修前，必须熟读使用说明书，查明电路，了解其结构，并使用合适的工具，才能收到事半功倍的效果。

电路故障的产生原因是多种多样的，如元件老化，自然磨损，调整不当，环境腐蚀，机械摩擦、导线短路或断路等。汽车电器电路出现故障时，一般先要搞清楚故障的症状以及伴随出现的现象，判明故障所在的局部电路，然后再对该局部电路进行检验，查明故障所在的具体部位，予以排除。

排除故障时，一般遵循如下原则：询问用户→核实故障→分析判断→检查测量→落实故障点→排除故障→检验性能→记录总结。

1. 询问用户

为了迅速查找到故障源，首先必须了解故障出现时的情形、条件、如何发生以及是否已检修过等与故障有关的情况和信息。为此,必须认真询问用户,倾听用户对故障现象的描述,认真填写"用户意见调查表"(见表 5 – 5),这对于初学者来说是非常必要和有用的。由此可以减少误判、错判,使检修效率大大提高。询问的内容应包括:

表 5 – 5　用户意见调查表

用户姓名			登记号	
			登记日期	
			车身代号	
接车日期			里程表读数	km
故障发生日期				
故障发生频次	□经常　□有时　□仅一次　□其他			
故障发生的条件	天气	□晴天　□阴天　□雨天　□雪天　□其他		
	气温	□炎热天　□热天　□冷天　□寒冷天(大约　　℃)		
	地点	□高速公路　□一般公路　□市内　□上坡　□下坡　□粗糙路面　□其他		
	发动机水温	□冷机　□暖机时　□暖机后　□任何温度　□其他		
	发动机工况	□启动　□启动后　□怠速　□无负载　□行驶(□匀速　□加速　□减速)　□其他		
故障现象				
备注				

(1)汽车已经使用的年限。了解所修汽车使用的年限可以帮助维修者大致估计出故障的性质。例如,对于较新的汽车,故障原因多是运输过程中导致线束引线折断或似断似接、个别元器件或零部件焊接不好或安装不良、接插件松动造成接触不良;个别元器件或零部件可靠性太差造成的故障;用户使用汽车上某些功能不当而造成的"假故障"等。

对于使用多年的汽车来说,则应该较多地考虑损耗性故障,如电器元件老化、特性变坏;电子控制电路中晶体管元件特性下降;电容器漏电、电容器介质损耗太大、电容量变值或电容器击穿;电阻变值;变压器内线圈霉断;传感器灵敏度下降;集成电路老化等。

(2)产生故障的过程。应了解故障是突然发生的,还是逐步恶化的,是静止性的故障还是时有时无的故障。详细了解以上这些情况后,可以帮助进一步判断故障的性质和采用较为合理的修理方法。

(3)是否检修过。应该了解该车发生故障以后用户是否请人修理过。如果已请人修理过,应问清此人的修理过程,是否调节过汽车的某些可调器件,是否更换过电器元件或零部件。这可以帮助我们较快地排除一些由于修理者修理技术不太熟练或不太熟悉该车电路原理而造成误修或误换元件的故障。

2. 核实故障

如有可能,核实汽车故障,查看用户描述故障现象是否准确。另外,有的用户由于对汽车的使用常识不甚了解,无意中使开关或按钮处于不正常的位置,便误认为是有故障。因而应及时对故障现象予以检查核实,排除"假故障"的可能。

3. 分析判断

在倾听用户的初步意见和核实故障之后,应进行故障分析,在清楚地了解了可能的故障原因后再选择适当的程序和方法进行故障诊断操作,以防止故障诊断操作的盲目性,尤其是对故障原因比较复杂的故障现象,"先思后行"既可避免对无关部位做无效的检查,又不会漏检有关的故障部位,从而会达到准确迅速排除故障的目的。为此应做到如下几点:

(1)了解系统的组成。当检修某一系统时,应了解系统由哪些部件组成,熟知系统的工作过程,从原理上分析哪些部件可能不工作或损坏。

(2)掌握电路的特点。一个好的汽车电工,要善于查阅和使用汽车电路图,这是能否顺利鉴别和判断故障的基础。只有掌握了电路,才能根据故障现象,结合电路判断故障可能发生的部位,而使检修工作得以顺利进行。

(3)熟悉部件的位置。有了电路图,还要熟悉所要修的汽车电器部件的位置,以及各测试点、连接线的位置。通过查看电路图,将电路图中各个电器部件与实车电器部件的位置一一对应,搞清接线及插头之间的来龙去脉,这会给检修工作带来很大的方便。

(4)获知有关参数。汽车电器部件性能是否良好、电路是否正常,通常以电压或电阻等参数值来判断。没有这些诊断参数,往往会使故障诊断变得很困难或根本无法进行。因此,在检修前,应准备好有关的诊断参数、检修资料或备件,以保证故障诊断的顺利进行。

4. 检查测量

对电气系统进行检查测量时,有许多可遵循的原则,如运用得当可达到事半功倍的效果。

(1)先简后繁。先解决容易解决的问题,后解决困难较大的问题。不要一开始就陷在一个难题上。

(2)先外后内。优先对暴露在外面,易接触、易拆卸的部件进行检测,然后再对不易接触和不易拆卸的部件进行检测。

(3)先熟后生。一些故障现象可能由多个故障原因引起,不同故障原因出现的概率是不同的,对易发生故障的部位先进行检查,往往可迅速确定故障部位,省时省力。

(4)先静后动。这里的"静"是指不启动的静止状态;"动"是指启动发动机后的工作状态。不要盲目启动汽车,应先做必要的安全检查和电气性能测试(看有无漏电、打火或短路处),然后再启动工作。这一原则是为了保证汽车的安全运行。

(5)先电源后负载。电源故障是最常见的故障之一,因此电气部分发生故障后一般应首先检查电源部分。例如蓄电池供电电压、发电机输出的电压、某些电子控制装置中的二次稳压电路等。检查电源部分最普通的常识是先看熔断丝、二次电源中的保险元件(保险电阻或集成保护元件等)。

(6)先一般后特殊。有些元器件或零部件,由于其自身的结构或性能不良,当被用于某种车型或处于某些工作状态下时,常常发生某种故障。如某个闪光器内晶体管热稳定性不好,一到夏天就不能闪光等,即是一般故障,也称"通病"。这些故障呈多发性,目标明显。应先检查这些一般故障,再查"特殊"故障。

(7)先公用后专用。要先解决公共性的问题和各部分所公有的问题,后解决个别性和专用电路的问题。例如主线束部分所公有的问题应先解决,辅助电路所特有的问题可以后解决。

(8)分段检查。分段检查是指在故障诊断中,对怀疑有故障的系统,逐段进行检测分析,直至查找到故障点为止。具体检测方法可采用"顺向检测法""逆向检测法"和"关键点检测法"。

顺向检测法:按电流的流向顺序逐级检查,即沿着工作电流的流向,由电源检查到用电设备。

逆向检测法:逆着工作电流的流向,由用电设备检查到电源检查。

关键点检测法:从线路的中间点测量,以判断故障是在此点之前还是在此点之后,这样就将故障范围缩小了50%。对于一般的汽车来说,测试关键点在控制开关或中央继电器熔断丝盒部位,通过测量开关、熔断丝插座或继电器插座的接线端子,就可以确定或缩小故障范围。

5. 排除故障

依据故障诊断程序和检查测量的结果,判断出故障点(哪个电器部件有故障或哪段线路有故障),采用适当方法将故障排除。

6. 检验性能

检修好的汽车,还应注意重新测试,看其性能是否良好,故障因素是否真的被彻底排除。

7. 记录总结

汽车检修工作完成后,对故障现象、故障原因、故障点和排除方法做好记录。将检修结果与原来的分析推测进行比较。如果原分析检测是正确的,也要总结一下思维分析过程,以巩固正确的思维方法。如果原分析推测是错误的,就应找出错误的原因,是对故障现象观察不准造成的,还是对汽车电子电器的原理未搞清楚而分析失误,或是检测出了差错,等等。这样既可以理清思路、得到提高,而且日后碰到类似故障时又可以参考和借鉴。

第四节　故障诊断与线路检修

一、故障诊断的基本方法

汽车电气系统的故障诊断,通常采用的方法有直观诊断法、检查保险法、断路法、短路法、试灯法、高压试火法、万用表法、示波器法、元件替换比较法、仪器法和模拟法等。

1. 直观诊断法

汽车电路发生故障时,有时会出现冒烟、火花、异响、焦臭、发热等异常现象。这些现象可通过人的眼、耳、鼻、身感觉到,从而可以直接判断出故障所在部位。例如汽车在行驶中,突然发现转向灯与转向指示灯均不亮,用手一摸,发现闪光器发热烫手,说明闪光器已被烧坏。

2. 检查保险法

保险或保险丝是熔断丝或熔丝的俗称。当汽车电路出现故障时,首先应查看保险是否完好。有些故障非常简单,就是保险烧断或处于保护状态。此时,通过检查保险,即能判断故障所在部位。如汽车在行驶中,若某个电器突然停止工作,同时该支路上的熔断丝熔断,说明该支路有搭铁故障存在。如果某个系统的保险反复烧断,则表明该系统一定有类似搭铁的故障存在,不应只更换熔断丝了事。

但是,现在很多汽车电路线束中都装有易熔线。易熔线有一根或几根,装在主电源线与熔断丝盒之间,并且位于蓄电池附近,其功用主要是对主电源线进行保护。因而,在采用检查保险法进行诊断与检修汽车电路故障时,必须考虑对易熔线的检查。

3. 利用车上仪表法

通过观察汽车仪表盘上的电流表、水温表、燃油表和机油压力表等的指针走动情况,判断电路有无故障和故障产生部位。例如,发动机冷态,接通点火开关时,水温表指示满刻度位置不动,说明水温表传感器有故障或该线路有搭铁。

4. 断路法

汽车线路发生搭铁(短路)故障时,可用断路法判断。将怀疑有短路故障的那段线路断开,以判定断开的那段线路搭铁。

例如,汽车行驶时,听到电喇叭长鸣,则可将喇叭继电器"按钮"接线柱上的导线拆开,若喇叭停鸣,表明喇叭按钮至喇叭继电器之间电路有搭铁现象;若喇叭仍长鸣,表明喇叭继电器触点烧蚀而不能分开,可进一步用断路法判断。

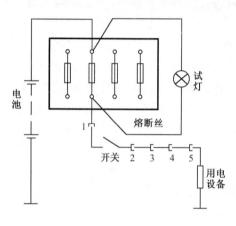

图 5 - 13　断路试验法

再如,若线路中有搭铁故障而使该电路中的熔断丝熔断,可先用一只车灯作试灯,试灯两端引线跨接于断开的熔断丝两端的接线柱上,如图 5 - 13 所示,此时试灯应亮。然后再将插接器逐个断开,若断开插接器 4 时试灯亮,而断开插接器 3 时,试灯不亮,表明插接器 3 与插接器 4 这段线路搭铁。

5. 短路法

汽车电路中出现断路故障,还可以用短路法判断,即用螺丝刀或导线将被怀疑有断路故障的电路短接,观察仪表指针变化或电气设备工作状况,从而判断出该电路中是否存在断路故障。例如,怀疑汽车电路中的各种开关有故障,可用导线将开关短接来判断开关是好是坏。

6. 试灯法

试灯法就是用一只汽车用灯泡作为试灯,检查电路中有无断路故障。例如,用试灯的一端和交流发电机的"电枢"接柱连接,另一端搭铁。如果灯不亮,说明蓄电池至交流发电机"电枢"接柱间有断路现象;若灯亮,说明该段电路良好。

7. 高压试火法

对高压电路进行搭铁试火,观察电火花状况,判断点火系的工作情况。具体方法是取下点火线圈或火花塞的高压导线,将其对准火花塞或缸盖等搭铁部位,距离约 5 mm,然后接通启动开关,转动发动机,看其跳火情况。如果火花强烈,呈天蓝色,且跳火声较大,则表明点火系工作基本正常;反之,则说明点火系工作不正常。

8. 万用表法

用万用表测量线路各点的直流电压,若有电压说明该测试点至电源间的电路畅通;若无电压,说明该测试点与上一个测试点之间的电路断路。另外,通过万用表对电路或元器件的各项参数进行测试,并与正常技术状态的参数对比,来判断故障部位所在。如就车测量蓄电池的充电电流与端电压,判断充电电路是否充电;测量电气部件中线圈绕组的电阻值,判断绕组有无断路或短路;测量引线两端间的电阻,判断电路有无断路等。万用表检测法是检测电路或元件较为准确迅速的一种方法。

9. 示波器法

示波器是唯一能即时显示波形的测试仪器。利用示波器检测部件的动态波形(数据),与标准波形相比较,以判断部件或线路是否有故障。

10. 元件替换比较法

元件替换比较法是指在检修电路时,怀疑有些元件的性能对电路正常工作有影响,但其性能好坏还一时难以断定,因此就选用性能良好的元件将其替换,利用比较的方法来判断故障的一种方法。如火花塞火花弱,发动机不能发动,可用一个良好的火花塞将其替换,若发动机恢复工作,表明原来的火花塞有故障,应予以修理或更换。

11. 仪器法

随着汽车电气设备的日趋复杂,在维修中,特别是维修装有电子设备较多的车辆,使用一些专用的仪器是十分必要的。如检测大众轿车电控系统时,经常使用 V. A. G1552 诊断仪读取故障码和进行基本设定。

12. 模拟法

有时当车辆送去维修时,故障并不出现,因此必须模拟故障发生时的条件。模拟法应用于对各种传感器、控制器、指示机构、插接器等的判断。实质上就是怀疑电路中某些元器件有故障,进行发生条件模拟验证后诊断故障。

(1)车辆振动模拟。某些故障发生在车辆行驶在粗糙路面上或发动机振动时。在这种情况下,应模拟相应情况下的振动,如图 5 - 14 所示。

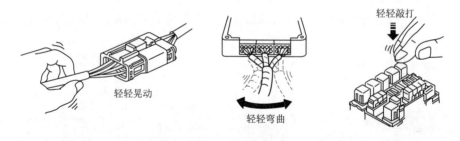

图 5 - 14　模拟振动

(2)热敏感性(温度)模拟。某些故障发生在炎热天气或车辆温度达到一定高度时,在这种情况下,要想确定电器元件是否热敏感,应用加热枪或类似的工具加热该元件,如图 5 - 15 所示。注意:不要将电器元件加热到60℃以上。

(3)浸水模拟。某些故障只发生在高湿度或雨雪天气,在这种情况下,可以通过浸湿车辆或将车辆驶过清洗机来模拟故障情况。注意:不得将水直接喷在电器元件上。

(4)电负载模拟。某些故障也可能对电负载敏感,在这种情况下,将所有附件(包括空调、后车窗除雾器、收音机、前照灯等)全部打开,然后进行诊断。

(5)冷启动或热启动模拟。在某些情况下,只有当车辆冷启动时才会发生电器故障,或在车辆短暂熄火后热启动时才会发生。

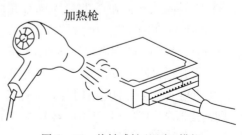

图 5 - 15　热敏感性(温度)模拟

二、检修故障应注意事项

（1）更换烧坏的熔断丝时,应使用相同规格的熔断丝。使用比规定容量大的熔断丝会导致电器损坏或引发火灾。

（2）拆开插接器时,首先要解除闭锁,然后把插接器拉开,不允许在未解除闭锁的情况下用力拉导线,这样会损坏闭锁装置或连接导线。

（3）不允许使用欧姆表及万用表的 $R \times 100$ 以下低阻欧姆挡检测小功率晶体管,以免电流过载损坏晶体管。

（4）拆卸和安装电器元件时,应切断电源。

（5）拆卸蓄电池时,应先拆下负极电缆;安装蓄电池时,最后连接负极电缆。拆装蓄电池电缆时,应确保点火开关或其他开关都已断开,否则会导致半导体元器件的损坏;切勿颠倒蓄电池接线柱的极性。

（6）在进行保养和维修时,若作业温度超过 80℃（如进行焊接时）,应先拆下对温度敏感的零件（如 ECU）。

（7）靠近振动部件（如发动机）的线束部分应用卡子固定,将松弛部分拉紧,以免由于振动造成线束与其他部件接触。

三、汽车线路常见故障的检测

1. 断路和接触不良故障的检测方法

如图 5-16 所示,当线路发生断路故障时,可利用万用表检测电阻或电压的方法来确定断路的部位。

（1）检测电阻法。检测线路电阻的方法如图 5-17 所示,其具体步骤如下:

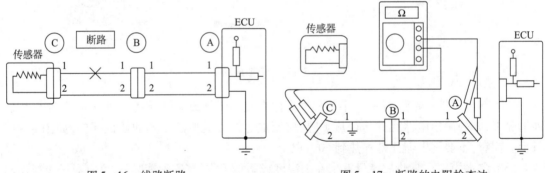

图 5-16　线路断路　　　　　　　　　图 5-17　断路的电阻检查法

① 脱开插接器 A 和 C,测量 A 和 C 相应端子之间的电阻值。若插接器 A 端子 1 与插接器 C 端子 1 之间的电阻值为∞,则它们之间发生断路故障;若插接器 A 端子 2 与插接器 C 端子 2 之间的电阻值为 0,则它们之间导通（无断路）,表明电路连接正常。

② 脱开插接器 B,测量插接器 A 与 B、B 与 C 之间的电阻值。若插接器 A 的端子 1 与插接器 B 的端子 1 之间的电阻值为 0,而插接器 B 的端子 1 与插接器 C 的端子 1 之间的电阻为∞,则插接器 A 的端子 1 与插接器 B 的端子 1 之间导通,而插接器 B 的端子 1 与插接器 C 的端子 1 之间有断路故障。

当插接器 A 与插接器 C 距离较远时,可采用如图 5 - 18 所示方法进行检测,即用一导线短接插接器 C 端子 1 与端子 2,用万用表检测插接器 A 端子 1 与端子 2 之间的电阻值。

(2)检测电压法。可利用万用表检测线路各接点的电压大小来确定断路的部位。如图 5 - 19 所示为一电子控制电路,ECU 输出电压为 5 V。在各插接器接通的情况下,依次测量插接器 A 的端子 1、插接器 B 的端子 1 和插接器 C 的端子 1 与车身(搭铁)之间的电压,测得的电压值分别为 5 V、5 V 和 0 V,则可以判定,在插接器 B 的端子 1 与插接器 C 的端子 1 之间的导线有断路故障。

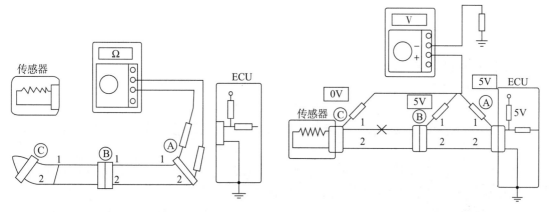

图 5 - 18　距离较远时检测断路方法

图 5 - 19　断路的电压检查法

线路接触不良故障的检测方法与断路故障的检测方法基本相同,主要是测量线路的连接点两端之间的电阻值或电压值是否在允许的范围内,超出标准范围,说明线路连接点接触不良。

2. 线路短路和搭铁故障的检测方法

(1)短路故障的检测。如图 5 - 20 所示,脱开插接器 A 和 C,测量插接器 A 端子 1 与端子 2 之间的电阻。若测量的电阻值为 0,则 1 号导线与 2 号导线间发生短路故障;若测量的电阻值为∞,则 1 号导线与 2 号导线之间无短路,表明电路连接正常。

(2)搭铁故障的检测。如图 5 - 21 所示,如果导线搭铁,可通过检查导线与车身是否导通来判断短路的部位。

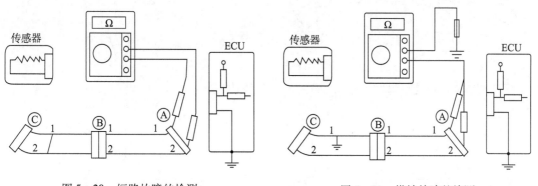

图 5 - 20　短路故障的检测

图 5 - 21　搭铁故障的检测

① 脱开插接器 A 和 C,测量插接器 A 的端子 1 和端子 2 与车身之间的电阻值。若插接器 A 的端子 1 与车身之间的电阻值为 0 Ω,而插接器 A 的端子 2 与车身之间的电阻为∞,则插接器 A 的端子 1 与插接器 C 的端子 1 的导线与车身间有搭铁故障。

② 脱开插接器 B,分别测量插接器 A 的端子 1 和插接器 B 的端子 1 与车身之间的电阻值。如果测得的电阻值分别为∞和 0 Ω,则可以判定,插接器 B 的端子 1 与插接器 C 的端子 1 之间的导线与车身之间有搭铁故障。

四、汽车线路的检修

1. 熔断丝的更换

熔断丝熔断后,一般用观察法便可发现。对于较隐蔽的故障,可用万用表或试灯进行检查。熔断丝更换时,应注意以下几点:

(1) 熔断丝熔断后,必须找到电路故障的真正原因,彻底排除故障隐患。

(2) 更换熔断丝时,应使用原规格的熔断丝,不可随意加大熔断丝的容量。

(3) 在汽车增加用电设备时,不要随意改用容量大的熔断丝。对于这种情况,最好另安装熔断丝。

(4) 熔断丝支架与熔断丝接触不良会产生发热现象。应注意检查熔断丝支架有无脏污和氧化物,如有,则必须用细砂纸打磨光,使其接触良好。

2. 导线的检修

当导线损坏需要检修时,必须按照线路图的要求使用正确量具测量损坏导线的线径,替代导线的截面积不得小于原导线的规格。如图 5-22 所示,连接断开导线的具体步骤如下:

(1) 拆下蓄电池的负极电缆。

(2) 将一个热缩管套在导线一端,热缩管的长度应足以密封维修线段。

(3) 将导线端头的绝缘层剥去 2 cm。

(4) 将导线的芯线分开,然后把两根导线扭在一起。

(5) 如需要,可用电烙铁按图 5-23 所示方法焊接维修线段。

(6) 将一个热缩管移至维修段,加以热封。

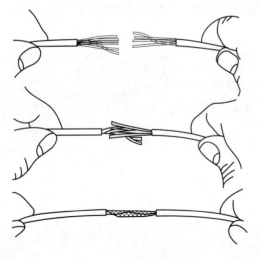

图 5-22   导线的检修

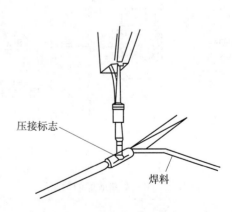

图 5-23   焊接导线

导线检修完毕,必须固定到位,以免损坏导线的绝缘层。

3. 插接器的检修

在检查线路的电压或导通情况时,一般不必脱开插接器,只用万用表两表针插入插接器尾部的线孔内进行检查即可。

(1)普通插接器的检修。修理中如需要更换导线或取下插接器接线端子,应先把插头、插座分开。如图5-24所示,用专用工具(或小螺丝刀)插入插头或插座的尾部的线孔内,撬起接线端子的锁紧凸缘,并将电线从后端拉出。

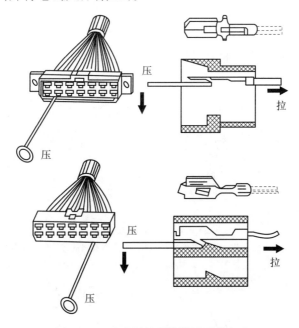

图5-24　取出插接器接线端子的方法

在新接线端子安装前,首先检查接线端子的锁紧凸缘是否正常,如不正常可按图5-25方法进行调整;安装时,将带接线端子的导线推入,直至接线端子被锁住为止,然后再向后拉动导线,以确认是否锁紧,如图5-26所示。

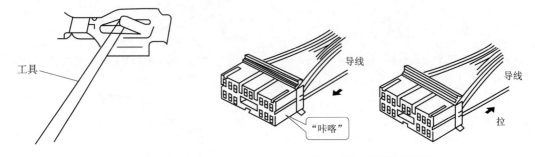

图5-25　检查调整接线端子的锁紧凸缘　　　图5-26　安装接线端子

(2)带锁定楔插接器的检修。

① 如图5-27所示,用尖嘴钳直接拔出锁定楔。

② 如图5-28所示,用专用工具将锁片从触针上移开,松开锁片,拉出导线。

③ 如图 5-29 所示,截取 120 mm 左右的导线及接线端子,剥去 6 mm 绝缘层。

④ 如图 5-30 所示,把裸线伸入对接式连接器中,用压线钳将导线压紧。

⑤ 如图 5-31 所示,将热缩管套入导线的维修处,用热风枪加热收缩热缩管。

⑥ 如图 5-32 所示,将导线和接线端子重新装入插接器,并把锁定楔安装到位。

4. 易熔线的更换

易熔线熔断后必须更换,其具体更换步骤如下:

(1) 拆下蓄电池的负极电缆。

(2) 拆下旧易熔线。

(3) 在导线侧割断损坏的易熔线接头。

(4) 如图 5-33 所示,将原规格新易熔线按要求连接好。

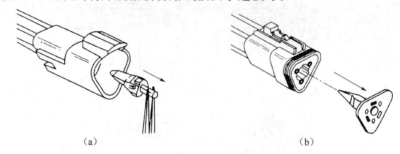

(a)　　　　　　　　　　　　(b)

图 5-27　锁定楔的拆卸

(a) 拔出插孔式连接器的锁定楔;(b) 拔出插头式连接器的锁定楔

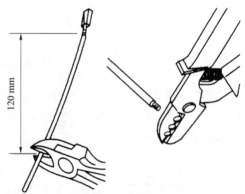

图 5-28　拆下导线　　　　　　　　图 5-29　截取导线和接线端子

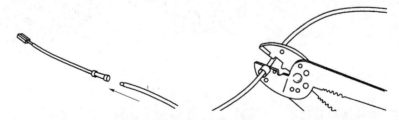

图 5-30　维修导线

(a) 把裸线伸入连接器中;(b) 用压线钳压紧导线

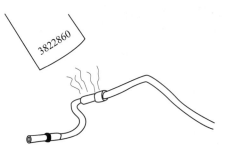

图 5 – 31　加热收缩热缩管

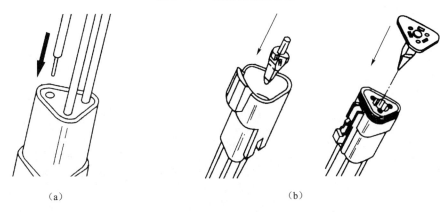

（a）　　　　　　　　　　　　　　（b）

图 5 – 32　将导线和锁定楔重新装入插接器

（a）导线重新装入插接器；（b）把锁定楔安装到位

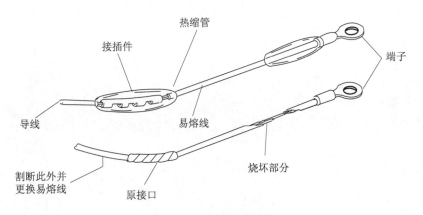

图 5 – 33　易熔线的更换

 思考题

1. 汽车电路有几种工作状态？各有何特点？
2. 检修汽车电路故障时，常用的电工仪表有哪些？
3. 如何使用跨接线检测电路的故障？
4. 如何使用测试灯检测电路的故障？

5. 汽车专用数字式万用表具有哪些特殊功能？

6. 如何测量电压、电流和电阻等参数？

7. 汽车电路故障诊断的基本方法有哪些？

8. 检修汽车电气系统应注意的事项有哪些？

9. 如何检测汽车线路的常见故障？

10. 如何更换熔断丝？

11. 如何检修汽车导线？

12. 如何检修插接器？

13. 如何更换易熔线？

第六章

国外各大汽车公司
电路图的分析

第一节　丰田汽车电路图的分析

一、丰田汽车的电路保护装置

丰田汽车的电路保护装置的类型和符号见表6-1。

表6-1　丰田汽车的电路保护装置

附　图	符　号	名　称	缩略语
BE5594	INO365	熔断丝	FUSE
BE5595	INO366	中等电流熔断丝	M-FUSE
BE5596	INO367	大电流熔断丝	H-FUSE
BE5597	INO367	易熔线	FL
BE5598	INO368	电路断电器	CB

二、导线的颜色

在线路图中,配线颜色用字母代号表示,字母代号的含义见表6-2。导线颜色的表示方法如图6-1所示。

例如,线路图中导线颜色编号为R,则说明在实际电路中,导线颜色为红色。如果导线为双色,则用第一个字母表示配线基本颜色,第二个字母表示配线的条纹颜色。例如导线颜色编号为L—Y,则在实际电路中,导线的基本颜色为蓝色,条纹颜色为黄色。

表6-2　导线颜色

B—黑	L—蓝	R—红	BR—棕	LG—浅绿	V—紫
G—绿	O—橙	W—白	GR—灰	P—粉红	Y—黄

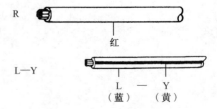

图6-1　导线颜色表示方法

三、插接器

1. 插接器接线端子的编号

如图6-2所示,插接器的插座接线端子的编号为从上排左至下排右的次序进行编号;插接器的插头接线端子的编号为从上排右至下排左的次序进行编号。

备注:具有相同端子数目的不同插接器用于同一个零件时,各插接器的名称(英文字母)和接线端子编号都有规定(如图6-3所示)。

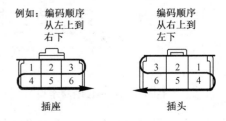

图6-2　插接器接线端子的编号

2. 插接器的插头和插座的区别

如图6-4所示,根据接线端子的形状识别插接器的插头和插座。

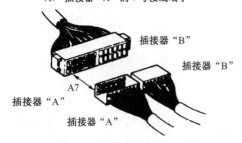

图6-3　同一零件的不同插接器

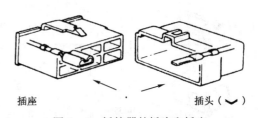

图6-4　插接器的插头和插座

3. 插接器的拆开

在拆开插接器时,其拆开方法如图6-5所示。备注:拆开插接器时应拉插接器本体,切勿拉配线。

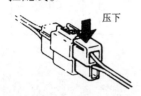
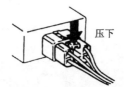
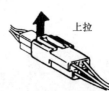
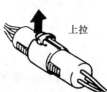

图6-5　拆开插接器

四、电路图中使用的符号及含义

丰田汽车电路图中使用的符号及含义见表6-3。

表6-3　丰田汽车电路图中使用的符号及含义

符　号	名　称	符　号	名　称
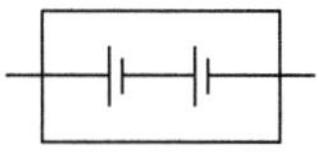	蓄电池	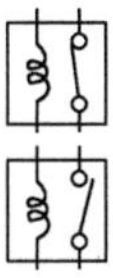	继电器 1. 常闭 2. 常开
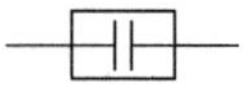	电容器	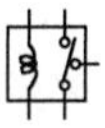	切换式继电器
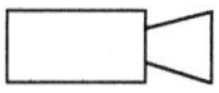	点烟器	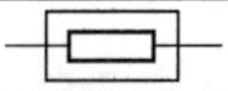	电阻
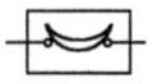	电路断电器	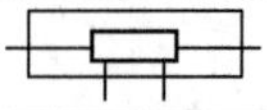	按键式变阻器
	二极管	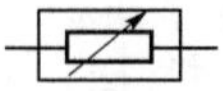	可变电阻器
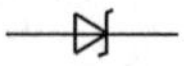	稳压二极管	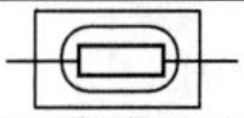	热敏电阻传感器
	分电器、集成点火装置	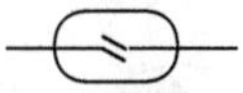	模拟速度传感器
	熔断丝	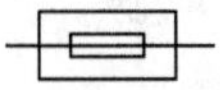	短路插销
	易熔线		电磁阀或电磁线圈
	搭铁		扬声器
单灯丝 双灯丝	前照灯		手动开关 1. 常开 2. 常闭
	喇叭		双投掷开关
	点火线圈		点火开关
	小灯		刮水器停放位置开关
	发光二极管		三极管
	模拟式仪表	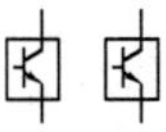	
FUEL	数字式仪表	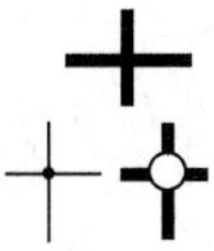	配线 1. 不连接 2. 铰接
	电机		

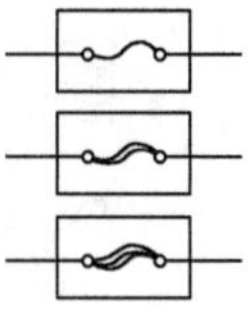

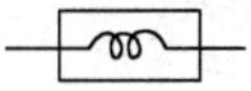

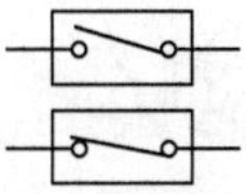

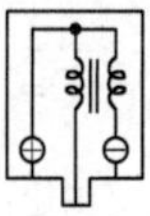

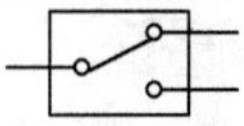

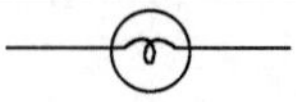

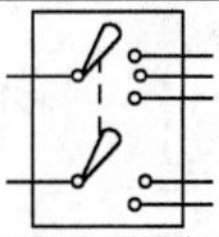

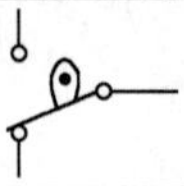

五、丰田汽车电路各系统的符号及含义

丰田汽车电路由各独立的系统组成,其各系统的符号及含义如图6-6所示。

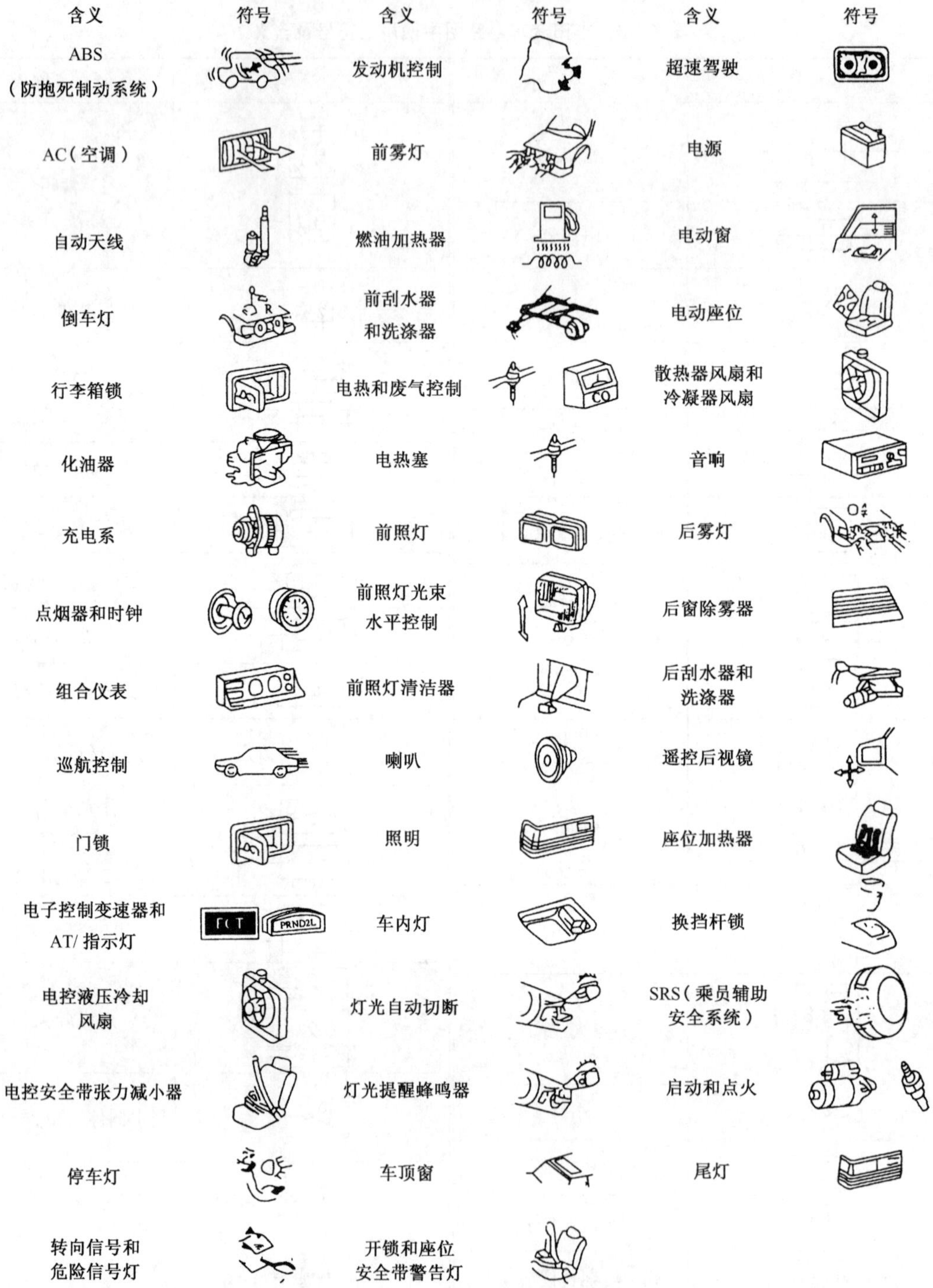

含义	符号	含义	符号	含义	符号
ABS（防抱死制动系统）		发动机控制		超速驾驶	
AC（空调）		前雾灯		电源	
自动天线		燃油加热器		电动窗	
倒车灯		前刮水器和洗涤器		电动座位	
行李箱锁		电热和废气控制		散热器风扇和冷凝器风扇	
化油器		电热塞		音响	
充电系		前照灯		后雾灯	
点烟器和时钟		前照灯光束水平控制		后窗除雾器	
组合仪表		前照灯清洁器		后刮水器和洗涤器	
巡航控制		喇叭		遥控后视镜	
门锁		照明		座位加热器	
电子控制变速器和AT/指示灯		车内灯		换挡杆锁	
电控液压冷却风扇		灯光自动切断		SRS（乘员辅助安全系统）	
电控安全带张力减小器		灯光提醒蜂鸣器		启动和点火	
停车灯		车顶窗		尾灯	
转向信号和危险信号灯		开锁和座位安全带警告灯			

图6-6　丰田汽车电路中各系统的符号及含义

六、丰田汽车电路中使用缩略语

ABS(Anti-Lock Brake System):防抱死制动系统

A/C(Air Condition):空调器

A/E(Auto Drive):自动驾驶

A/T(Automatic Transmission):自动变速器

CB(Circuit Breaker):电流断电器

COMB(Combination):组合

ECT(Electronic Controlled Transmission):电子控制变速器

ECU(Electronic Control Unit):电控单元

EFI(Electronic Fuel Injection):电子控制燃油喷射

EGR(Exhaust Gas Recirculation):废气再循环

Ex(Except):除……外

FL(Fusible Link):熔断丝

J/B(Junction Block):接线盒

LH(Left-Hand):左侧

O/D(Overdrive):超速行驶

PPS(Progressive Power Steering):渐进式动力转向机构

RH(Right-Hand):右侧

RL(Rear Left):左后

RR(Rear Right):右后

SRS(Supplemental Restraint System):安全气囊(辅助乘员保护系统)

SW(Switch):开关

TDCL(Total Diagnostic Communication Link):故障诊断通信接口

TEMP(Temperature):温度

TRC(Traction Control System):牵引力控制系统

VSV(Vacuum Switching Valve):真空开关阀

w(With):带

w/O(Without):不带

七、丰田汽车识图范例

丰田汽车电路图的标示方法如图6-7所示,电路图中各部分的含义如下:

Ⓐ 系统标题

Ⓑ 表示配线颜色。图中 W 表示白色。

Ⓒ 表示与电器元件连接的插接器(数字表示接线端子的编号)。

Ⓓ 表示插接器的接线端子编号,其中插座和插头编号的方法不同。在插座编号中,顺序为从左至右,从上至下;插头则从右至左,从上至下。

Ⓔ 表示继电器盒。图中只标明继电器盒的号码,亦不印上阴影,以有别于接线盒。图示继电器盒号码为1,表示 EFI 主继电器在 1 号位置。

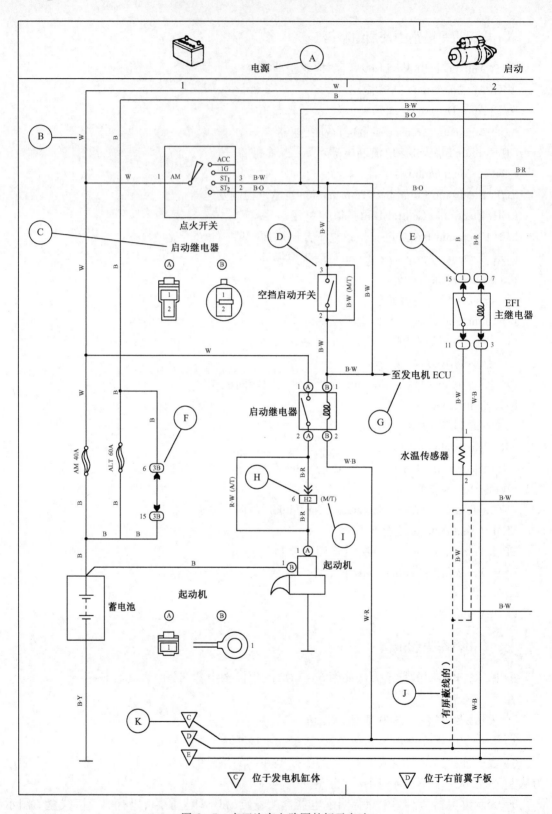

图6-7 丰田汽车电路图的标示方法

Ⓕ 表示接线盒。圈内数字表示接线盒(J/B)号码,圈旁数字表示该插接器插座位置代码。接线盒上一般印上阴影,使其与其他元件区分。不同的接线盒,用不同的阴影标出,以便区分。例如图中的 3B 表示它在 3 号接线盒内;数字 6 和 15 表示两条配线分别在插接器 6 号和 15 号接线端子上。

Ⓖ 表示相关联的系统。

Ⓗ 表示配线与配线之间的插接器,带插头的配线用符号"≫"表示,外侧数字 6 表示接线端子的号码。

Ⓘ 当车辆型号、发动机型号或规格不同时,用( )中内容来表示不同的配线和插接器等。

Ⓙ 表示屏蔽的配线。

Ⓚ 表示搭铁(接地)点位置。搭铁(接地)点在电路图中用"▽"符号表示。

八、丰田汽车识图实例

如图 6-8 所示为丰田雷克萨斯 LS400 型轿车 ABS 系统电路原理图。该系统与 TRC(牵引力控制)系统共用一个 ECU,故又称为 ABS 和 TRC ECU。

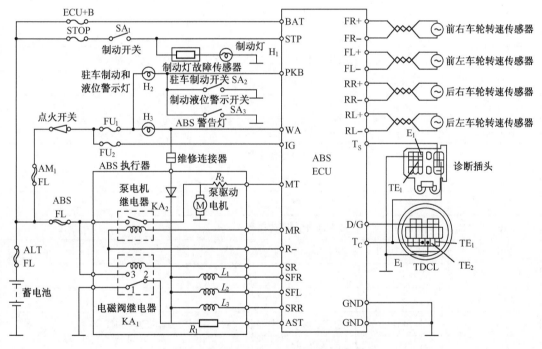

图 6-8　LS400 型轿车 ABS 控制系统电路

识读丰田雷克萨斯 LS400 型轿车 ABS 控制系统电路图时,一定要先找出哪些元件属于信号输入元件,显然传感器及相关开关的检测信号多属信号输入元件。然后再找出执行元件以及它们的去向,最后根据 ABS ECU 的工作情况将上述两部分联系起来分析,就可基本上读懂系统电路原理图。ABS 电路图上的执行元件多是指液压单元,而液压单元控制的是车轮制动器。

ABS ECU 插接器的排列方式如图 6-9 所示,插接器各引脚编号及其字母符号见表 6-4。

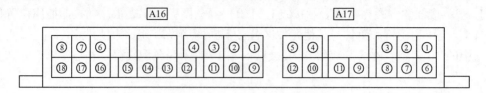

图 6 – 9 LS400 型轿车 ABS ECU 插接器引脚排列方式

表 6 – 4 丰田雷克萨斯 LS400 轿车 ABS ECU 插接器各引脚编号及其字母符号

端子编号	端子符号	连 接 对 象
A16 – 1	D/G	诊断插头 TDCL
A16 – 2	RR –	后右车轮速度传感器
A16 – 3	RL –	后左车轮速度传感器
A16 – 4	TC	诊断插头 TDCL
A16 – 5	GND	搭铁
A16 – 6	BAT	备用电源
A16 – 7	IG	电源
A16 – 8	SFL	液压控制单元中控制前左轮三位三通电磁阀的线圈
A16 – 9	RR +	后右车轮速度传感器
A16 – 10	R –	继电器搭铁
A16 – 11	RL –	后左车轮速度传感器
A16 – 12	FR –	前右车轮速度传感器
A16 – 13	FR +	前右车轮速度传感器
A16 – 14	FL –	前左车轮速度传感器
A16 – 15	FL +	前左车轮速度传感器
A16 – 16	GND	搭铁
A16 – 17	/	
A16 – 18	/	
A17 – 1	SFR	液压控制单元中控制前右轮三位三通电磁阀的线圈
A17 – 2	WA	ABS 警告灯
A17 – 3	STP	停车灯开关
A17 – 4	/	
A17 – 5	PKB	驻车制动开关
A17 – 6	SRR	液压控制单元中控制后轮三位三通电磁阀的线圈
A17 – 7	/	
A17 – 8	MT	回油泵电机继电器监控器

续表

端子编号	端子符号	连接对象
A17 – 9	SR	液压单元电磁继电器线圈
A17 – 10	MR	回油泵电机继电器
A17 – 11	TS	诊断插头
A17 – 12	AST	监测电磁阀继电器

1. 电源电路

ABS ECU 的 IG（A16 – 7）脚为供电输入及检测端,该脚电压来自点火开关,经熔断丝后得到。当该脚电压低于 9.5 V 或高于 17 V 时,自诊断系统就进入电源欠压或过压保护状态,并产生故障码 41,同时也使 ABS 警告灯点亮。

ABS ECU 的 BAT（A16 – 6）脚为备用电源输入端,该脚电压是由蓄电池正极、ALT FL 熔断丝、ECU +B 电路保护元件后得到的,作为 ABS ECU 自诊断系统故障代码存储器信息保持的电源,只要不拔下 ECU +B 熔断丝或拆下蓄电池的负极接线,BAT 引脚就保持通电状态。

2. 电磁阀继电器电路

液压控制单元中三位三通电磁阀继电器的电磁线圈一端与 ECU 的 R –（A16 – 10）脚相连,属于继电器搭铁端;另一端接 SR（A19 – 9）脚。当接通点火开关后,若系统自检结果正常,则 ABS ECU 控制 SR 端就有电流输出,这一电流流过电磁继电器线圈后,就会使其内的②③触点闭合,向 3 个三位三通电磁阀的线圈 L_1 ~ L_3 供电。同时也经电阻 R_1 加至 ABS ECU 的 AST（A17 – 12）脚作为检测信号。

ABS 系统工作时,ABS ECU 的自诊断系统经 AST 监测 ABS 液压单元电磁阀继电器的工作。当 ABS ECU 向液压单元电磁阀继电器 KA_1 发送 ON（接通）信号时,若 ECU 监测 AST 脚的电压为 0 V,则就产生故障代码 11,说明电磁阀继电器有断路故障;若 ECU 监测 AST 脚的电压为蓄电池电压,则产生故障代码 12,说明 ABS 液压单元电磁继电器有短路现象。

若自检中发现 ABS 控制电路中有故障,则 ABS ECU 立即切断电磁继电器 KA_1 线圈的电路,闭锁 ABS 的控制,使制动系统的工作情况与无 ABS 的系统工作情况相同。

3. 三位三通电磁阀电路

液压控制单元中有 3 个三位三通电磁阀,其电磁阀的线圈分别为 L_1、L_2、L_3。L_1 线圈受控于 ABS ECU 的 SFR（A17 – 1）脚,L_2 线圈受控于 ABS ECU 的 SFL（A16 – 8）脚,L3 线圈受控于 ABS ECU 的 SRR（A17 – 6）脚。ABS ECU 输出不同信号,对电磁阀线圈的电流强度（0、2 A、5 A）进行控制,从而改变滑阀的位置和制动液的通道,实现对车轮制动器的增压、保压、降压的调节,防止车轮抱死。同时,自诊断系统还监视各电磁阀的工作。

4. 回流泵电机及其继电器电路

回流泵电机继电器 KA_2 线圈的一端接 ABS ECU 的 R –（A16 – 10）端;另一端接 MR（A17 – 10）脚,用以控制回流泵电机的电源。当制动压力调节进入降压阶段时,ECU 经 MR 脚接通回流泵电机继电器线圈电流的通路,使其内的触点闭合。这样,蓄电池正极输出的电流,经 ABS FL 熔断丝、回流泵电机继电器的触点后分成两路:一路加压回流泵驱动电机上,使其运转;另一路经

降压电阻 R_2,作为检测信号加至 ABS ECU 的 MT(A17 - 8)脚。

当自诊断系统经 MT 端检测到回流泵电机继电器电路出现故障时,ABS ECU 内的安全保护功能启动工作,切断回流泵电机继电器 KA₂ 线圈的电流通路,闭锁 ABS 控制系统,从而达到了自动保护的目的。

5. 车轮转速传感器电路

前后车轮转速传感器共有四路:前左车轮速度传感器分别与 ABS ECU 的 FL + (A16 - 15)和 FL - (A16 - 14)脚相连;前右车轮速度传感器分别与 ABS ECU 的 FR + (A16 - 13)和 FR - (A16 - 12)脚相连;后左车轮速度传感器分别与 ABS ECU 的 RL + (A16 - 11)和 RL - (A16 - 3)脚相连;后右车轮速度传感器分别与 ABS ECU 的 RR + (A16 - 9)和 RR - (A16 - 2)脚相连。

6. 制动灯开关电路

制动灯开关 SA₁ 一端通过 STOP 熔断丝与蓄电池正极相连,另一端与 ABS ECU 的 STP(A17 - 3)脚相连。

当踩下制动踏板时,制动开关 SA₁ 接通,蓄电池经过 ALT FL、STOP 电路保护装置、制动灯开关 SA₁ 后分成两路;一路经制动灯故障传感器、制动灯 H₁、搭铁至蓄电池负极,使制动灯 H₁ 点亮发光;另一路经 STP 端进入 ABS ECU 内,作为制动踏板是踩下还是放开的检测信号。

7. 驻车制动开关电路

驻车制动开关 SA₂ 连接在驻车警示灯与 ABS ECU 的 PKB(A17 - 5)脚相接的连线上。

当手制动拉起时,驻车制动开关 SA₂ 闭合,点火开关输出的蓄电池电压经 FU₁ 熔断丝、驻车制动和液位警示灯 H₂、驻车制动开关 SA₂、搭铁至蓄电池负极,使 H₂ 点亮。

同时,驻车制动开关接通的信号也经 PKB 端进入 ABS ECU 内,作为手制动拉起(或放开)的检测信号。

8. ABS 警告灯

ABS 警告灯 H₃ 一端通过熔断丝 FU₁、点火开关、AM₁ FL 易熔线、ALT FL 易熔线与蓄电池正极相连,H₃ 的另一端与 ABS ECU 的 WA(A17 - 2)脚相连。

ABS 防抱死制动系统工作时,其自诊断系统监视各传感器和执行器的工作情况,若发现有故障,一方面从其 WA 脚输出低电平,使 ABS 警告灯点亮,同时闭锁 ABS 控制作用,并将故障代码存入存储器中。当 ABS 维修连接器脱开,诊断插头或 TDCL 的相应端子被短接后,ABS 警告灯立即闪烁,输出故障代码。完成上述操作后如果 ABS 警告灯不亮或持续亮,不输出故障代码,也不输出正常代码,则表明 ABS 警告灯电路有故障。

9. 诊断插头

ABS 诊断插头连接在 ABS ECU 的 TS(A17 - 11)、D/G(A16 - 1)与 TC(A16 - 4)脚上,其中诊断插头主要用于手工调故障代码,一般安装在发动机室内;TDCL 插头主要用于解码器调故障代码,也可用于手工调故障代码,一般安装在驾驶室内仪表板下。

诊断系统具有两种诊断模式,即一般模式和试验模式。

一般模式下调故障代码时,应用短导线将诊断插头的 TE₁ 与 E₁ 端短接,由仪表板上的故障灯从小到大地逐一显示出故障代码。当存储的故障代码全显示完后,应脱去短接线,否则故障灯将重复显示故障代码。

试验模式下调故障代码是在汽车运行状态下进行的,它可以检测到一般模式下难检测到的故障,而且具有较高的灵敏度。

第二节　本田汽车电路图的分析

一、本田汽车电路图中符号的含义

本田汽车电路图中各种符号的含义见表6-5。

表6-5　本田汽车电路图中各种符号的含义

蓄电池	搭铁点 GROUND	元件外壳搭铁	熔断丝	电磁线圈	点烟器
电阻	可变电阻	热敏电阻器	点火开关	灯泡	加热器
电动机	泵	断电器	喇叭	二极管	扬声器
天线 椭杆式　窗式		三极管	开关 常开式开关　常闭式开关		发光二极管
继电器 常开式继电器　常闭式继电器		电容器	输入　输出	插接器	舌簧开关

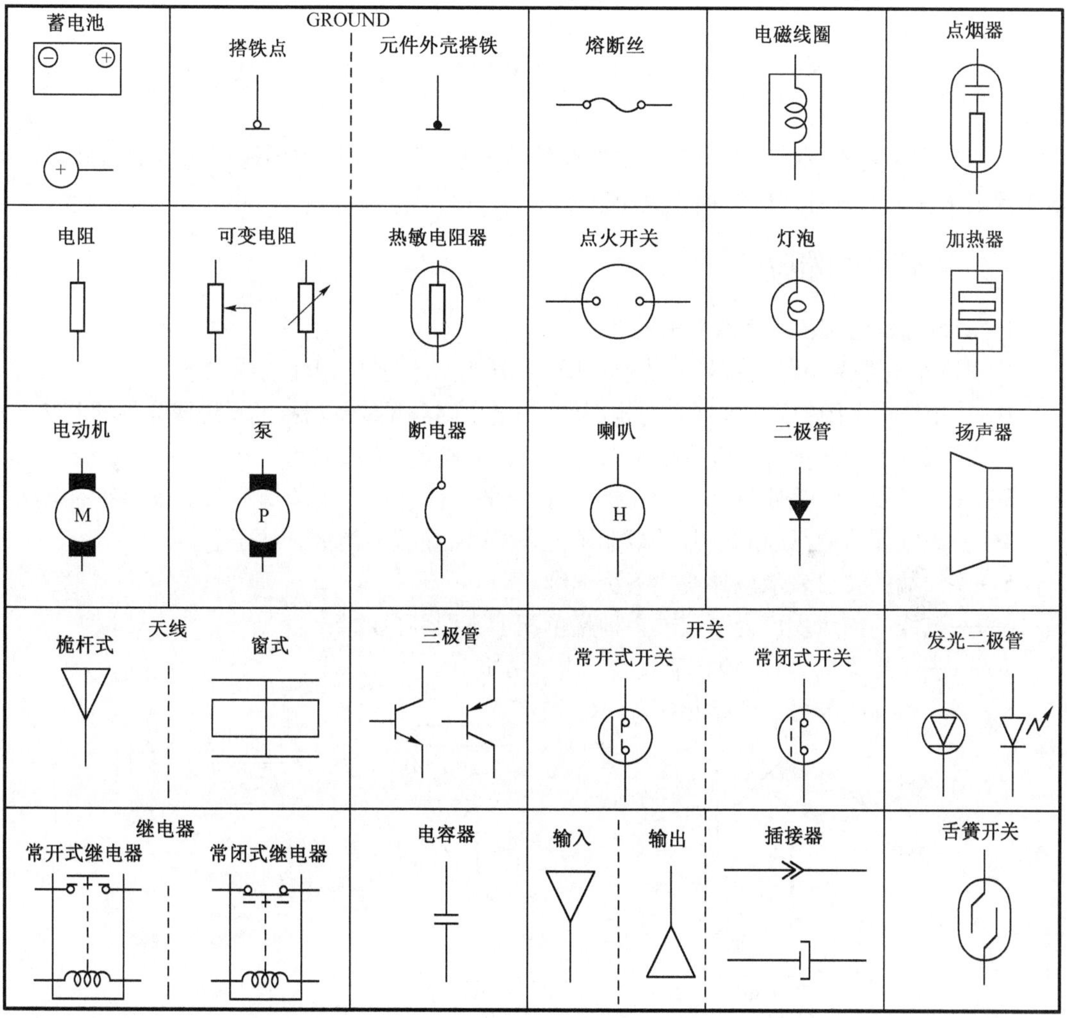

二、导线

在电路图中,线路部分都是以粗实线画出,集中在图的中间部分。每条导线上都有颜色,其颜色是指导线绝缘层的颜色,有单色线和双色线,以英文缩写来表示,对应关系见表6-6。

表6-6　导线的颜色

代号	颜色	代号	颜色	代号	颜色
BLK	黑色	GRN	绿色	PUR	紫色
WHT	白色	ORN	橙色	LT BLU	淡蓝色
RED	红色	PNK	粉红色	LT GRN	淡绿色
YEL	黄色	BRN	棕色		
BLU	蓝色	GRY	灰色		

如果导线是双色的,则以两种颜色英文缩写共同组成,例如"WHT/BLK",斜杠"/"前面的"WHT"指导线颜色的本色或底色,而斜杠"/"后面"BLK"指条纹部分为黑色,为了方便起见,把它叫做白黑线。

同一电气系统中颜色相同但不同的导线加用上角标以示区别,如 BLU^2 与 BLU^3 是不同的导线。

本田轿车的电路图导线并没有标出导线的截面积,只是根据和导线相连接的熔断丝的通电电流的大小来判断导线的截面积大小。

三、本田汽车电路图特点

1. 本田汽车电路图中线路符号的特点

本田汽车电路图中线路符号的特点如图6-10所示。其中图注说明如下:

1——虚线表示图中只显示了部分电路(完整的电路参见箭头所指的系统或元件的电路)。

2——根据不同的车型或选装件来选择不同的线路(左边或右边)。

3——在导线的连接处只标出了线接头,接线的详情参见箭头所指的系统或元件的电路。

4——虚线表示蓝/红和红/蓝导线端子均在 C124 插接器的接线端子上。

5——线端的波浪表示该导线在下页继续。

6——电线的绝缘皮可为单色或一种颜色配上不同颜色的条纹。

7——表示导线接至另一侧(箭头表示电流方向)。

8——表示导线与另一电路相接。

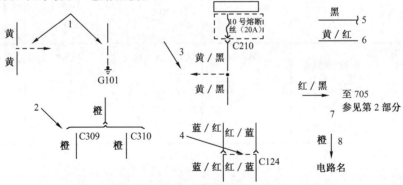

图6-10　本田汽车线路符号的特点

2. 本田汽车电路图中接线端子、搭铁线连接符号的特点

本田汽车电路图中接线端子、搭铁线连接符号的特点如图 6 - 11 所示。其中图注说明如下：

1——插接器"C"。

2——插孔。

3——插头。

4——每个插接器都有标号（以字母"C"开头）以备在元件位置索引中查找。其插头的接线端子的编号从左上开始，对每个接线端子的插孔和插头进行编号，使对应的插孔和插头号相同。

5——表示接线端子直接与元件连接。

6——表示接线端子与元件的引线连接。

7——导线连接，"S"线路图上的圆点表示线接头。

8——实线表示显示了整个元件。

9——虚线表示只显示了元件的一部分。

10——元件名称出现在符号的右上角，下面是有关元件功能的说明。

11——该符号表示接线端子与汽车的车身连接（每根导线的搭铁都标有以字母"G"开头的搭铁符号，以备在元件位置索引中查找）。

12——表示元件外壳直接与汽车的车身连接搭铁。

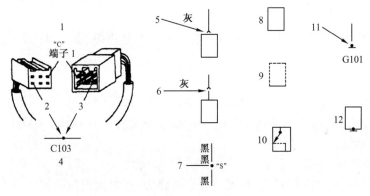

图 6 - 11　接线端子、搭铁线连接符号特点

3. 本田汽车电路图中开关、熔断丝符号的特点

本田汽车电路图中开关、熔断丝符号的特点如图 6 - 12 所示。其中图注说明如下：

1——螺纹连接（每个端子都标有以字母"T"开头的端子号，以备在元件位置索引中查找，端子"T"是一种采用螺钉或螺丝进行连接的接头而不是采用一种推拉型的插接接头）。

2——屏蔽（代表电线周围的无线电频率干涉屏蔽，该屏蔽总是搭铁）。

3——联动开关（虚线表示开关之间的机械连接）。

4——表示点火开关处在接通位置。

5——熔断丝编号。

6——熔断丝的额定电流。

7，8——二极管。

9——线圈(这是一个继电器,其线圈内无电流通过)。

10——常闭触点。

11——常开触点。

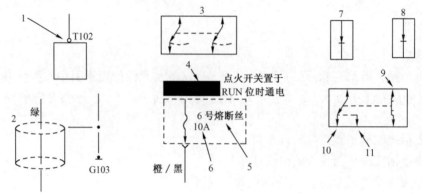

图6-12 开关、熔断丝符号特点

四、本田汽车电路图的范例

本田汽车电路图的范例如图6-13所示。

五、本田汽车电路识图实例

如图6-14所示为广州本田雅阁轿车的电动天窗的电路图,下面以此为例介绍本田汽车电路图的识读方法。

1. 电动天窗继电器电路

当打开点火开关时,电动天窗继电器的电路为:蓄电池正极→多路控制装置(前乘客席侧)→电动车窗继电器(前乘客席侧仪表板下熔断丝/继电器盒)→黑线→G581→蓄电池负极。电动车窗继电器接通。

2. 天窗开启电路

当电动天窗开关打到开启位置时,天窗开启电路为:蓄电池正极→黑线→(发动机盖下熔断丝/继电器盒)No.41(100 A)、No.51(40 A)→白/蓝线→电动车窗继电器触点→(前乘客席侧仪表板下熔断丝/继电器盒)熔断丝 No.7(20 A)→白/黄线→天窗开启继电器线圈→灰/黄线→天窗开关接线端子6→天窗开启开关→天窗开关接线端子2→黑线→G501搭铁→蓄电池负极。此时天窗继电器将触点吸到图6-14中左边位置。

此时,天窗电动机开始工作,天窗开启。其电路为:蓄电池正极→黑线→(发动机盖下熔断丝/继电器盒)No.41(100 A)、No.51(40 A)→白/蓝线→(前乘客席侧仪表板下熔断丝/继电器盒)熔断丝 No.1(30 A)→绿线→天窗开启继电器触点→绿/黄线→天窗电动机接线端子1→天窗电动机→天窗电动机接线端子2→绿/红线→天窗关闭继电器触点→黑线 G501搭铁→蓄电池负极。

3. 天窗关闭电路

当电动天窗开关打到关闭位置时,天窗关闭电路为:蓄电池正极→黑线→(发动机盖下熔断丝/继电器盒)No.41(100 A)、No.51(40 A)→白/蓝线→电动车窗继电器触点→(前乘客席

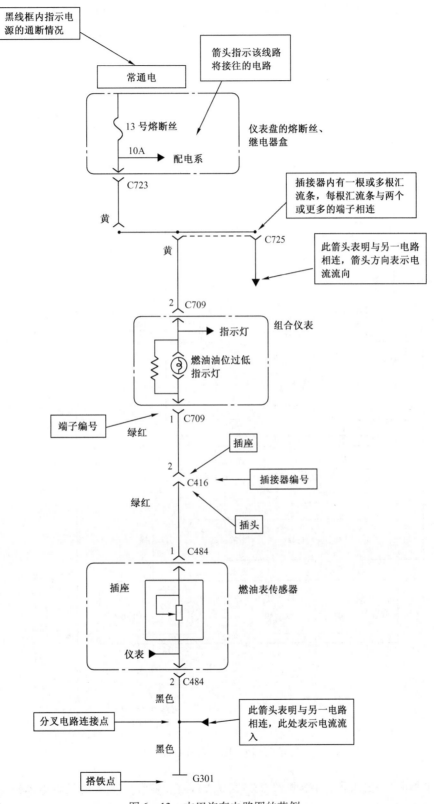

图 6-13　本田汽车电路图的范例

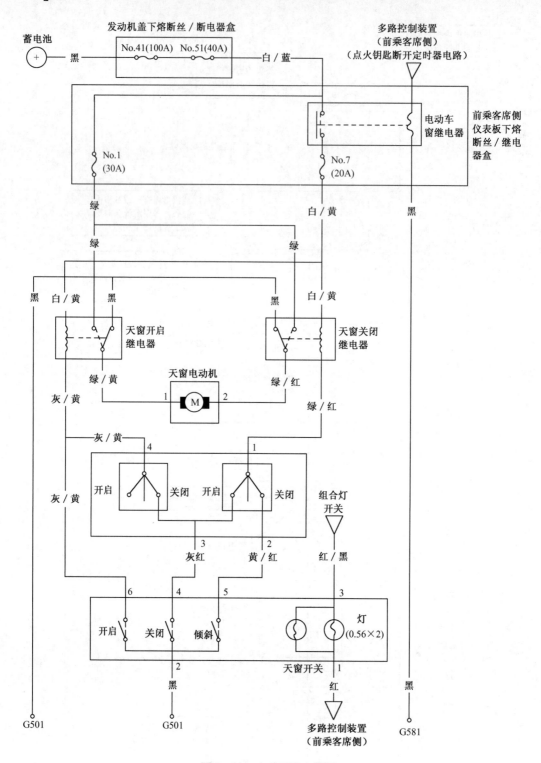

图 6 - 14　电动天窗电路图

侧仪表板下熔断丝/继电器盒)熔断丝 No.7(20 A)→白/黄线→天窗关闭继电器线圈→绿/红
线→天窗倾斜开关关闭触点接线端子 1→天窗倾斜开关关闭触点接线端子 3→灰/红线→天窗

开关接线端子 4→天窗开关→天窗开关接线端子 2→黑线→G501 搭铁→蓄电池负极。此时,天窗关闭继电器接通,将触点吸到图 6－14 中右边位置。

此时,天窗电动机开始工作,天窗关闭。其电路为:蓄电池正极→黑线→(发动机盖下熔断丝/继电器盒)No.41(100 A)、No.51(40 A)→白/蓝线→熔断丝 No.1(30 A)(前乘客席侧仪表板下熔断丝/继电器盒)→绿线→天窗关闭继电器触点→绿/红线→天窗电动机接线端子 2→天窗电动机→天窗电动机接线端子 1→绿/黄线→天窗开启继电器触点→黑线 G501 搭铁→蓄电池负极。

第三节　三菱汽车电路图的分析

一、电路图中使用的符号及含义

三菱汽车电路图中使用的符号及含义见表 6－7。

表 6－7　三菱汽车电路图中使用的符号及含义

符号	含义	符号	含义	符号	含义
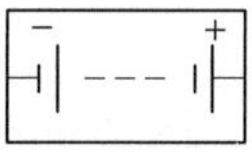	蓄电池	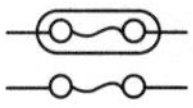	熔断丝		易熔线
 阴侧 阳侧	插接器	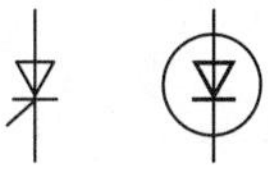	晶闸管 整流器		线路经 车身搭铁
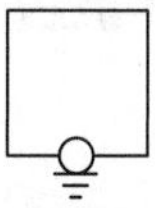	电器壳体 本身搭铁		ECU 内部搭铁		电动机
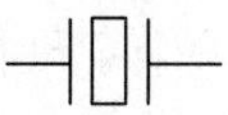	压电元件		单丝灯泡	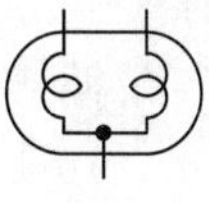	双丝灯泡
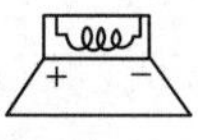	扬声器	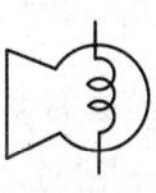	喇叭		电阻器
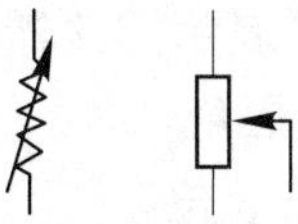	可变 电阻器		线圈	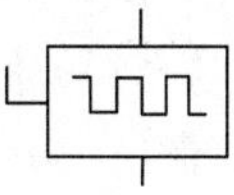	脉冲 发生器
	发光 二极管		二极管		稳压 二极管
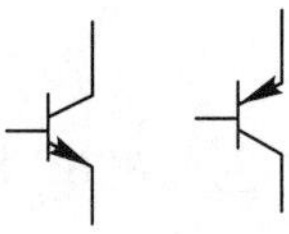	三极管		蜂鸣器		光敏 二极管

续表

符号	含义	符号	含义	符号	含义
	电容器		无连接点的交叉线		绞接线
	谐音警报器		光敏三极管		

二、插接器

1. 插接器图形表示方法

插接器的图形表示方法如图 6 – 15 所示。

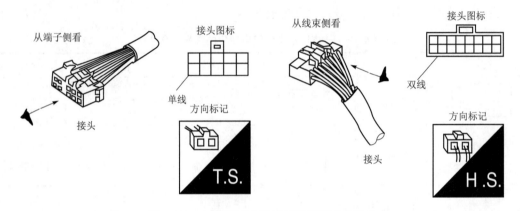

图 6 – 15　三菱汽车电路图插接器图形表示法

2. 插接器的符号

如图 6 – 16 所示,插接器的符号采用阿拉伯数字和英文字母组合表示。第一个字母符号表示插接器的安装位置,图中字母 A 表示该插接器安装在发动机室;字母后面的阿拉伯数字表示顺序号(特殊号),图中 12 表示该插接器的顺序号是 12;括号内的阿拉伯数字表示插接器接线端子的数量,图中 6 表示该插接器有 6 个接线端子;括号内的英文字母表示插接器的颜色,图中字母 B 表示该插接器的颜色为黑色。

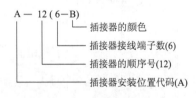

图 6 – 16　三菱汽车电路图插接器的符号

（1）插接器安装位置代码。插接器安装位置代码的含义如下:A—发动机室;B—变速器;C—仪表板;D—驾驶室;E—车门;F—车顶。

（2）插接器的顺序号。插接器顺序号在配线图中按顺时针方向排列,其插接器所连接的零部件可见有关附表。

3. 插接器的颜色

当插接器符号内无表示颜色的字母时,表示插接器是乳白色,插接器其他颜色见表 6 – 8。

表 6-8　插接器的颜色

符　号	颜　色	符　号	颜　色	符　号	颜　色
B	黑色	Y	黄色	L	蓝色
G	绿色	R	红色	BR	棕色
V	紫罗兰	O	橙色	GR	灰色

4. 插接器的标记

插接器的标记见表 6-9。

表 6-9　插接器的标记

名　称		图　形	符　号	内　容
插接器	插头	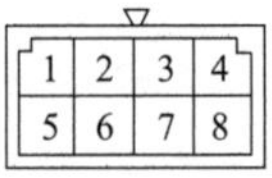		双轮廓线表示插接器的插头
	插座	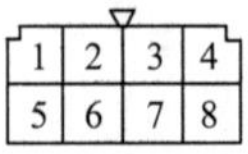		一根轮廓线表示插接器的插座
接线端子排列顺序	器件上的插接器及线束中的插接器	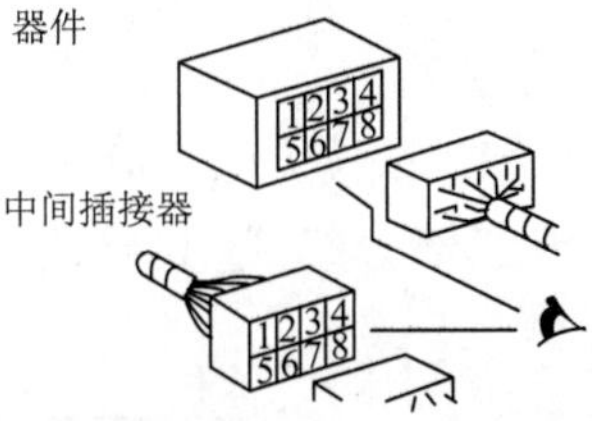	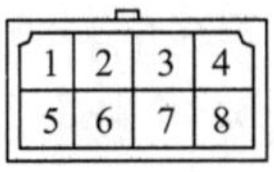	以图示方向看,在与器件连接时,表示器件侧的插接器符号,对于中间插接器表示插座符号
插接器的连接标记	直接连接形式	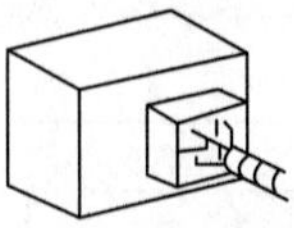	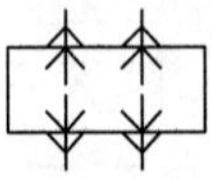	电气零部件与插接器直接连接
	配线连接形式	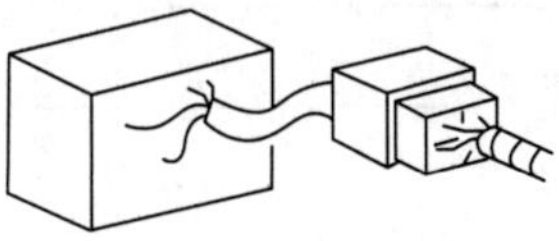	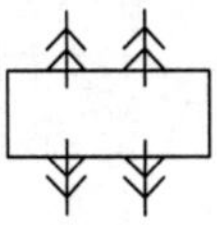	电气零部件通过导线与插接器连接
	中间连接形式插接器	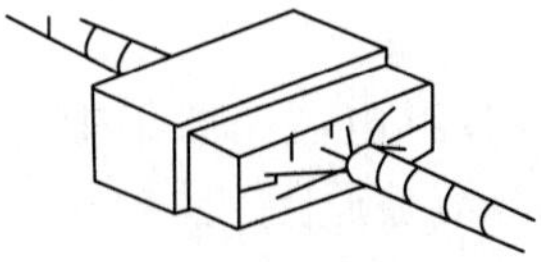		线束连接时采用中的插接器

三、导线

1. 导线的颜色

在线路图中,配线颜色用字母代号表示,字母代号的含义见表6-10。例如,线路图中导线颜色编号为R,则说明在实际电路中,导线颜色为红色。如果导线为双色,则用第一个字母表示配线基本颜色,第二个字母表示配线的条纹颜色。例如导线颜色编号为B—W,则在实际电路中,导线的基本颜色为黑色,条纹颜色为白色。

表6-10　导线颜色

字　　母	导线的颜色	字　　母	导线的颜色
B	黑色	P	粉红色
BR	紫色	R	红色
G	绿色	SB	天蓝
GR	灰色	V	紫罗兰
L	蓝色	W	白色
LG	浅绿色	Y	黄色
O	橙色		

2. 导线的代号

电路图中采用代号表示导线的特点,只要掌握其识读方法,即可确定导线的截面积和导线的颜色。三菱汽车导线的代号一般由两部分或三部分组成,其导线代号的含义如图6-17所示。

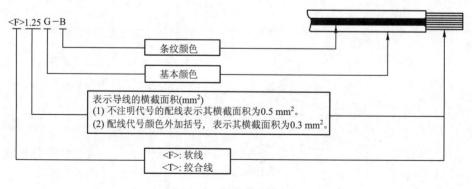

图6-17　导线代号的含义

四、继电器

三菱汽车采用多个继电器控制不同电路,各种继电器一般集中安装在不同的位置。当电路出现故障时,必须确定继电器的位置,以便查找故障原因。

五、易熔线和熔断丝

三菱汽车的易熔线和熔断丝一般集中安装在驾驶室和发动机舱两个位置。如图 6 – 18 所示为三菱帕杰罗汽车驾驶室和发动机舱配电盒的安装位置，如图 6 – 19 所示为各种易熔线和熔断丝的安装位置。

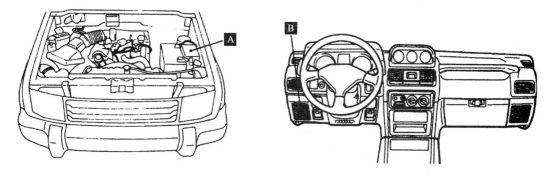

图 6 – 18　三菱帕杰罗汽车驾驶室和发动机舱配电盒的位置

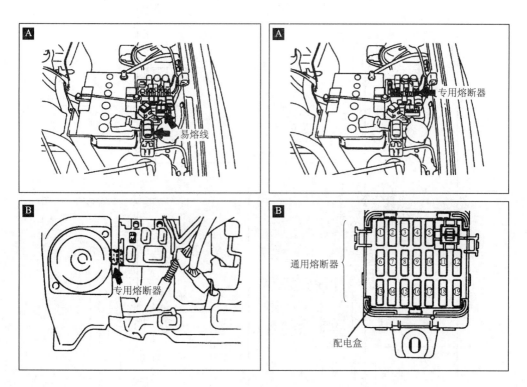

图 6 – 19　易熔线和熔断丝的安装位置

六、搭铁点

三菱汽车有多个搭铁点，每个搭铁点采用不同数字表示并与电路图的相同数字搭铁点相互对应。

七、三菱汽车电路图的范例

三菱汽车电路图为便于了解电流的流动方向,电源部分画在电路图的顶部,搭铁(接地)部分画在电路图的底部。三菱汽车电路图的标示方法如图 6 – 20、图 6 – 21 所示,电路图中各部分的含义如下:

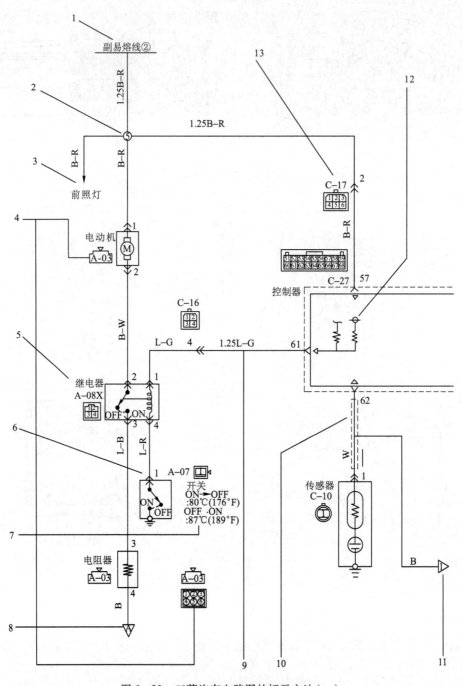

图 6 – 20   三菱汽车电路图的标示方法(一)

1——电源,一般位于图的顶部。

2——与其他系统用电器的电路接合点的编号,与该系统线路图上的接合点编号一致。

3——线路所接的其他系统用电器的名称。

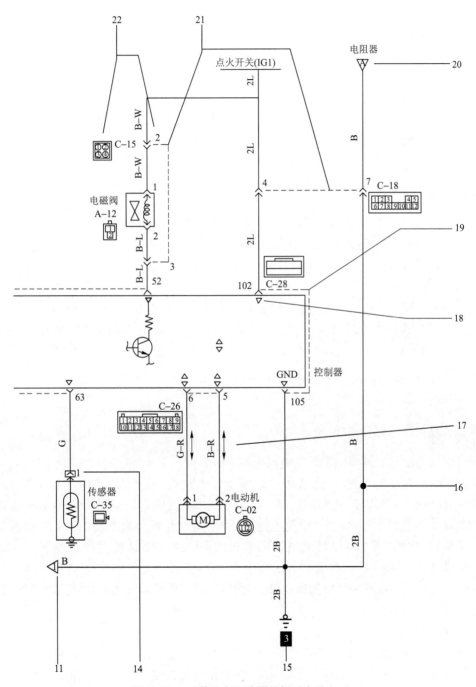

图6-21　三菱汽车电路图的标示方法(二)

4——如果无位置画出插接器,可将插接器的顺序号写在符号 ⌷ 内的空白位置。

5——插接器顺序号后面的"X"表示该插接器被连接到组合接头上。

6——单极插接器的情况下,省略端子数和插接器的代号。

7——表示电器部件的工作状态,此处表示的是发动机冷却液温度控制开关的工作条件。

8——表示此图与另外一图中的同一线路在 Ⓐ 处连接。

9——导线的标注方法。"1.25"表示导线的截面积为 1.25 mm^2,若没有标注尺寸为 0.5 mm^2;"L"表示导线绝缘基本底色为蓝色;"G"表示导线绝缘上的条纹色为绿色。

10——表示屏蔽线。

11——表示两页上的配线连接。

12——表示控制器的电源,如果没有标出电压数值的大小,即指系统电压。

13——表示插接器的顺序号,与电气配线图中所使用的顺序号相同。

14——表示此端子是备用端子,用于标准车型中不提供的元器件,本例子中是传感器。

15——表示车身搭铁(接地)点,编号与电气配线图及零部件安装位置图中的接地点相同,一般位于图的底部。

16——表示配线接头,在此接头处导线的截面积或颜色发生改变。

17——表示由控制器控制的电流可向下或向上流动。

18——表示输入控制器及从控制器输出的电流方向,具体表示方法如图 6 - 22 所示。

19——两个或两个以上的插接器接在同一器件上时,在同一插接器上的接头用虚线连接。

图 6 - 22 输入/输出控制器的电流方向

20——表示接自前一页电路 Ⓐ 点的图。

21——虚线表示这些插接器是相同的中间插接器。

22——表示插接器的接线端子号。

八、三菱汽车电路图的实例

下面以三菱帕杰罗轿车照明系统电路为例进行分析。

尾灯、车宽灯、车牌灯的电路如图 6 - 23 所示。当照明开关位于"TAIL"(小灯)挡时,照明开关内活动触点与"TAIL"触点连通,尾灯继电器的电磁线圈通电,其电路是:(蓄电池正极→截面积 8 mm^2 白色导线)→发动机室配电盒 10 号 40 A 易熔线→截面积 0.5 mm^2 红色导线→A - 21 插接器接线端子 2→尾灯继电器的电磁线圈→A - 21 插接器接线端子 4→截面积 0.5 mm^2 绿/白色导线→C - 57 插接器接线端子 10→照明开关"TAIL"(小灯)挡→截面积 0.5 mm^2 黑色导线→搭铁→蓄电池的负极。此时,尾灯继电器触点闭合,尾灯、车宽灯、车牌灯点亮,其电路如下:

1. 车宽灯电路

蓄电池正极→截面积 8 mm^2 白色导线→发动机室配电盒 10 号 40 A 易熔线→截面积 3 mm^2 红色导线→A - 21 插接器接线端子 1→尾灯继电器的触点→A - 21 插接器接线端子1→截面积 2 mm^2 红色导线→5 号专用熔断丝→截面积 0.5 mm^2 绿/白色导线→A - 29 插接器接线端子 1→左车宽灯→A - 29 插接器接线端子 2→截面积 0.5 mm^2 黑色导线→搭铁→蓄电池

的负极。

相同原理,右车宽灯的电路:5 号专用熔断丝→截面积 $0.5~\mathrm{mm^2}$ 绿/白色导线→A－48 插接器接线端子 1→左车宽灯→A－48 插接器接线端子 2→截面积 $0.5~\mathrm{mm^2}$ 黑色导线→搭铁→蓄电池的负极。

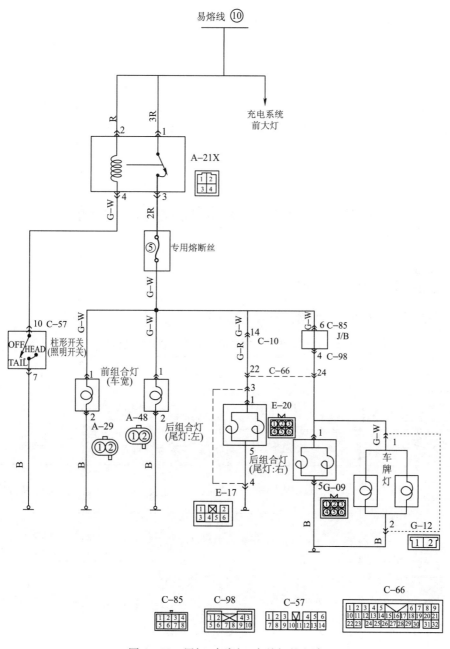

图 6－23　尾灯、车宽灯、车牌灯的电路

2. 尾灯电路

左尾灯电路:5 号专用熔断丝→截面积 $0.5~\mathrm{mm^2}$ 绿/白色导线→C－10 插接器接线端子 1→

截面积 0.5 mm² 绿/红色导线→C-66 插接器接线端子 22→E-17 插接器接线端子 3→E-20 插接器接线端子 1→左尾灯→E-20 插接器接线端子 5→E-17 插接器接线端子 4→搭铁→蓄电池的负极。

右尾灯电路:5 号专用熔断丝、截面积 0.5 mm² 绿/白色导线→C-85 插接器接线端子 6→跨接 C-98 插接器接线端子 4→C-66 插接器接线端子 24→截面积 0.5 mm² 绿/白色导线→G-09 插接器接线端子 1→右尾灯→G-09 插接器接线端子 5→截面积 0.5 mm² 黑色导线→搭铁→蓄电池的负极。

3. 车牌灯电路

5 号专用熔断丝→截面积 0.5 mm² 绿/白色导线→C-85 插接器接线端子 6→跨接 C-98 插接器接线端子 4→C-66 插接器接线端子 24→截面积 0.5 mm² 绿/白色导线→G-12 插接器接线端子 1→车牌灯→G-12 插接器接线端子 2→截面积 0.5 mm² 黑色导线→搭铁→蓄电池的负极。

第四节　马自达汽车电路图的分析

一、电路图中使用的符号及含义

马自达汽车电路图中使用的符号及含义见表 6-11。

表 6-11　马自达汽车电路图中使用的符号及含义

符　　号	含　义	符　　号	含　义
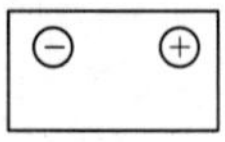	蓄电池		易熔线
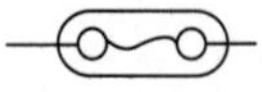	管状熔断丝		片状熔断丝
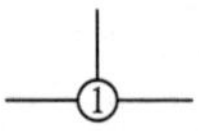	通过导线搭铁	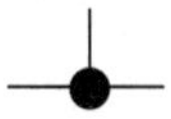	通过电器部件外壳搭铁
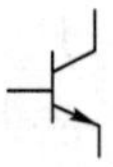	NPN 型三极管	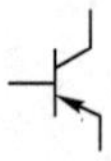	PNP 型三极管
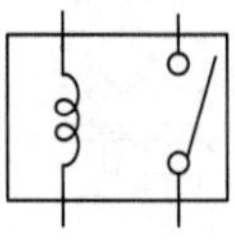	常开式继电器	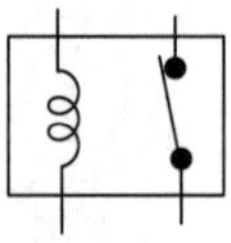	常闭式继电器
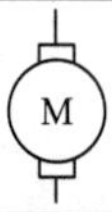	电动机	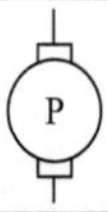	泵
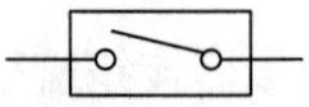	常开开关	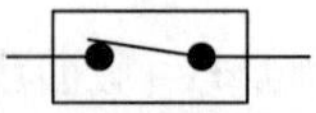	常闭开关

符　号	含　义	符　号	含　义
	不连接的交叉导线		有连接点的交叉导线
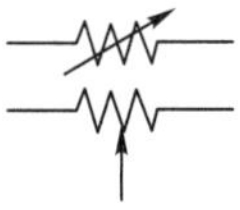	可变电阻式传感器	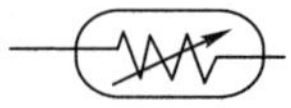	热敏电阻式传感器
	电容器		二极管
	点烟器	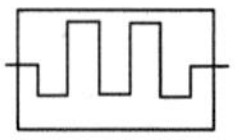	电加热器
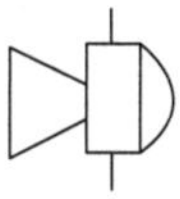	喇叭	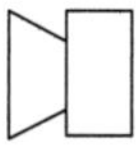	扬声器
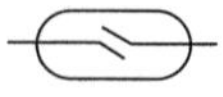	车速传感器	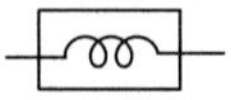	电磁线圈
	发光二极管		稳压二极管
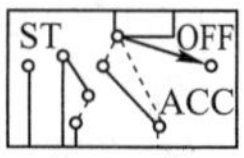 ST OFF ACC	点火开关	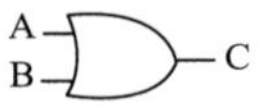 A B ⊃ C	逻辑符号"或"
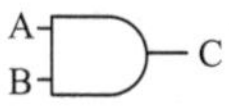 A B ⊃ C	逻辑符号"与"	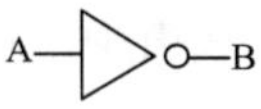 A ▷∘ B	逻辑符号"非"
 3~4W	灯泡	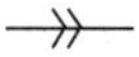 →»	插接器

二、插接器

1. 插接器图形表示方法

插接器的图形表示方法见表6 – 12。

表6 – 12　马自达汽车电路图中插接器图形表示法

名　称		图　形	电路图符号	内　容
插接器	插头（凸插头）	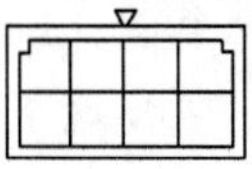	 ↓	双轮廓线表示插接器的插头
	插座（凹插头）	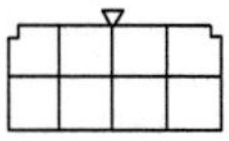	 ⅄	一根轮廓线表示插接器的插座
插接器		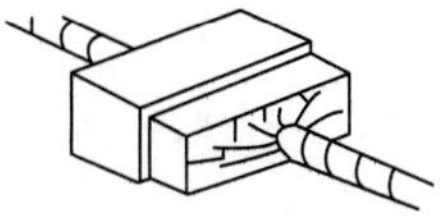	 ⇑	线束连接时采用的插接器

2. 插接器的代号

插接器的代号采用英文字母和阿拉伯数字组合表示。不同时期出厂的马自达汽车,插接器的英文字母代表的含义不尽相同,近几年插接器代号中前缀英文字母表示插接器所连接的系统名称,其具体的含义见表6-13。

表6-13　插接器连接的系统

代　号	连接的系统	代　号	连接的系统
A	充电系统/启动系统的接线端子	K	电动车窗、电动门锁系统
B	发动机电子控制系统	L	遥控镜系统
C	仪表控制系统	M	滑动天窗
D	刮水器系统	Q	防抱死制动系统
E	照明系统	S	被动式安全带控制/安全气囊系统
F	信号系统	T	其他系统
G	空调系统	U	数据连接接口
I	内部照明系统	X	常用接线端子
J	音频/收音机	Y	搭铁(接地)

3. 插接器的识读方法

在识读插接器接线端子时,应选择正确方向。对于电器部件与线束连接的插接器,应从线束侧往部件侧方向观看;对于线束中间插接器的观察方向如图6-24所示。

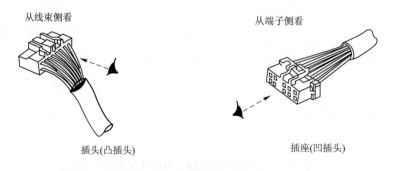

图6-24　插接器的观察方向

插接器的表示方法如图6-25所示,每个插孔中的代号表示此插孔中接线端子所连接导线的颜色代码,插接器边框周围的代号表示接线端子的代号。

1U	1S	1Q	1O	1M	1K	1I	1G	1E		1C	1A
LG/W	L/O	G/B	W/G	G/R	R/W	B/Y	*	*		B/L	L/R
G/Y	*	L/B	L/Y	BR	V	G/W	LG	LG/R		W	R/B
1V	1T	1R	1P	1N	1L	1J	1H	1F		1D	1B

接线端子的代号 ← 1A
此接线端子所连接导线的颜色代码 ← L/R

图6-25　插接器的表示方法

三、导线的颜色

如图 6 – 26 所示，在线路图中，配线颜色用字母代号表示，字母代号的含义见表 6 – 14。例如，线路图中导线颜色编号为 R，则说明在实际电路中，导线颜色为红色。如果导线为双色，则用第一个字母表示配线基本颜色，第二个字母表示配线的条纹颜色。例如导线颜色编号为 LY，则在实际电路中，导线的基本颜色为蓝色，条纹颜色为黄色。

表 6 – 14　导线颜色

字　　　母	导线的颜色	字　　　母	导线的颜色
B	黑色	P	粉红色
BR	棕色	R	红色
G	绿色	S	银色
GR	灰色	V	紫色
L	蓝色	W	白色
LG	浅绿色	Y	黄色
O	橙色		

图 6 – 26　导线的颜色

四、易熔线、熔断丝和继电器

马自达汽车的易熔线、熔断丝和继电器一般集中安装在驾驶室和发动机舱两个位置。

1. 发动机舱内配电盒

马自达 6（M）轿车发动机舱内配电盒的位置如图 6 – 29 所示。

2. 驾驶室内配电盒

马自达 6（M）轿车驾驶室内配电盒的位置如图 6 – 30 所示。

五、马自达汽车电路图的范例

马自达汽车电路图为便于识读，在电路图上方标有各系统名称；为便于理解电源部分画在电路图的顶部，搭铁（接地）部分画在电路图的底部。马自达汽车电路图的标示方法如图 6 – 27、图 6 – 28 所示，电路图中各部分的含义如下：

1——易熔线。图中主易熔线，额定容量 100A，一般位于电路图的上部。

2——系统名称标题，一般位于电路图的顶部。

3——插接器接线端子的代号。图中 X – 03 表示插接器的代号，D、C 表示该插接器接线端子的代号。

4——导线的颜色。"B"表示导线绝缘基本底色为黑色，"W"表示导线绝缘上的条纹色为白色，(F) 表示该导线的安装位置属于汽车前部线束的配线。

5——JB – 01 表示配电盒插接器的代码，A 表示该插接器接线端子的代号。

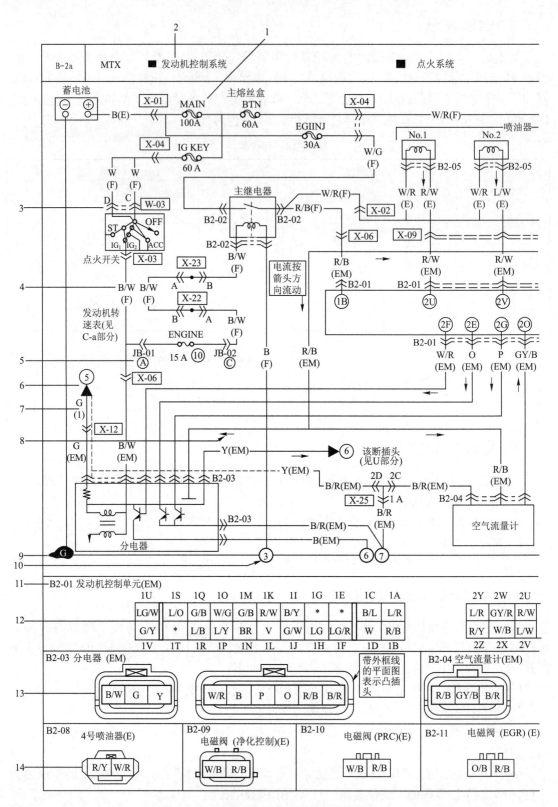

图 6 - 27　马自达汽车电路图的标示方法(一)

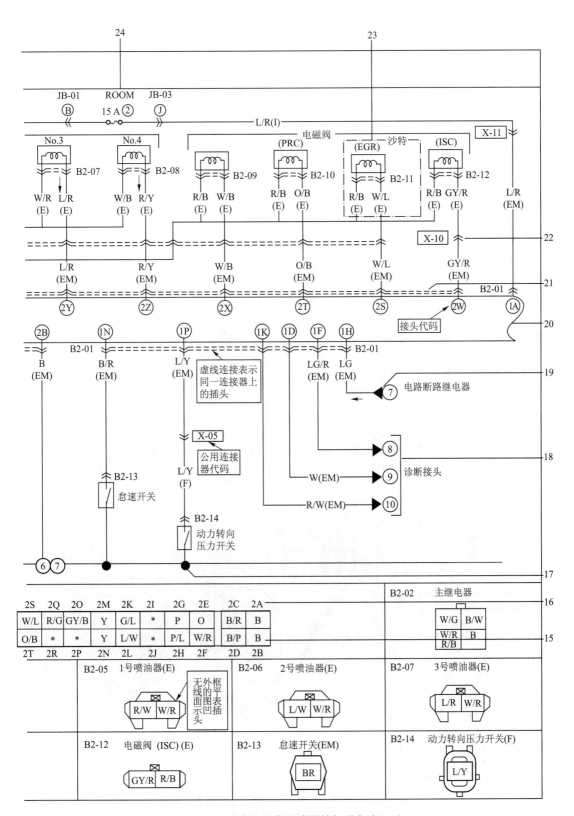

图 6-28　马自达汽车电路图的标示方法(二)

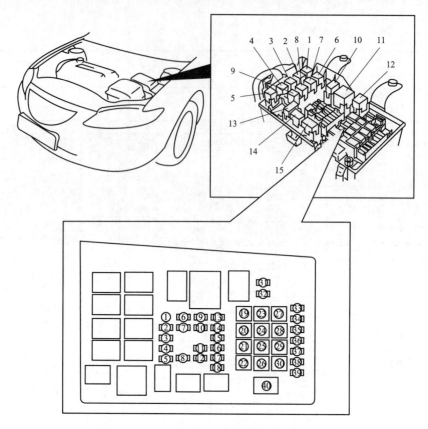

图 6-29   马自达 6 轿车发动机舱配电盒的位置

1—冷却风扇继电器 No.2;2—喇叭继电器;3—冷却风扇继电器 No.3;4—启动继电器;5—冷却风扇继电器 No.4;
6—低音喇叭继电器;7—后窗除霜继电器;8—后雾灯继电器;9—空调继电器;10—主继电器;11—前照灯继电器;
12—TNS 继电器;13—冷却风扇继电器 No.1;14—前照灯清洁器继电器;15—前雾灯继电器

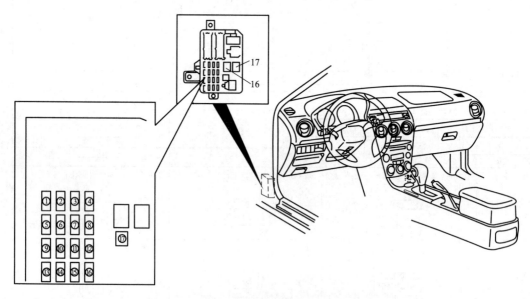

图 6-30   马自达 6 轿车驾驶室内配电盒的位置

1—燃油泵继电器;2—鼓风机继电器

6——线路所接的其他系统用电器的名称。图中表示该导线连接到发动机转速表。

7——表示屏蔽的配线。

8——表示电流按箭头方向流动。

9——搭铁(接地)符号

10——线束通过导线搭铁(接地),该编号与搭铁(接地)图中编号一致,一般位于电路图的底部。

11——插接器的代号和名称接。图中插接器的代号是 B2 – 01,插接器所在电器部件的名称是发动机控制单元。

12——表示插接器端面示意图。

13——带外框线的平面图表示插头(又称为凸插头)。

14——带外框线的平面图表示插座(又称为凹插头)。

15——表示连接在该接线端子上导线的颜色。图中表示连接在 2B 接线端子上的导线颜色为黑色。

16——插接器边框周围的代号表示插接器各个接线端子的代号。

17——表示电器部件壳体搭铁(接地)。

18——线路中断,文字指示该电路接往另一电路图中圈内数字相同的电路上。

19——箭头尖端指示电流方向。

20——弧线表示电器部件的一部分。

21——两个或两个以上的插接器连接在同一器件上时,在同一插接器上的接线端子用虚线连接。

22——表示插接器的符号。

23——仅限用于沙特阿拉伯的车型。

24——熔断丝。图中表示额定容量 15 A 的熔断丝。

六、马自达汽车电路图的实例

马自达 929 型汽车电动车窗、电动车门锁的电路图如图 6 – 31 所示。车门锁电路由易熔线(40 A)、30 A 熔断丝、车门锁开关、4 只车门锁电机共同组成。车门锁开关是一种双掷三位开关,双掷开关联动,其符号如图 6 – 31 所示。4 只车门锁电机组件用字母表示,其中:FL—前左侧车门锁电动机组件;FR—前右侧车门锁电动机组件;RL—后左侧车门锁电动机组件;RR—后右侧车门锁电动机组件。

车门锁电路首先经过如下电路:蓄电池正极→X – 01 插接器→主熔断丝座中的 40 A 熔断丝→白/红色导线(汽车前部配线)→编号为 JB 的第 7(或 07)号插接器的接线端子 A→配电盒 2 号 30 A 熔断丝→编号为 JB 的第 4(或 04)号插接器的接线端子 D→白/绿色导线(第 1 车门配线)→编号为 JB 的第 3(或 03)号插接器→白/绿色导线(地板配线)→车门锁开关插接器 JB – 14→车门锁开关。依据车门锁开关 SA_1、SA_2 处于不同挡位,然后经过不同电路。

1. 车门锁开关触点 1 与触点 2 接通

当车门锁开关第一、第二掷的触点 1、触点 2 接通时,使门锁电机正转,形成了下述电流通路:车门锁开关 SA_1 闭合的触点 1、触点 2→车门锁开关插接器 JB – 14→蓝色导线(地板配线),之后分成 4 路:FL 电机电路、FR 电机电路、RL 电机电路、RR 电机电路。

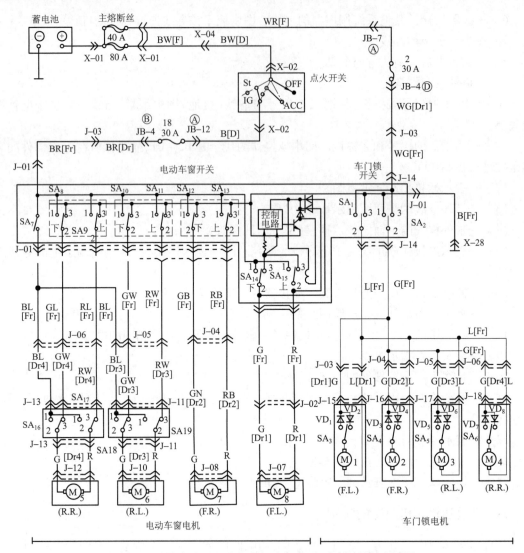

图6-31   马自达929型汽车电动车窗、电动车门锁的电路图

(1) FL电机电路。前左侧车门锁电机FL这一路的电流通路:车门锁开关SA_1闭合的触点1、触点2→车门锁开关插接器JB-14→蓝色导线(地板配线)→编号为JB的第03号插接器→蓝色导线(第1车门配线)→编号为JB的第15号插接器→前左侧车门锁电机M_1→车门锁开关SA_3(当该开关拨至另一端时,M_1电动机反转)→隔离二极管VD_1→编号为JB的第15号插接器→绿色导线(第1车门配线)→编号为JB的第03号插接器→绿色导线(地板配线)→编号为JB的第14号插接器→车门锁开关SA_2的触点1、触点2→编号为JB的第01号插接器→黑色导线(地板配线)→X-28插接器→搭铁→蓄电池负极。

(2) FR电机电路。前右侧车门锁电机FR这一路的电流通路:车门锁开关SA_1闭合的触点1、触点2→车门锁开关插接器JB-14→蓝色导线(地板配线)→编号为JB的第04号插接器→蓝色导线(第2车门配线)→编号为JB的第16号插接器→前右侧车门锁电机M_2→车门锁开关SA_4(当该开关拨至另一端时,M_1电动机反转)→隔离二极管VD_3→编号为JB的第16号插接器→绿色导线(第2车门配线)→编号为JB的第04号插接器→绿色导线(地板配线)→编号为JB的第

14 号插接器→车门锁开关 SA_2 的触点 2、触点 1→编号为 JB 的第 01 号插接器→黑色导线（地板配线）→X－28 插接器→搭铁→蓄电池负极。

（3）RL 电机电路。后左侧车门锁电机 RL 这一路的电流通路：车门锁开关 SA_1 闭合的触点 1、触点 2→车门锁开关插接器 JB－14→蓝色导线（地板配线）→编号为 JB 的第 05 号插接器→蓝色导线（第 3 车门配线）→编号为 JB 的第 17 号插接器→后左侧车门锁电机 M_3→车门锁开关 SA_5（当该开关拨至另一端时，M_1 电动机反转）→隔离二极管 VD_5→编号为 JB 的第 17 号插接器→绿色导线（第 3 车门配线）→编号为 JB 的第 05 号插接器→绿色导线（地板配线）→编号为 JB 的第 14 号插接器→车门锁开关 SA_2 的触点 2、触点 1→编号为 JB 的第 01 号插接器→黑色导线（地板配线）→X－28 插接器→搭铁→蓄电池负极。

（4）RR 电机电路。后右侧车门锁电机 RR 这一路的电流通路：车门锁开关 SA_1 闭合的触点 1、触点 2→车门锁开关插接器 JB－14→蓝色导线（地板配线）→编号为 JB 的第 06 号插接器→蓝色导线（第 4 车门配线）→编号为 JB 的第 18 号插接器→后右侧车门锁电机 M_4→车门锁开关 SA6（当该开关拨至另一端时，M_1 电动机反转）→隔离二极管 VD_7→编号为 JB 的第 18 号插接器→绿色导线（第 4 车门配线）→编号为 JB 的第 06 号插接器→绿色导线（地板配线）→编号为 JB 的第 14 号插接器→车门锁开关 SA_2 的触点 2、触点 1→编号为 JB 的第 01 号插接器→黑色导线（地板配线）→X－28 插接器→搭铁→蓄电池负极。

2. 车门锁开关触点 3 与触点 2 接通

当车门锁开关第一、第二掷的触点 3、触点 2 接通时，使门锁电机反转，形成了下述电流通路：车门锁开关 SA_2 闭合的触点 3、触点 2→车门锁开关插接器 JB－14→绿色导线（地板配线），之后分成 4 路：FL 电机电路、FR 电机电路、RL 电机电路、RR 电机电路。

（1）FL 电机电路。前左侧车门锁电机 FL 这一路的电流通路：车门锁开关 SA_2 闭合的触点 3、触点 2→车门锁开关插接器 JB－14→绿色导线（地板配线）→编号为 JB 的第 03 号插接器→绿色导线（第 1 车门配线）→编号为 JB 的第 15 号插接器→隔离二极管 VD_2→车门锁开关 SA_3 闭合触点→前左侧车门锁电机 M_1→编号为 JB 的第 15 号插接器→蓝色导线（第 1 车门配线）→编号为 JB 的第 03 号插接器→蓝色导线（地板配线）→编号为 JB 的第 14 号插接器→车门锁开关 SA_1 的触点 2、触点 3→编号为 JB 的第 01 号插接器→黑色导线（地板配线）→X－28 插接器→搭铁→蓄电池负极。

（2）FR 电机电路。前右侧车门锁电机 FR 这一路的电流通路：车门锁开关 SA_2 闭合触点 3、触点 2→车门锁开关插接器 JB－14→绿色导线（地板配线）→编号为 JB 的第 04 号插接器→绿色导线（第 2 车门配线）→编号为 JB 的第 16 号插接器→隔离二极管 VD_4→车门锁开关 SA_4 闭合触点→前右侧车门锁电机 M_2→编号为 JB 的第 16 号插接器→蓝色导线（第 2 车门配线）→编号为 JB 的第 04 号插接器→蓝色导线（地板配线）→编号为 JB 的第 14 号插接器→车门锁开关 SA_1 的触点 2、触点 3→编号为 JB 的第 01 号插接器→黑色导线（地板配线）→X－28 插接器→搭铁→蓄电池负极。

（3）RL 电机电路。后左侧车门锁电机 FR 这一路的电流通路：车门锁开关 SA_2 闭合的触点 3、触点 2→车门锁开关插接器 JB－14→绿色导线（地板配线）→编号为 JB 的第 05 号插接器→绿色导线（第 3 车门配线）→编号为 JB 的第 17 号插接器→隔离二极管 VD_6→车门锁 SA_5 闭合触点→后左侧车门锁电机 M_3→编号为 JB 的第 17 号插接器→蓝色导线（第 3 车门配线）→编号为 JB 的第 05 号插接器→蓝色导线（地板配线）→编号为 JB 的第 14 号插接器→车门锁开关 SA_1 的触点 2、触点 3→编号为 JB 的第 01 号插接器→黑色导线（地板配线）→X－28 插接器→搭铁→蓄电池负极。

（4）RR 电机电路。后右侧车门锁电机 RR 这一路的电流通路：车门锁开关 SA_2 闭合的触点 3、触点 2→车门锁开关插接器 JB－14→绿色导线（地板配线）→编号为 JB 的第 06 号插接器→绿色导线(第4车门配线)→编号为 JB 的第 18 号插接器→隔离二极管 VD_8→车门锁开关 SA_6 闭合触点→后右侧车门锁电机 M_4→编号为 JB 的第 18 号插接器→蓝色导线(第4车门配线)→编号为 JB 的第 06 号插接器→蓝色导线(地板配线)→编号为 JB 的第 14 号插接器→车门锁开关 SA_1 的触点 2、触点 3→编号为 JB 的第 01 号插接器→黑色导线(地板配线)→X‑28 插接器→搭铁→蓄电池负极。

第五节　大众汽车电路图的分析

大众汽车公司的电路图遵循德国工业标准 DIN725527,其电路原理图采用了当前国际上流行的"纵向排列式画法"。

一、大众汽车电路图中符号的含义

大众汽车电路图中各种符号的含义如图 6‑32 所示。

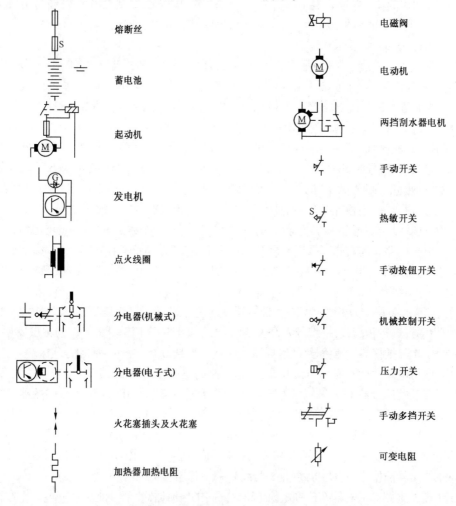

图 6‑32　大众汽车电路图中的符号含义

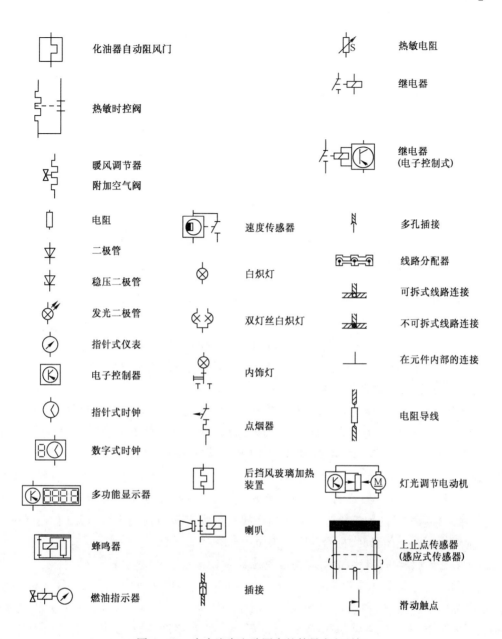

图6-32　大众汽车电路图中的符号含义(续)

二、导线

导线在图上以粗实线画出,集中在图的中间部分。每条线上都有导线的颜色、导线的截面积的标注。导线的颜色标记以字母表示,对应关系为:ws = 白色;sw = 黑色;ro = 红色;br = 棕色;gn = 绿色;bl = 蓝色;gr = 灰色;li = 紫色;ge = 黄色。如果导线是双色的,则以两种颜色的字母共同标记。例如 ro/sw、sw/ge 等。导线的截面积以数字标示在导线颜色下(上)方,单位是 mm^2。例如 4.0、6.0 表示 $4.0 \ mm^2$、$6.0 \ mm^2$。

三、大众汽车电路图的特点

1. 电路采用纵向排列,垂直布置

电源线为上"+"下"-",从左到右同一系统的电路归纳到一起,按电源电路、启动电路、点火电路、进气预热电路、仪表电路、灯光照明电路、信号与报警装置电路、刮水和洗涤装置电路、电动后视镜控制电路、电动车窗升降控制电路、集控门锁控制电路、空调控制电路、双音喇叭控制电路的顺序排列。

2. 采用断线代号法解决交叉问题

有些比较复杂的电气设备(如前照灯),工作时要涉及点火开关、灯光开关和变光开关等配电设备,而这三个开关不在同一条垂直线上,如按传统画法,要画一些横线把它们连接起来,使图面上出现较多的横线,增加读图难度。目前,在电路图中,采用"断线代号法"解决这个问题,即用导线连接端方框内的数字表明电路中与其连接导线的电路编号,如 98 表示与电路编号 98 处的导线连接。

3. 全车电路图分为三部分

最上面部分为汽车配电盒电路,其中标明了熔断丝的位置及容量和继电器位置编号及接线端子号等,中间部分是车上的电器元件及连线,最下面的横线是搭铁线。

4. 整车电器系统正极电源分为三路

整车电气系统正极电源分为三路:标有"30"字样的电源线为常火线。直接与蓄电池相连接,中间不经过任何开关,不论汽车处于停车或发动机处于熄火状态均有电,其电压都等于电源电压(12~14 V)。"30"号电源线的电源专门供给发动机熄火时也需要用电的电器作用,如停车灯、报警灯、制动灯、顶灯、冷却风扇电动机等。标有"15"字样的电源线为小容量用电设备的电源正极。"15"号电源线的电源受点火开关控制,只有在点火开关接通后,用电设备才能通电使用。标有"X"的为车辆起步运行中才接通的大容量电器用火线,即只有在点火开关接通、卸荷继电器触点闭合时,标号"X"电源线才有电。

5. 许多重要电器的搭铁线都直接与蓄电池的负极连接

标有①的为仪表线束搭铁线的搭铁点,在中央线路板的支架上;标有②③④的为发动机线束搭铁线的搭铁点,在蓄电池支架上;标有⑦的为后灯线束搭铁线的搭铁点,在中央线路板的支架上,31 为中央继电器盒的搭铁线,在电路图中①②③④⑦与 31 都为搭铁线。

6. 汽车配电盒的布置

汽车电器线路以汽车配电盒为中心进行控制,大部分继电器和熔断丝安装在汽车配电盒的正面,接插器和插座安装在汽车配电盒的背面。

四、大众汽车电路图的范例

大众汽车电路图的范例如图6-33所示。其说明如下:

1——继电器或控制器与继电器板的接线端子代号。"2/30"表示继电器板上该继电器插座的 2 号插孔,"30"表示继电器上的 30 号接线端子。

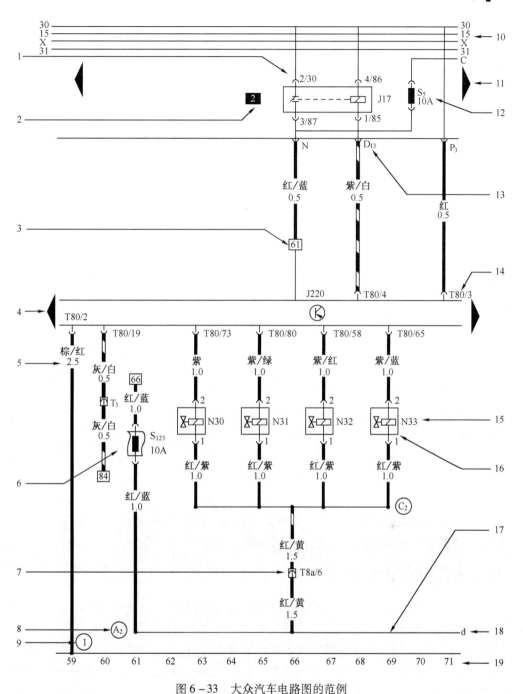

图 6-33　大众汽车电路图的范例

2——继电器位置编号。"2"表示该继电器定位于主要配电盒上 2 号位置继电器。

3——指示线路中断点。方框内数字"61"表明该导线与电路代码 61 的导线是同一条导线(见电路代码 61 处导线的方框内数字是本线路的电路代码 66)。

4——箭头表示该电器元件续接上一页电路图。

5——导线的颜色。"棕/红"表示导线底色是棕色带有红色条纹。"2.5"表示导线截面积为 2.5 mm^2。

6——熔断丝的代号。"S$_{123}$"表示在汽车配电盒上第 123 号熔断丝,其允许通过的最大电流强度为 10 A。

7——插接器。插接器 T8a 用于发动机线束与发动机右线束的连接,"T8a/6"表示 8 针的插接器 a 插头上的第 6 针接线端子。

8——线束内铰接点代号,在电路图下方可查到该铰接点位于哪个线束内。图中 A2 表示正极接线,在发动机线束内。

9——搭铁点代号,在电路图下方可查到该代号的搭铁点在汽车上的位置。

10——线路代码。"30"为常火线,"15"为点火开关接通时的小容量火线,"X"为在点火开关接通、卸荷继电器触点闭合时的大容量火线;"31"为搭铁线;"C"为中央配电盒的内部接线。

11——箭头表示接下一页电路图。

12——熔断丝代号。"S$_5$"表示在汽车配电盒熔断丝座第 5 号位,额定电流为强度10 A。

13——表示导线在汽车配电盒上的连接位置代号。"D$_{13}$"表示该导线在汽车配电盒 D 插座 13 号位置的接线端子上。

14——接线端子代号。"80/3"表示电器元件上插接器的接线端子数为 80,"3"为接线端子的位置代码(可以插接器平面图上查得)。

15——电器元件代号,在电路图后可查到元件的名称。N$_{30}$:第一缸喷油器;N$_{31}$:第二缸喷油器;N$_{32}$:第三缸喷油器;N$_{33}$:第四缸喷油器。

16——元件符号参见电路图符号说明。

17——内部连接(细实线)。该连接不用导线而是表示元件的内部电路或线束铰接部分。

18——字母表示该内部连接与下一页电路图中标有相同字母的内部连接相连。

19——电路接续号,用以标志电路图中线路定位。

五、大众汽车电路图实例分析

下面以捷达轿车电源系统电路和散热器风扇控制系统电路为例进行分析。

1. 电源系统电路分析

如图 6-34 所示,捷达轿车电源系统主要由发电机、蓄电池、起动机、点火开关组成。

(1)蓄电池的电路连接。蓄电池用字母 A 表示。蓄电池的正极与起动机接线端子 30 用粗线连接,是用来向起动机供大电流的。同时通过接线端子 30 用一根 6.0 mm^2 的红色线与发电机的 B+接线端子连接,属充电电路的一部分。还有一条 6.0 mm^2 的红色线与插接器 Y 的第 3 个接线端子连接,向其他用电设备供电,以 30 线标示。

蓄电池的负极搭铁,用①表示搭铁点在车身上,用②表示搭铁点在变速器。这两条搭铁线较粗,截面积为 25.0 mm^2。另一个搭铁点用 119 表示,在前照灯线束内,线粗 4.0 mm^2,棕色。还有一个搭铁点在晶体管点火系统控制单元,位于压力通风舱左侧,线粗 1.5 mm^2,黑/棕双色线。

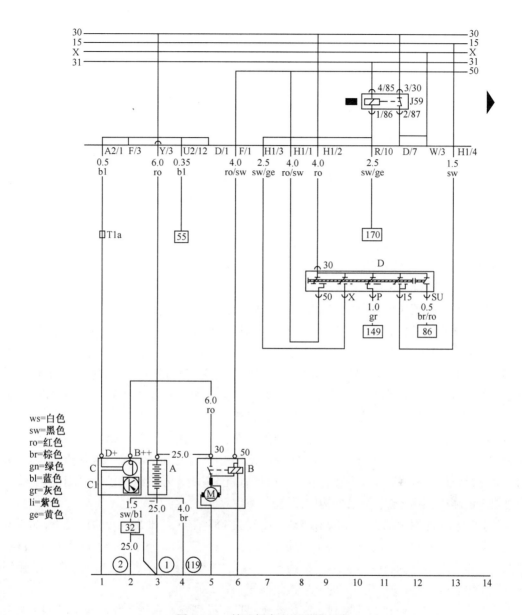

图 6-34　捷达轿车电源系统电路

A—蓄电池;B—起动机;C—发电机;C1—电压调节器;D—点火开关;

J59—卸荷继电器;T1a—单孔接头,蓄电池附近;①—搭铁线,蓄电池—车身;

②—搭铁线,变速器—车身;119—搭铁连接点,前照灯线束内

（2）起动机的电路连接。起动机用字母 B 表示。接续号 5、6 表示自身内部搭铁。接线端子 30 如前所述。接线端子 50 用线粗 4.0 mm^2 的红/黑双色线与插接器 F 第一个接线端子连接,并通过插接器 H1 的接线端子 1 与点火开关的接线端子 50 连接,组成起动机电磁开关的控制电路。50 接线端子得电起动机便工作。

(3) 发电机的电路连接。发电机用字母 C 表示。发电机电压调节器用 C_1 表示。线路编号 1 的细实线表示发电机自身搭铁。发电机的 D + 端子,通过一个单孔接头 T1a 与插接器 A2 的 1 号接线端子连接,通过线路编号 55 位置接仪表板,经二极管后接点火开关。在点火开关断开时 D + 端子无电,而 B + 端子为蓄电池电压。

点火开关闭合,发动机未启动时,D + 端子得电,仪表板内的二极管正向导通,向发电机励磁绕组提供励磁电流,发电机报警灯亮。发电机启动后,发电机发电,D + 端子电压由发电机提供,进入自励,D + 端子电位升高后,二极管截止,发电机报警灯熄灭。插头 T1a 的安装位置在蓄电池附近。

(4) 点火开关的电路连接。点火开关用字母 D 表示。开关有 6 个接线端子。接线端子 SU 用 0.5 mm^2 的棕/红双色线,控制收放机电路。接线端子 15 用 0.5 mm^2 的黑线通过插接器 H1 的 4 号接线端子向点火系统供电。接线端子 P 向停车灯供电。接线端子 X 用 2.5 mm^2 黑/黄双色线,经插接器 H1 的 3 号接线端子与 4 号位(触点卸荷继电器 J59)继电器座的 1 号接线端子相连。继电器座的 1 号接线端子与继电器 86 插脚相接。卸荷继电器 J59 工作,X 线便与 30 相通得电。接线端子 50 是起动机控制线。

2. 散热器风扇控制电路分析

捷达轿车散热器风扇控制电路如图 6 – 35 所示。

(1) 冷却水温的控制。当散热器中冷却液温度达到 92 ℃ ~ 97 ℃时,散热器风扇热敏开关 F18 接通 1 挡(96 ℃开关闭合),风扇低速(1 600 r/rain)运转。其电路为:电源"30"导线→19 号位置熔断丝→继电器盒 Al/5→散热器风扇热敏开关 F18 的 3 号接线端子→散热器风扇热敏开关 F18→散热器风扇热敏开关 F18 的 2 号接线端子→风扇电机 V7 的 2 号接线端子→风扇电机 V7→风扇电机 V7 的 1 号接线端子→搭铁。

当冷却液温度超过 97 ℃时,散热器风扇热敏开关 F18 接通二挡(105 ℃开关闭合),风扇高速(2 400 r/rain)运转。其电路为:电源"30"导线→19 号位置熔断丝→继电器盒 Al/5→J69 的 2/30 接线端子→J69 的 8/87 接线端子→风扇电机 V7 的 3 号接线端子→风扇电机 V7→风扇电机 V7 的 1 号接线端子→搭铁构成回路。

(2) 发动机舱温度的控制。风扇启动温度开关 F87 在点火开关断开的情况下,如果机舱温度达到 70 ℃时,F87 将闭合,风扇启动控制单元 J138 工作,J138 的 8/87 接线端子得电,风扇低速运转。其电路为:J138 的 8/87 接线端子→红/白双色线→风扇电机 V7 的 2 号接线端子→风扇电机 V7→风扇电机 V7 的 1 号接线端子→搭铁。

(3) 空调系统工作状态的控制。散热器风扇还将受到空调系统工作状态的控制。当空调开关处于制冷除霜位置时,其电路为:继电器盒 N/2 接线端子→红/白双色线→风扇电机 V7 的 2 号接线端子→风扇电机 V7→风扇电机 V7 的 1 号接线端子→搭铁构成回路,散热器风扇低速运转。当制冷管路中压力上升至 1.6 MPa 时,高压开关 F23 闭合,电流从继电器盒 N/2 接线端子→红/白双色线→高压开关 F23→风扇二挡继电器 J69 的 4/86 接线端子→风扇二挡继电器 J69 的 6/85 接线端子→搭铁构成回路。风扇二挡继电器 J69 吸合,风扇电机 V7 的 3 号接线端子得电,风扇电机高速运转。

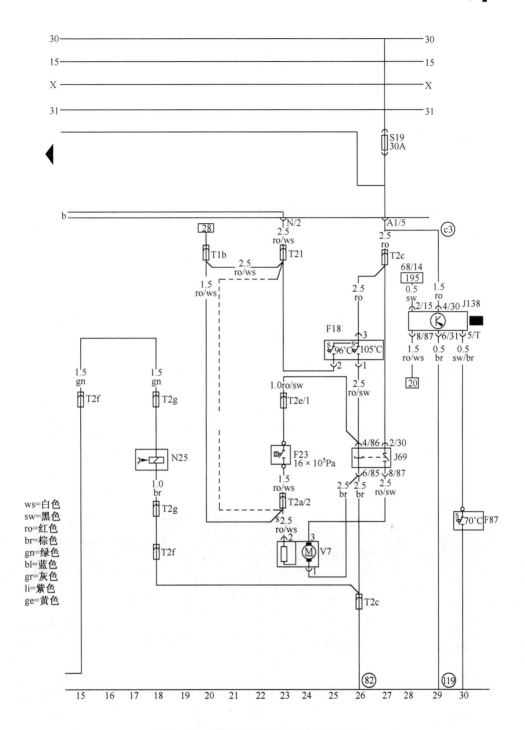

图 6-35　捷达轿车散热器风扇控制电路

F18—散热器风扇热敏开关;F23—高压开关;J69—风扇二挡继电器;J138—风扇启动控制单元;

N25—空调电磁离合器;T1b—单孔插接器;T2c—2 孔插接器,发动机舱前;T2e—2 孔插接器,发动机舱前;

T2f—2 孔插接器,发动机舱前;T2g—2 孔插接器,发动机舱前;T2i—2 孔插接器,发动机舱前;V7—散热器风扇;

F87—风扇启动温度开关;82—搭铁端,左前线束内

第六节　奔驰汽车电路图的分析

一、奔驰汽车电路图中符号的含义

奔驰汽车电路图中各种符号的含义见表6-15。

表6-15　奔驰汽车电路图中各种符号的含义

符　号	含　义	符　号	含　义
	手动开关	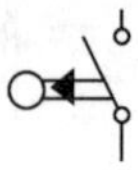	压簧自动开关
	手动按键开关	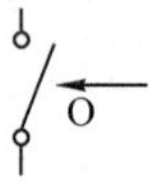	温度开关
	常开触点	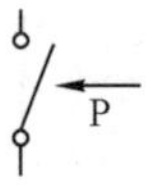	压力开关
	常闭触点	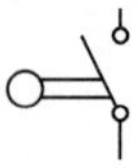	自动开关
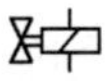	电磁阀		电子元件
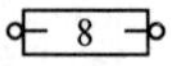	熔断丝	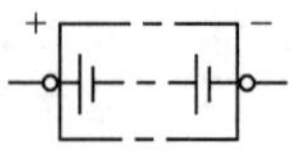	蓄电池
	指示仪表		直流电动机
	电磁线圈		螺钉连接
	磁极		焊接连接
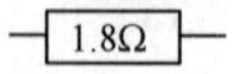	电阻		平插头
	电位计		圆接头
	可变电阻	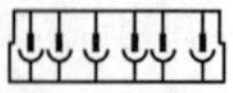	接线板
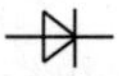	二极管		

二、导线

导线颜色代码的含义见表 6 – 16。

表 6 – 16　导线颜色代号的含义

代　号	颜　色	代　号	颜　色
GN(gn)	绿色	BU(be)	蓝色
BK(sw)	黑色	VI(vio)	紫色
BR(br)	棕色	GR(gr)	灰色
RD(rd)	红色	WT(ws)	白色
YL(ge)	黄色	PK(rs)	粉色

在早期的奔驰车电路图中,对于导线颜色符号大多采用两位大写的英文缩写。而近些年来,广泛采用的是小写的德文缩写。除单色线外,奔驰车还采用了双色线及三色线,在电路图中,用 VI/YL、SW/WS、BK/YL/RD、br/gn/ws 等形式表示。

导线的标志,不仅仅只有颜色,还有粗细。奔驰车电路图中,导线的标称截面积以数字标示在导线颜色符号之前,单位是 mm^2。如 0.75RD 表示标称截面积为 0.75 mm^2 的红色导线。

三、奔驰汽车电路图范例

奔驰汽车电路图范例如图 6 – 36、图 6 – 37 所示。奔驰汽车电路图该车电路图用数字做横坐标,字母做纵坐标来确定电器在电路图中的位置。电器符号用代码及文字标注。代码前部是字母,表示电器种类如:A 为仪表,B 为传感器,C 为电容,E 为灯,F 为熔断丝,G 为蓄电池、发电机,H 为喇叭扬声器,K 为继电器,L 为转速、速度传感器,M 为电动机,N 为控制单元,R 为电阻、火花塞,S 为开关,T 为点火线圈,W 为搭铁点,X 为插接器,Y 为电磁阀,Z 为连接套。代码后部数字代表编号。一般电器代码之下注明电器名称。

四、奔驰汽车电路图识读

1. 奔驰轿车电路图中电器部件的字母代号

下面以奔驰 190E 款型轿车为例进行说明,奔驰 190E 款型轿车电路图中器件字母代号的含义见表 6 – 17。

2. 奔驰 190E 款型轿车转向信号灯与危险警报灯的电路

奔驰 190E 款型轿车转向信号灯与危险警报灯的电路如图 6 – 38 所示。

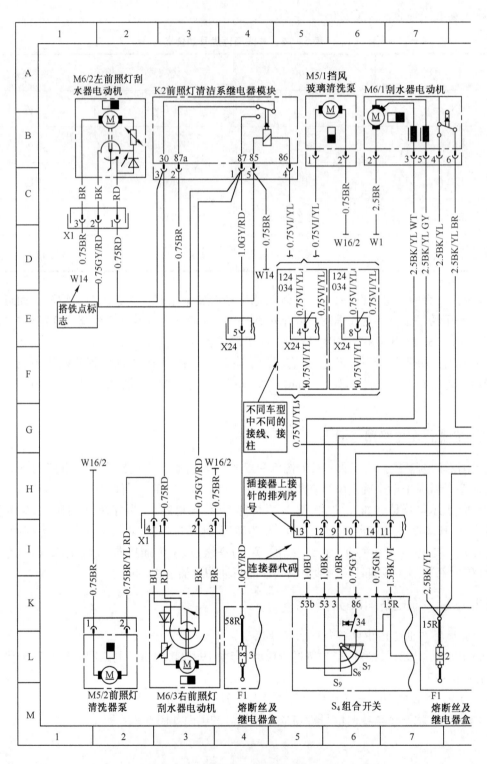

图6-36　奔驰汽车电路图范例(一)

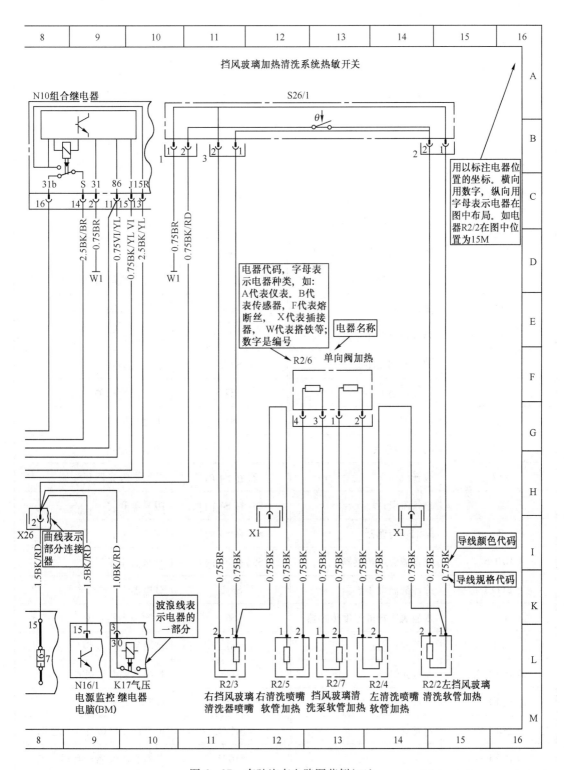

图 6-37 奔驰汽车电路图范例(二)

表 6 – 17　奔驰 190E 款型的电路图中器件字母代号的含义

图中符号	元件名称	图中符号	元件名称
A1	组合仪表	N	巡航控制装置
e1(在 A1 内)	左报警指示灯	N5/1	燃油泵继电器
e2(在 A1 内)	右报警指示灯	N10	指示灯、后挡风玻璃加热器、刮水器电机组合继电器
e3(在 A1 内)	大灯警报灯	N19	空调控制装置
e4(在 A1 内)	燃油储备报警灯	R1	后挡风玻璃加热器
e5(在 A1 内)	充电指示灯	R2/1	刮水器喷嘴加热器
e6(在 A1 内)	制动摩擦片磨损报警灯	R3	点烟器照明灯
e7(在 A1 内)	制动液/驻车制动指示灯	R4	火花塞
e8(在 A1 内)	仪表照明灯	R14	鼓风电机电阻
h1	报警蜂鸣器	R21	辅助空气阀加热继电器
h2	报警蜂鸣器指示灯	S1	转向灯开关
r1	仪表照明变阻器	S2/1	点火启动开关
P1	冷却液温度表	S3	空气流量开关
P2	燃油表	S4	组合开关
P7	时钟/转速表	S1(在 S4 内)	指示灯开关
A2	收音机	S2(在 S4 内)	前照灯闪光器开关
B2	空气流量计	S3(在 S4 内)	闪光器开关
B4	燃油表传感器	S4(在 S4 内)	洗涤开关
B10/6	蒸发器温度传感器	S5(在 S4 内)	刮水器速度开关
B11/3	冷却液温度传感器	S5/2	分电器
B13	水温表冷却液温度传感器	S6	危险闪光器开关
E1	左前照灯总成	S7	喇叭触点
e1(在 E1 内)	左远光灯	S8/1	蜂鸣器照明灯触点
e2(在 E1 内)	左近光灯	S9	停车灯开关
e3(在 E1 内)	左侧灯	S10/1	前左制动摩擦片磨损触点
e4(在 E1 内)	左雾灯	S10/2	前右制动摩擦片磨损触点

图中符号	元件名称	图中符号	元件名称
e5(在E1内)	指示灯	S11	制动液指示灯开关
E2	右前照灯总成	S12	驻车指示灯开关
e1(在E2内)	右远光灯	S13/1	电动遮阳板开关
e2(在E2内)	右近光灯	S14	后挡风玻璃加热开关
e3(在E2内)	右侧灯	S16/1	启动连锁/备用灯开关
e4(在E2内)	右雾灯	S17/3	左前门开关
e5(在E2内)	指示灯	S17/4	右前门开关
E3	左尾灯总成	S17/5	左后门开关
e1(在E3内)	指示灯	S17/6	右后门开关
e2(在E3内)	左尾灯/停车灯	S17/7	左门舒适电路开关
e3(在E3内)	左倒车灯	S17/9	手套箱灯开关
e4(在E3内)	左制动灯	S18	后车内灯开关
e5(在E3内)	左后雾灯	S19	右电动挡风玻璃组合开关
E4	右尾灯总成	s1(在S19内)	右前挡风玻璃开关
e1(在E4内)	指示灯	s2(在S19内)	右后挡风玻璃开关
e2(在E4内)	尾灯/停车灯	S20	左电动挡风玻璃组合开关
e3(在E4内)	倒车灯	s1(在S20内)	左前挡风玻璃开关
e4(在E4内)	制动灯	s2(在S20内)	左后挡风玻璃开关
E9/1	加热器控制灯	s3(在S20内)	后电动挡风玻璃安全开关
E13/1	手套箱灯	S21/3	左后挡风玻璃开关
E15/1	前车内灯	S21/4	右后挡风玻璃开关
E15/3	后车内灯	S24	新空气/再循环空气开关
E18	行李舱灯	S25/1	100℃温度开关
E19/1	左牌照板灯	S26	温度—时间开关
E19/2	右牌照板灯	S27/2	减速微型开关
F1	中央电子装置	S29/1	全负荷节气门开关
G1	蓄电池	S30	调低速开关

图中符号	元件名称	图中符号	元件名称
G2	发电机及调节器	S31	空调压缩机开关
H1	双音喇叭	S32	辅助风扇开关
K1	过电压保护继电器	S40	巡航控制开关
K2	前照灯洗涤继电器	T1	点火线圈
K4	挡风玻璃继电器	V1	舒适电路二极管
K8	辅助风扇/发动机风扇继电器	W1	主搭铁
K12	巡航减速继电器	W2	前右搭铁
L1	上止点传感器	W4	前车内灯搭铁
L2	车速传感器	W5	发动机搭铁
M1	起动机	W9	前左搭铁
M2	鼓风机电机	W10	蓄电池搭铁
M3	燃油泵	X5/1	车内导线接头
M4	辅助风扇	X6	导线连接器
M5/1	挡风玻璃洗涤泵	X11	诊断插座
M5/2	前照灯洗涤泵	X13	点烟器灯接头
M6/1	挡风玻璃刮水器电机	X14	接线插头
M6/2	左前照灯刮水器电机	X33	K1V 巡航控制接线插头
M6/3	右前照灯刮水器电机	X35	蓄电池电缆连接器
M10/3	前左挡风玻璃提升电机	X71	急速稳定转换阀接线插头
M10/4	前右挡风玻璃提升电机	Y1	电液执行元件
M10/5	后左挡风玻璃提升电机	Y2	发动机风扇螺线管
M10/6	后右挡风玻璃提升电机	Y3	自动变速器转换阀
M11	电动天线	Y5	空调压缩机螺线管
M12/1	遮阳板电机	Y8	启动阀
M16	巡航控制元件	Y12	急速提高转换阀
N1/1	电子点火开关	Y13	新空气/再循环空气板转换阀

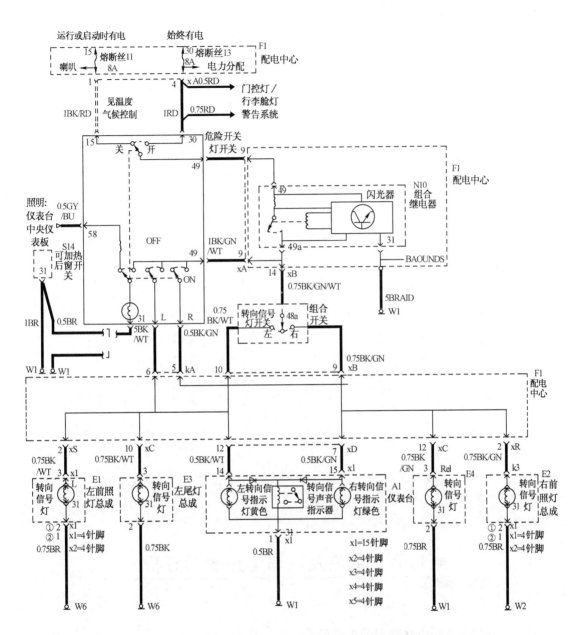

图 6 - 38 奔驰 190E 款型轿车转向信号灯与危险警报灯电路

3. 奔驰 M202 款型轿车的充电、启动系统电路

奔驰 M202 款型轿车的充电、启动系统电路如图 6 - 39 所示。当点火开关接通时图,充电指示灯 e5 点亮,其电路为:电流由蓄电池(＋)→仪表板→充电指示灯 e5→接线端子 X26→发动机 D＋接线端子→电压调节器→发电机磁场绕组→搭铁。发动机启动后,充电指示灯熄灭,发电机开始对蓄电池充电或给用电设备供电。

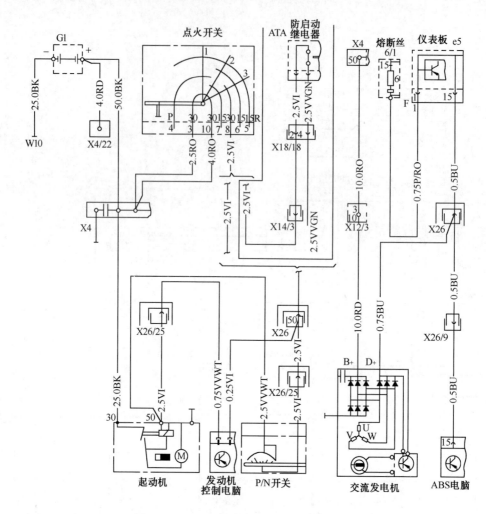

图 6 - 39　M202 款型的充电启动系统电路图

第七节　雪铁龙汽车电路图的分析

一、电路图中各种电器装置的识别符号

电路图中各种电器装置的识别符号如图 6 - 40 所示,各符号的具体说明见图注。

二、导线的颜色代码

法国雪铁龙汽车电路图中导线的颜色代码是用英文字母表示的,其代码说明见表6 - 18。

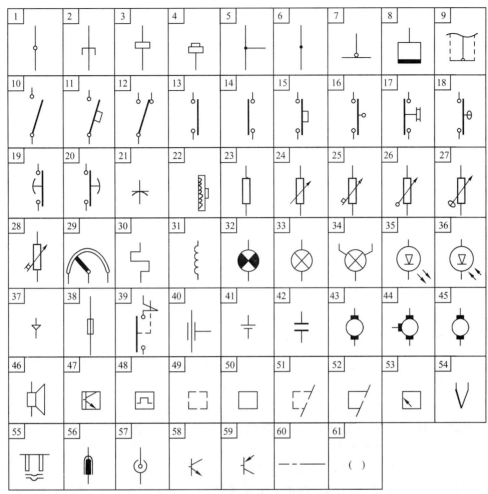

图6-40　电器装置的识别符合

1—线头焊片接点;2—插头接点;3—插接器接点;4—插接器接点;5,6—不可拆接点;7—经线头焊片铁;8—经插接器搭铁;
9—经零件外壳搭铁;10—开关(无自动回位);11—手动开关;12—转换开关;13—常开触点(自动回位);14—常闭触点
(自动回位);15—手动开关;16—机械开关;17—压力开关;18—温度开关;19—延时断开触点;20—延时闭合触点;
21—摩擦式触点;22—点烟器;23—电阻;24,29—可变电阻;25—手动可变电阻;26—机械可变电阻;27—热敏电阻;
28—压力可变电阻;30—分流器;31—线圈(继电器、电动阀);32—指示灯;33—照明灯;34—双灯丝的照明灯;
35—发光二极管;36—光电二极管;37—二极管;38—熔断丝;39—热断路器;40—屏蔽装置;41—蓄电池单格;
42—电容器;43—电动机;44—双速电动机;45—交流发动机;46—发声元件(电喇叭、扬声器……);
47—电阻控制组件;48—继电器组件;49—零件框图(带原理图);50—零件框图(无原理图);
51,52—零件部分框图;53—指示器;54—热电器;55—电极;56—氧传感器;57—接线柱;58—NPN三极管;
59—PNP三极管;60—联动线(轴);61—备用头

表6-18　导线颜色代码及其说明

颜色代码	颜色	颜色代码	颜色
N	黑色	Bl	湖蓝
M	栗色	Mv	深紫
R	大红(瓦伦加红)	Vi	紫罗兰
Ro	玫瑰红(粉色)	G	灰色
Or	橙色	B	白色
J	柠檬黄	Lc	透明
V	翠绿		

三、线束代码

法国雪铁龙汽车电路图中各导线都标明其所在线束的代码,给寻找线路的方位和走向提供了方便。各种线束的代码见表6-19。

表6-19 线束代码

代码	线束名称	代码	线束名称	代码	线束名称
AV	前部	MT	发动机(和电喷系)	PP	乘客侧门
CN	蓄电池负极电缆	MV	电动风扇	RD	右后部
CP	蓄电池正极电缆	PB	仪表板	RG	左后部
EF	行李舱照明灯	PC	驾驶员侧门	RL	侧转向灯
FR	尾灯	PD	右后门	UD	右制动蹄片磨损指示器
GC	空调	PG	左后门	UG	左制动蹄片磨损指示器
HB	驾驶室	PL	顶灯		

四、插接器

电气设备各线之间一般都通过插接器连接。以国产富康轿车为例,根据不同的电路布置,其插接器分为3种不同类型。

1. 单列插接器

单列插接器的结构特点为插接器的接线板仅有一层,识读方法如下:

8——通道数,表示该插接器共有8个通道。

8B2 B——插接器的颜色,表示该插接器为黑色。

2——线号,表示该插接器的第2号线。

2. 双列插接器

双列插接器的结构特点为插接器的接线板为二层,识读方法如下:

15——通道数,表示该插接器共有15个通道。

15M M——插接器的颜色,表示该插接器为栗色。

A6 A——列数,表示该插接器中的A列。

6——线号,表示该插接器的第6号线。

3. 前围板插接器

前围板插接器位于前挡风玻璃左下侧的车身内,用于前部线束和仪表板线束的连接,其结构如图6-41所示。它共有62个通道,其颜色为黑色(标识符合为C),由8组7通道的接线板和3组2通道的接线板组成,识别方法如下:

7——通道数,表示7个通道的接线板。

7C6 C——表示前围板插接器,其颜色为黑色。

4 6——组数,表示第6组。

4——线号,表示第6组的第4号线。

2——通道数,表示 2 个通道的接线板。

2C9 1

C——表示前围板插接器,其颜色为黑色。

9——组数,表示第 9 组。

1——线号,表示第 9 组的第 1 号线。

五、熔断丝

富康轿车电气系统的熔断丝集中布置在两处:一处在驾驶室内(靠近司机位置,在仪表板左下方盖内);另一处在发动机罩下。

1. 驾驶室内的熔断丝盒

驾驶室内的熔断丝盒中有 13 个熔断丝,熔断丝的参数见表 6 - 20,其布置和接口电路如图 6 - 42 和图 6 - 43 所示。

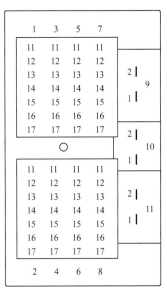

图 6 - 41　62 孔插接器排列

表 6 - 20　驾驶室内熔断丝的参数

电　源	熔　断　丝					保护的部件
	序号	容量	颜色	插接件		
				入口	出口	
蓄电池正极	1	30 A	绿色	7B2	7B2	前挡玻璃升降器*
蓄电池正极	2	5 或 25 A	白色	1N1	2B1	未使用
			栗色	1N1	2B1	空调系统继电器
	3	5 或 25 A	栗色	1N1	2B2	后挡风玻璃除霜开关和延时继电器、电动风扇继电器压力开关、停止制冷继电器
			白色	1N1	2B2	
辅助装置正极	4	25 A	白色	2N2	4J3	充电指示、收音机、最低油量显示、照明未关报警、前后挡风玻璃洗涤器、后刮水器延时器、前挡风玻璃升降继电器*
				2N2	4J4	未使用
蓄电池正极	5	25 A	白色	2N2	8B8	后挡风玻璃除霜延时继电器
	6	10 A	红色	2N1	8B1	危险信号灯开关、温控盒滞后电源(1994 型)
点火系统正极	7	10 A	红色	5M1	5M2	各种仪表、阻风门和驻车显示、油压和制动液面报警开关、倒车灯开关
蓄电池正极	8	30 A	绿色	2N1	8B3	电子钟
					8B4	行李舱照明灯
					8B5	顶灯
					8B6	收音机
					8B7	中央门锁控制盒*

续表

电　源	熔　断　丝					保护的部件
	序号	容量	颜色	插接件		
				入口	出口	
附件	9	20 或 30 A	黄色	2N2	4J1	
					4J2	未使用
			绿色	2N2	4J1	转向灯闪光器、危险信号灯开关、制动开关
					4J2	制动灯开关、制动蹄磨损显示、前后刮水器开关*、右后视镜电动开关*、前刮水器延时继电器、阅读灯*
蓄电池正极	10	20 A	黄色	2N1	8B2	点烟器、电喇叭开关
后雾灯开关	11	5 A	栗色	5M5	5M3	后雾灯指示灯
					5M4	后防雾灯
照明开关	12	10 A	红色	7B7	7B3	右前侧位置灯
					7B4	烟灰盒照明、收音机照明、后雾灯开关、危险信号灯开关显示、照明未关报警
					7B5	右后位置灯
	13	5 A	栗色	7B7	7B6	左前后位置灯、牌照灯、位置灯指示*

注:"＊"表示选装件。

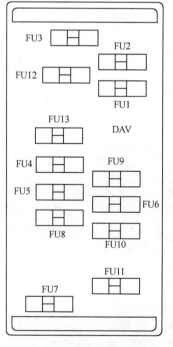
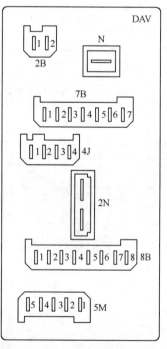

图 6 - 42　驾驶室内熔断丝的布置电路图

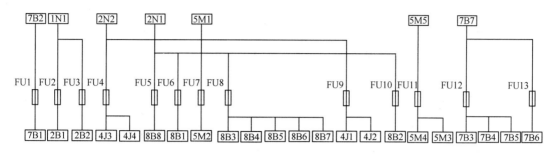

图 6 – 43　驾驶室内熔断丝的接口电路图

2. 发动机罩下熔断丝

发动机罩下熔断丝中各熔断丝布置和接口电路如图 6 – 44 和图 6 – 45 所示。各熔断丝的参数见表 6 – 21。

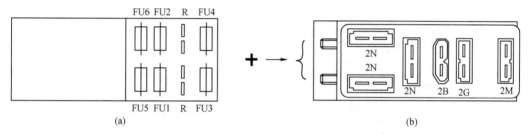

图 6 – 44　发动机罩下各熔断丝布置图
(a)正面;(b)反面

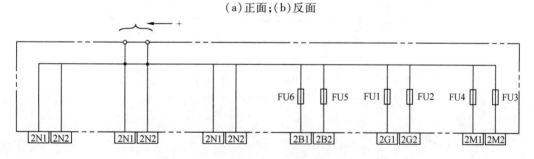

图 6 – 45　发动机罩下各熔断丝的接口电路图

表 6 – 21　发动机罩下各熔断丝的参数

电源	熔 断 丝				保护的部件
	序号	容量	颜色	输出插接件	
蓄电池正极	1	15 A 或	蓝色	2G1	前雾灯
		30 A	绿色	2G1	前雾灯
	2	30 A	绿色	2G2	空调系统电源、水温控制盒
	3	15 A 或	栗色	2M2	单动电动风扇电源
		30 A	绿色	2M1	双动电动风扇电源
	4	30 A	绿色	2M2	电动风扇电源和继电器
	5			2B1	未使用
	6			2B2	未使用

六、继电器

富康轿车的各种继电器都布置在驾驶室内,布置情况如图6-46所示。

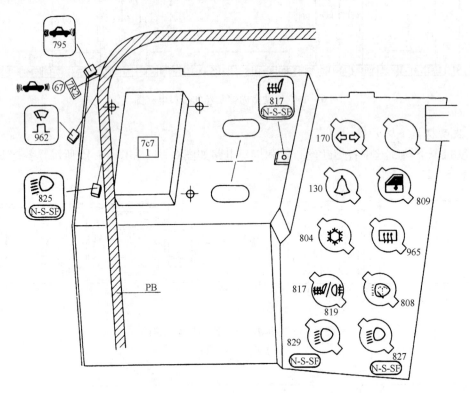

图6-46 驾驶室内各种继电器布置图

179—闪光继电器;130—灯光未关报警器;804—空调继电器;809—前玻璃升降器;

965—后挡风玻璃加热延时继电器;962—前刮水器延时继电器

七、电路识别范例

电路图和线路布置图表示识别范例如图6-47所示。

八、雪铁龙汽车电路分析实例

下面以富康988轿车为例,介绍雪铁龙汽车电路图的分析方法。富康轿车电路图的画法沿用了法国雪铁龙公司的原厂资料的画法。每部分电路都由布线图与电路原理图两部分表示,布线图表明了各电器元件在车上的位置,便于电气系统的维修及故障查找。

1. 内部照明电路

内部照明电路的线束图如图6-48所示,电路原理图如图6-50所示。

点火开关打至A挡或M挡时,阅读灯才可以工作。其工作电路为:蓄电池正极→蓄电池正极电缆线CP→发动机罩下熔断丝盒50→黑色2脚插接器的1号接线端子→前围板插接器的第9组2脚插头的1号接线端子→黑色的仪表板线束PB→黑色2脚插接器的1号线(点火开关供电端)→点火开关300→灰色2脚插接器的1号接线端子(点火开关输出端)→驾驶室

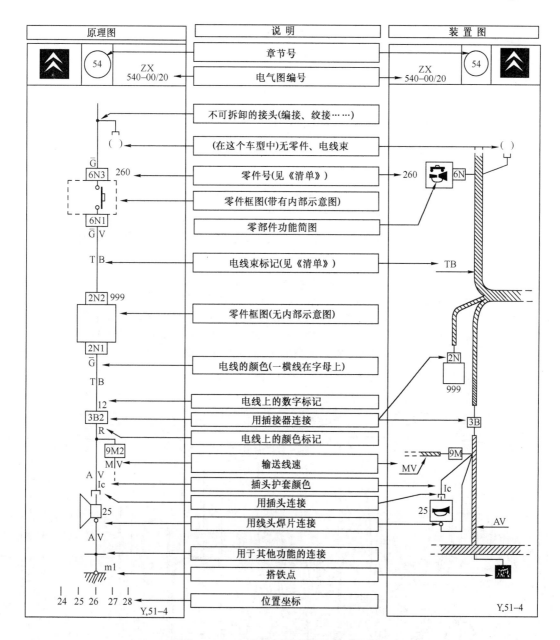

原 理 图	说 明	装 置 图
54 ZX 540-00/20	章节号	ZX 540-00/20 54
	电气图编号	
	不可拆卸的接头(编接、绞接……)	
( )	(在这个车型中)无零件、电线束	( )
Ḡ 6N3 260	零件号(见《清单》)	260 6N
	零件框图(带有内部示意图)	
6N1 Ḡ V	零部件功能简图	
T B	电线束标记(见《清单》)	TB
2N2 999	零件框图(无内部示意图)	
2N1 Ḡ	电线的颜色(一横线在字母上)	2N 999
T B		
12	电线上的数字标记	
3B2	用插接器连接	3B
R	电线上的颜色标记	
9M2 M V	输送线速	9M MV
A V Ic	插头护套颜色	Ic
25	用插头连接	25
	用线头焊片连接	AV
A V	用于其他功能的连接	
m1	搭铁点	
24 25 26 27 28 Y,51-4	位置坐标	Y,51-4

图 6-47 电路图和线路布置图识别范例

内熔断丝盒 52 中的黑色 2 脚插接器的 2 号接线端子→熔断丝 F9→柠檬黄色 4 脚插接器的 2
接线端子→黑色 7 脚双排插接器的 B 列 4 号接线端子→顶灯线束 PL→阅读灯 660(开关闭
合)→黑色 7 脚双排插接器的 A 列第 4 号接线端子→仪表板线束 PB→前围板插接器的第 11
组 2 脚插头的 1 号接线端子→前部线束 AV→搭铁→蓄电池负极。

2. 仪表电路

仪表电路的线束图和电路图如图 6-49 和图 6-51 所示。

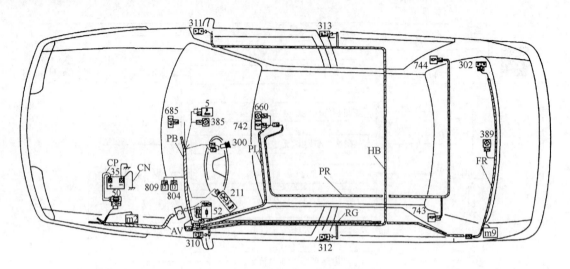

图6-48　内部照明电路的线束图

5—前点烟器;35—蓄电池;50—发动机罩下熔断丝盒;52—驾驶室内熔断丝盒;211—组合开关(照明、转向、喇叭);
300—点火开关;302—行李舱照明开关;310—左前门控开关;311—右前门控开关;312—左后门控开关;
313—右后门控开关;385—前烟灰缸照明灯;389—行李舱照明灯;660—阅读灯;685—石英钟及照明灯;
742—前顶灯;743—左后顶灯;744—右后顶灯;804—空调继电器;809—前玻璃升降继电器

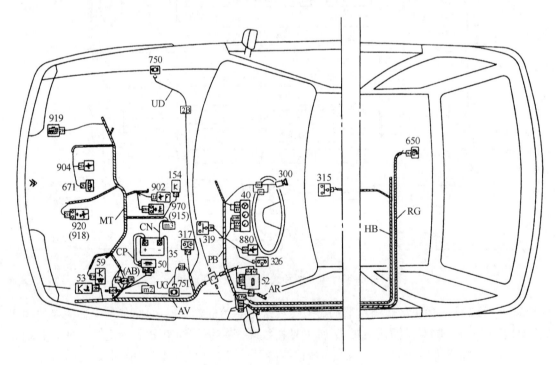

图6-49　仪表电路的线束图

35—蓄电池;40—仪表板;50—发动机罩下熔断丝盒;52—内接驾驶室内熔断丝盒;53—水温控制盒;
154—车速传感器;300—点火开关;315—驻车制动灯开关;317—液面开关;319—制动灯开关;
326—阻风门开关;650—燃油表传感器;671—机油压力传感器;750—左前制动摩擦片;
751—右前制动摩擦片;880—仪表照明变阻器;915—水温传感器;59,902,904,918,920,970—未装备

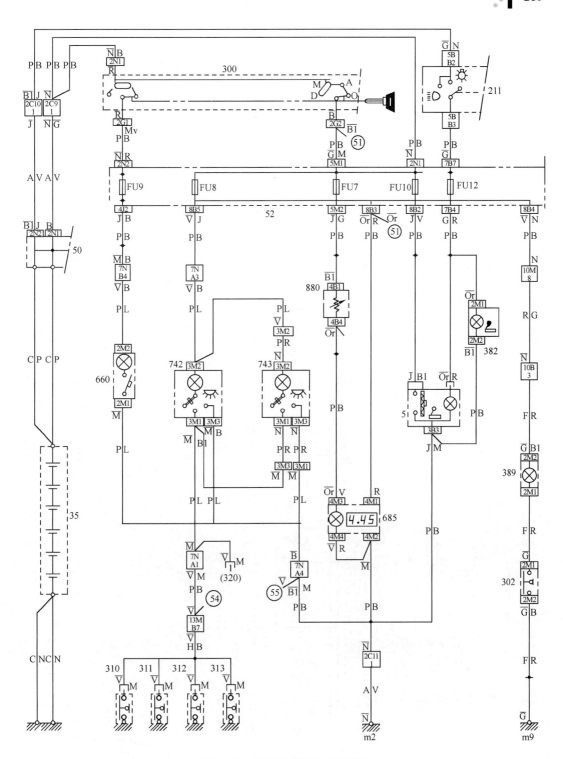

图 6 - 50　内部照明的电路原理图

5—前点烟器;35—蓄电池;50—发动机罩下熔断丝盒;52—驾驶室内熔断丝盒;211—组合开关(照明、转向、喇叭);
300—点火开关;302—行李舱照明开关;310—左前门控开关;311—右前门控开关;312—左后门控开关;
313—右后门控开关;385—前烟灰缸照明灯;389—行李舱照明灯;660—阅读灯;685—石英钟及照明灯;
742—前顶灯;743—左后顶灯;744—右后顶灯;804—空调继电器;809—前挡风玻璃升降继电器

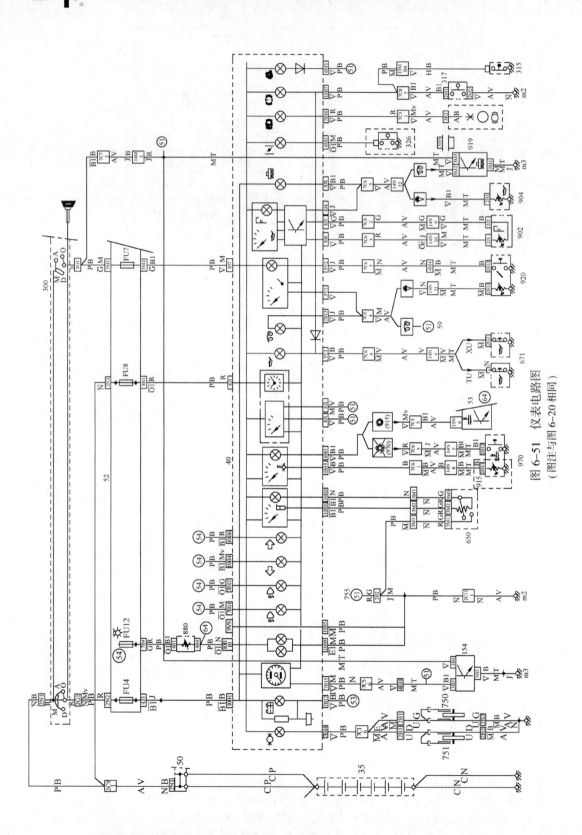

图 6-51　仪表电路图
（图注与图 6-20 相同）

第八节　宝马汽车电路图的分析

一、宝马汽车电路图中符号的含义

宝马汽车电路图中各种符号的含义见表6－22。

表6－22　宝马汽车电路图中各种符号的含义

符　号	含　义	符　号	含　义
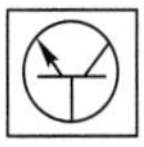	电子控制装置	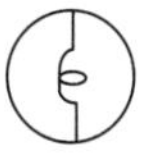	灯泡
	永久磁铁式电动机		温控开关
	电路断路器		熔断丝
	可变电阻（阻值随着压力或温度改变）	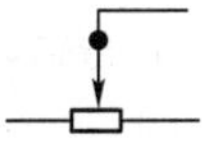	可变电阻（滑动点由外力推动）
	氧传感器	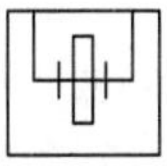	爆震传感器
	蓄电池		易熔线
	实线框图表示整个电器部件		虚线框图表示电器部件的一部分
	发光二极管	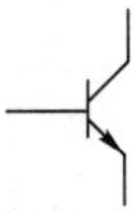	晶体管开关
	二极管		稳压二极管
	电磁线圈		电磁控制阀、电磁离合器

符　　号	含　　义	符　　号	含　　义
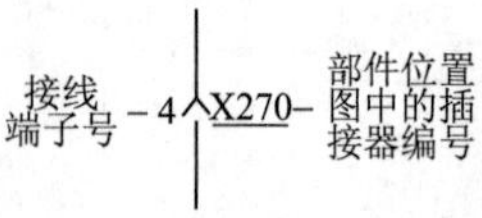 接线端子号—4∧X270—部件位置图中的插接器编号	插接器	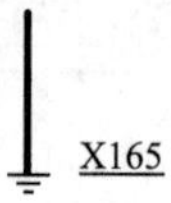 ＿↓＿X165	搭铁符号和搭铁点的编号(搭铁编号可在部件位置图中查得)
●	固定连接	○	可拆离连接
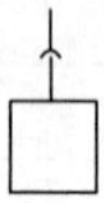	表示插接器的接线端子与电器部件的引线连接	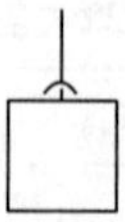	表示插接器的接线端子直接与电器部件连接
	电器部件内部连接		铰接点
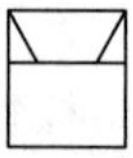	收音机	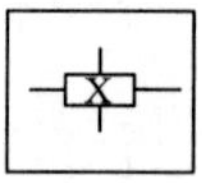	霍尔式传感器
 N S	车速传感器	 N S	感应式传感器
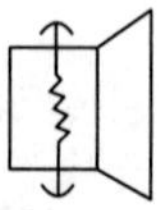	扬声器、喇叭	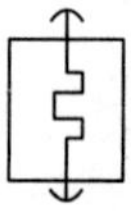	加热元件
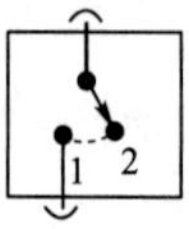 1 2	双位开关	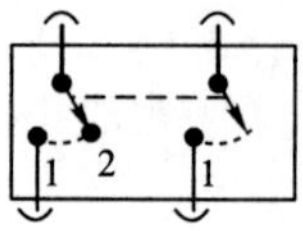 1 2 1	联动开关(虚线表示开关之间的机械连接)
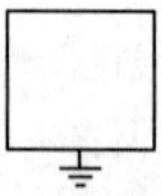	电器部件壳体搭铁		带有螺钉接线端子的部件
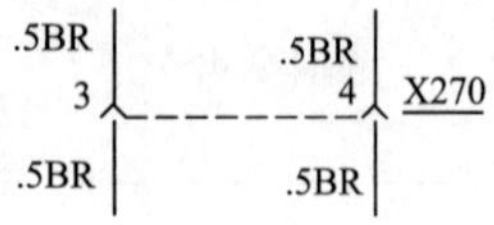 .5BR 3　.5BR 4 X270 .5BR　.5BR	虚线表示同一插接器中的两个接线端子	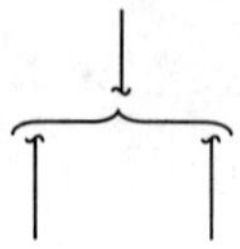	括号表示可供选择项目在线路上的区分
 .75GN/WS	波浪线表示导线连续		天线

二、导线

导线颜色代码的含义见表 6 – 23。

表 6 – 23　宝马汽车导线颜色代号的含义

代　　号	英文含义	中文含义	代　　号	英文含义	中文含义
BL	blue	蓝色	RS	pink	粉红色
BR	brown	棕色	RT	red	红色
GE	yellow	黄色	SW	black	黑色
GN	green	绿色	VI	violet	紫色
GR	gray	灰色	WS	white	白色
OR	orange	橙色	TR	transparent	透明色

导线的标识,不仅仅只有颜色,还有粗细。宝马车电路图中,导线的标称截面积以数字标示在导线颜色符号之前,单位是 mm^2。如 0.5BL 表示标称截面积为 $0.5\ mm^2$ 的蓝色导线。

三、熔断丝和继电器

宝马汽车大部分继电器和熔断丝安装在发动机舱内的配电盒内,部分继电器安装在驾驶室内仪表板后面的继电器盒内。

四、点火开关

宝马汽车的点火开关的表示方法如图 6 – 52 所示,它属于三挡四位开关,各挡位工作状态见表 6 – 24。

0 挡(OFF):点火钥匙插入或拔出的位置。当点火钥匙拔出时,转向盘自动锁住。

1 挡(ACCESSORY):电气附件工作位置。点火钥匙置于该位置时,可使用电气附件。

2 挡(RUN):发动机工作时点火开关的位置。

3 挡(START):起动机工作位置。点火钥匙置于该位置时,将启动发动机。

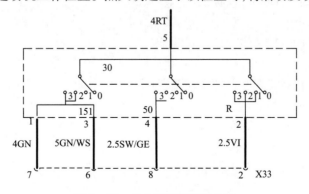

图 6 – 52　点火开关的表示方法

表6-24　点火开关各挡位工作状态

点火开关挡位	接线端子1	接线端子2	接线端子3	接线端子4	接线端子5
0挡					○
1挡		○			○
2挡	○	○	○		○
3挡	○	○	○	○	○

五、宝马汽车电路图的范例

宝马汽车电路图的范例如图6-53、图6-54所示。其说明如下：

1——"15"表示点火开关处于"RUN"或"START"挡时,导线的电源才接通。

2——熔断丝的符号。"F28"表示在配电盒上第28号熔断丝,其允许通过的最大电流强度为5 A。

3——虚线框图表示电器部件的一部分。

4——导线的铰接点。

5——括号表示可供选择项目在线路上的区分。

6——接线端子号,图中81表示插接器X6000的81号接线端子。

7——波浪线表示导线连续。

8——搭铁点编号。搭铁编号可在部件位置图中查得。

9——部件代号。

10——双色导线。BR/GN表示导线底色是棕色带有绿色条纹。".5"表示导线截面积为0.5 mm^2。

11——插接器编号。

12——实线框图表示整个电器部件。

13——标有"30"字样的电源线为常火线。直接与蓄电池相连接,中间不经过任何开关,其电压都等于电源电压(12~14 V)。

14——在两页之间中断的导线标记。

15——屏蔽线。

16——虚线表示同一插接器上的接线端子。

17——搭铁符号。

18——虚线表示该线路未在此图中完整表达。

19——电器部件的名称。

20——单色导线,BR表示棕色导线。

21——"31"为搭铁(接地)线。

22——表示该部件属于电子控制装置。

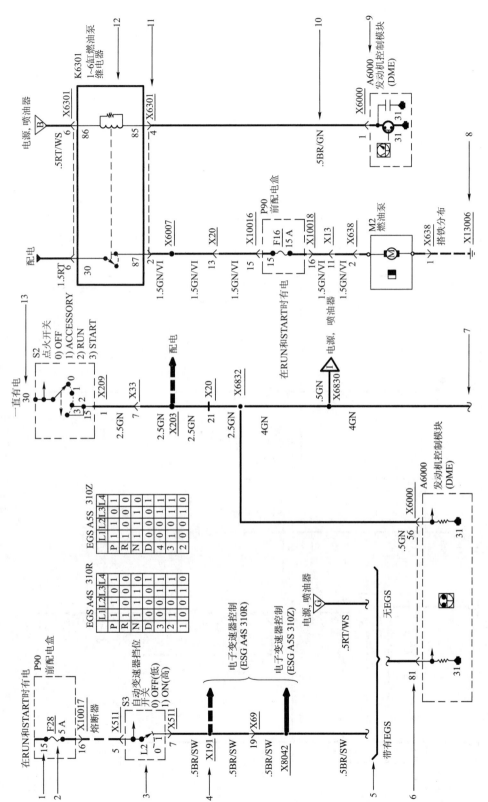

图6－53　宝马汽车电路图范例（一）

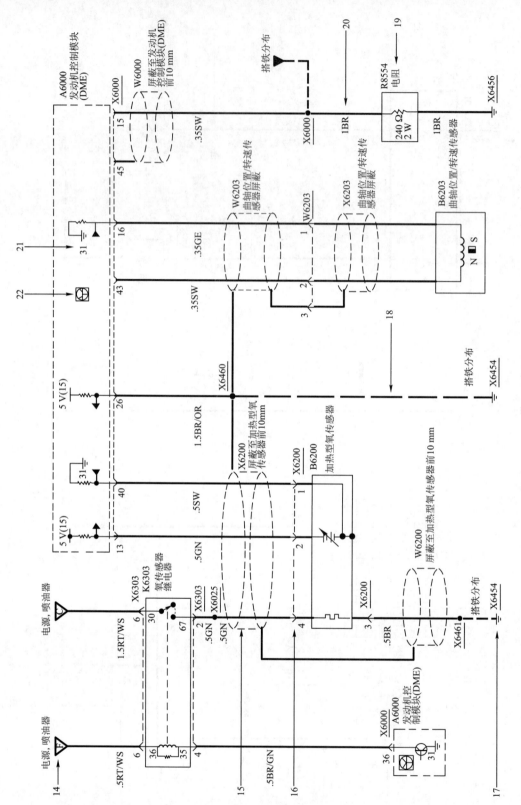

图 6-54 宝马汽车电路图范例 (二)

六、宝马汽车电路图的实例

如图 6 – 55 所示为宝马汽车 318ti 发动机的点火电路,属于单缸独立点火形式。发动机控制模块 DME 根据各种传感器输入信号,经过计算、逻辑判断,输出信号控制大功率三极管导通与截止,即控制点火线圈的初级线圈导通或中断,从而使次级线圈产生高压电。其各缸点火线圈的电路如下:

1. 一缸点火线圈的电路

(1) 初级线圈电路。蓄电池正极→点火开关 S2 的"2"或"3"挡→插接器 X209 的接线端子 1→截面积 2.5 mm² 绿色导线→插接器 X33 的接线端子 7→截面积 2.5 mm² 绿色导线→铰接点 X203→截面积 2.5 mm² 绿色导线→插接器 X20 的接线端子 21→截面积 2.5 mm² 绿色导线→铰接点 X6832→截面积 4.0 mm² 绿色导线→插接器 X6160 的接线端子 2→截面积 2.5 mm² 绿色导线→铰接点 X6833→截面积 1.0 mm² 绿色导线→插接器 X6151 的接线端子 3→一缸点火线圈 T6151 的初级线圈→插接器 X6151 的接线端子 1→截面积 1.0 mm² 白色导线→插接器 X8150 的接线端子 1→截面积 1.5 mm² 白色导线→插接器 X6000 的接线端子 25→发动机控制模块 DME(大功率三极管)→搭铁→插接器 X6000 的接线端子 65→搭铁点 X6454→蓄电池负极。

(2) 次级线圈的高压电路。次级线圈 → 一缸火花塞→搭铁→搭铁点 X6454→截面积 1.0 mm² 棕色导线→插接器 X6151 的接线端子 2→次级线圈。

2. 二缸点火线圈的电路

(1) 初级线圈电路。蓄电池正极→点火开关 S2 的"2"或"3"挡→插接器 X209 的接线端子 1→截面积 2.5 mm² 绿色导线→插接器 X33 的接线端子 7→截面积 2.5 mm² 绿色导线→铰接点 X203→截面积 2.5 mm² 绿色导线→插接器 X20 的接线端子 21→截面积 2.5 mm² 绿色导线→铰接点 X6832→截面积 4.0 mm² 绿色导线→插接器 X6160 的接线端子 2→截面积 2.5 mm² 绿色导线→铰接点 X6833→截面积 1.0 mm² 绿色导线→插接器 X6152 的接线端子 3→二缸点火线圈 T6152 的初级线圈→插接器 X6152 的接线端子 1→截面积 1.0 mm² 红色导线→插接器 X8150 的接线端子 6→截面积 1.5 mm² 红色导线→插接器 X6000 的接线端子 52→发动机控制模块 DME(大功率三极管)→搭铁→插接器 X6000 的接线端子 65→搭铁点 X6454→蓄电池负极。

(2) 次级线圈的高压电路。次级线圈→二缸火花塞→搭铁→搭铁点 X6454→截面积 1.0 mm² 棕色导线→插接器 X6152 的接线端子 2→次级线圈。

3. 三缸点火线圈的电路

(1)初级线圈电路。蓄电池正极→点火开关 S2 的"2"或"3"挡→插接器 X209 的接线端子 1→截面积 2.5 mm² 绿色导线→插接器 X33 的接线端子 7→截面积 2.5 mm² 绿色导线→铰接点 X203→截面积 2.5 mm² 绿色导线→插接器 X20 的接线端子 21→截面积 2.5 mm² 绿色导线→铰接点 X6832→截面积 4.0 mm² 绿色导线→插接器 X6160 的接线端子 2→截面积 2.5 mm² 绿色导线→铰接点 X6833→截面积 1.0 mm² 绿色导线→插接器 X6153 的接线端子 3→三缸点火线圈 T6153 的初级线圈→插接器 X6153 的接线端子 1→截面积 1.0 mm² 黄色导线→插接器 X8150 的接线端子 7→截面积 1.5 mm² 黄色导线→插接器 X6000 的接线端子 24→发动机控制模块 DME(大功率三极管)→搭铁→插接器 X6000 的接线端子 65→搭铁点 X6454→蓄电池负极。

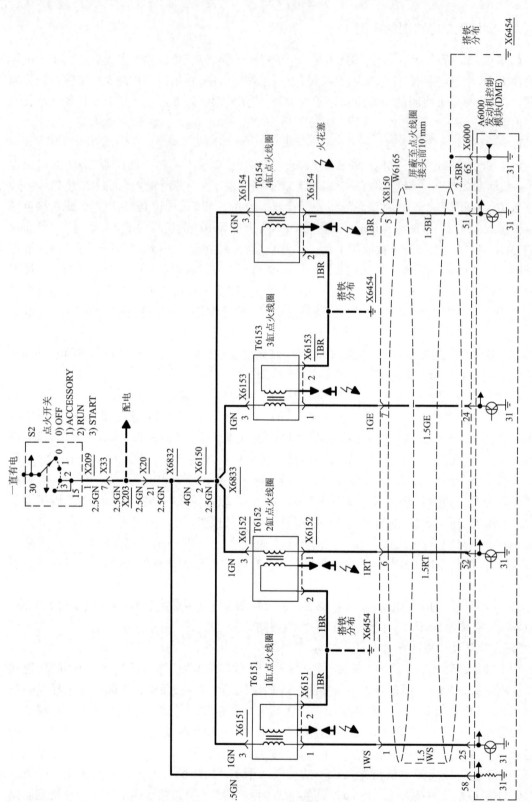

图6-55 宝马汽车318ti发动机的点火电路

（2）次级线圈的高压电路。次级线圈→三缸火花塞→搭铁→搭铁点 X6454→截面积 1.0 mm^2 棕色导线→插接器 X6153 的接线端子 2→次级线圈。

4.4 缸点火线圈的电路

（1）初级线圈电路。蓄电池正极→点火开关 S2 的"2"或"3"挡→插接器 X209 的接线端子 1→截面积 2.5 mm^2 绿色导线→插接器 X33 的接线端子 7→截面积 2.5 mm^2 绿色导线→铰接点 X203→截面积 2.5 mm^2 绿色导线→插接器 X20 的接线端子 21→截面积 2.5 mm^2 绿色导线→铰接点 X6832→截面积 4.0 mm^2 绿色导线→插接器 X6160 的接线端子 2→截面积 2.5 mm^2 绿色导线→铰接点 X6833→截面积 1.0 mm^2 绿色导线→插接器 X6154 的接线端子 3→四缸点火线圈 T6154 的初级线圈→插接器 X6154 的接线端子 1→截面积 1.0 mm^2 蓝色导线→插接器 X8150 的接线端子 5→截面积 1.5 mm^2 黄色导线→插接器 X6000 的接线端子 51→发动机控制模块 DME（大功率三极管）→搭铁→插接器 X6000 的接线端子 65→搭铁点 X6454→蓄电池负极。

（2）次级线圈的高压电路。次级线圈→四缸火花塞→搭铁→搭铁点 X6454→截面积 1.0 mm^2 棕色导线→插接器 X6154 的接线端子 2→次级线圈。

第九节 通用汽车电路图的分析

一、通用汽车电路图中符号的含义

通用汽车电路图中各种符号的含义见表 6－25。

表 6－25 通用汽车电路图中各种符号的含义

符　号	说　明
	本图标表示对静电放电敏感（EsD）图标 　本图标用于提醒技术人员，该系统含有对静电放电敏感的部件，在维修前需要特别注意。防静电放电损坏措施如下： ● 在维修任何电气零件之前触摸金属搭铁点，去除身体上的静电 ● 勿触摸裸漏的端子 ● 维修插接器时，勿使用工具接触裸漏的端子 ● 如无要求，勿将零件从其保护盒中取出 ● 避免采取以下行动（除非诊断步骤中有要求） （a）将零部件或插接器跨接或搭铁 （b）将测试设备探针与零部件或插接器相连接 ● 打开零部件保护性包装之前将其搭铁
	本图标表示辅助充气式保护装置（SIR）或辅助充气式保护系统（SRS）图标 　本图标用于提醒技术人员，该系统含有辅助充气式保护装置（SIR）/辅助充气式保护系统（sRS）部件，在维修时需要特别注意几点： ● 在进行检查之前要执行 SIR 的诊断系统的检查 ● 在进行维修工作前要使安全气囊失效 ● 在完成维修工作后应使安全气囊系统生效 ● 在把车辆交给用户前要执行 SIR 的诊断系统检查

符　号	说　明
	本图标表示车载诊断(OBDⅡ)图标 　　本图标用于提醒技术人员,该电路对 OBDⅡ 排放控制电路的操作十分重要。任一电路如果出现故障将导致故障指示灯(MIL)亮,该电路就属于 OBDⅡ 电路
	本图标表示重要注意事项图标 本图标用于提醒技术人员还有其他附加系统维修的信息
所有时间热 于运行发热 开始时发热 附件和运行时发热 运行和启动时发热 于运行、灯泡测试和启动时热 驻车或正前方时前照灯开关发热 固定式附件电源(RAP)发热	本图标表示电压指示器框 示意图上的这些框格用于指示何时熔断丝上有电压
	本图标表示局部部件 当部件采用虚框表示时,部件或导线均未完全表示
	本图标表示完整部件 当部件采用实线表示时,所示部件或导线表示完整
	熔断丝
	电路断电器
	易熔线
	连接在部件上的插接器
	部件引出线上的插接器
	带螺栓或螺钉连接孔的端子
	直列线束插接器

符　号	说　明	符　号	说　明
─┤ S100	接头	（输入/输出开关符号）	输入/输出开关
⬭ P100	贯穿式密封圈	（晶体符号）	晶体
│ ● G100	搭铁	（加热电阻丝符号）	加热电阻丝
（壳体搭铁符号）	壳体搭铁	（电磁阀符号）	电磁阀
（单丝灯泡符号）	单丝灯泡	（天线符号）	天线
（双丝灯泡符号）	双丝灯泡	（屏蔽符号）	屏蔽
（发光二极管符号）	发光二极管	（开关符号）	开关
（电阻符号）	电阻	（单级单触点继电器符号）	单级单触点继电器
（可变电阻符号）	可变电阻	（单级双触点继电器符号）	单级双触点继电器
（位置传感器符号）	位置传感器		
（输入/输出电阻符号）	输入/输出电阻		

二、车辆位置分区代码

如图6-56所示,通用汽车电路图上所有的搭铁、插接器、贯穿式密封圈和接头都给定了识别代码,并与其在车辆上的位置相对应,其车辆位置分区情况见表6-26。

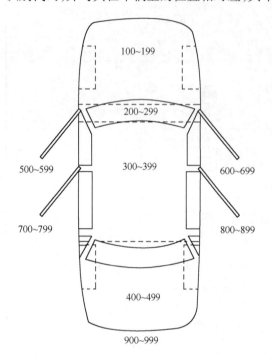

图6-56 车辆位置分区代码示意图

表6-26 车辆位置分区表

车辆位置分区代码	区 位 说 明
100 ~ 199	发动机舱(全部在仪表板前部) 001~099 代表发动机舱内附加号(仅在使用完所有 100~199 后使用)
200 ~ 299	位于仪表板区域内
300 ~ 399	乘员室(从仪表板到后车轮罩)
400 ~ 499	行李舱(从后轮罩到车辆后部)
500 ~ 599	位于左前车门内
600 ~ 699	位于右前车门内
700 ~ 799	位于左后车门内
800 ~ 899	位于右后车门内
900 ~ 999	位于行李厢盖或储物仓盖

三、通用汽车电路图的组成

通用车型电路图通常由四类电路图组成,它们分别是:电源分配简图(如图6-57所示)、熔断丝详图(如图6-58所示)、系统电路图(如图6-59所示)和搭铁线路图(如图6-60所示)。系统电路图中电源线从图上方进入,通常从熔断丝处开始,并于熔断丝上方用黑线框标注此处与电源之间的通断关系;用电器在中部,搭铁点在最下方。如果是由电子控制的系统,电路图中除该系统的工作电路外还会包括与该系统工作有关的信号电路(如传感器等)。

四、通用汽车电路图实例

(一)上海别克轿车自动变速器控制电路图的表示方法

上海别克轿车自动变速器控制电路图如图6-61所示,图中说明如下:

1——"运行或启动发热"表示线路在点火开关处于点火或启动挡时有电,电压为蓄电池工作电压。

2——表示 27 号 10 A 的熔断丝。

3——虚线框表示没有完全表示出接线盒所有部分。

4——表示导线由发动机机罩下熔断丝接线盒的 C2 连接插头的 E2 插脚引出,连接插头编号 C2 写在右侧,插脚编号 E2 写在左侧。

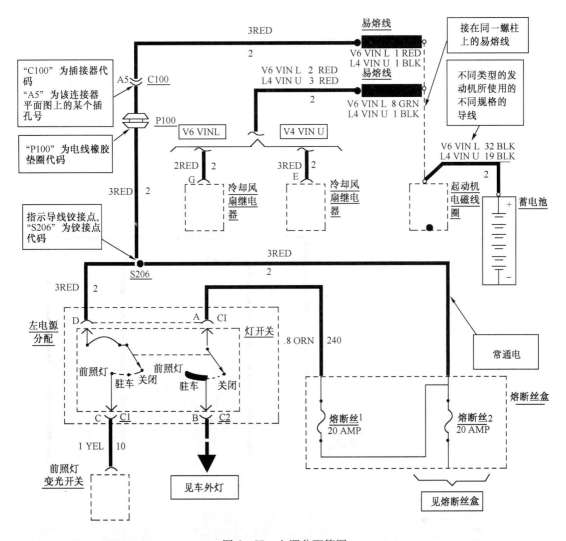

图 6-57 电源分配简图

5——符号和 P100 表示贯穿式密封圈,其中 P 表示密封圈,100 为其代号。

6——"0.35 粉红色"表示导线截面积为 0.35 mm²,线的颜色为粉红色。数字"339"是车辆位置分区代码,表示该线束位置在乘客室。

7——表示 TCC(液力变矩器中的锁止离合器控制)开关,图中表示 TCC 处于接通状态,其开关信号经过 P101 和 C101,由动力控制模块(PCM)中的 C1 插头 30 号插脚进入PCM 中。

8——表示直列型插接器,右侧"C101"表示连接插头编号(其中 C 表示连接插头),左侧"C"表示直列型插接器的 C 插脚。

9——表示输出电阻器,这里用来把 TCC 和制动灯开关的信号以一定的电压信号的形式输出给动力控制模块 PCM 的内部控制电路。

10——表示动力控制模块 PCM 是对静电敏感的部件。

11——符号表示搭铁。

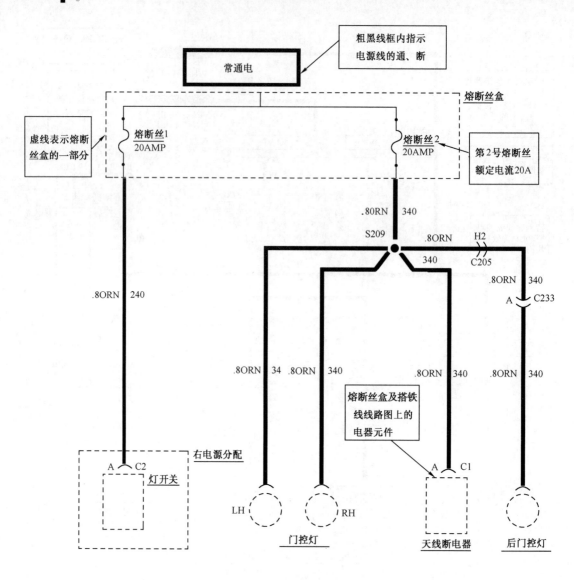

图 6 - 58　熔断丝盒详图

12——表示在自动变速器内部的 TCC 锁止电磁阀,此电磁阀控制液力变矩器内部锁止离合器的结合。它在点火开关处于点火或启动挡时,通过 23 号 10 A 的熔断丝供电。

13——表示带晶体管半导体元件控制的集成电路。这里为动力控制单元 PCM 内部集成的控制电路,控制电磁阀驱动电路,通过 PCM 搭铁。

14——表示输出电阻。PCM 提供 5 V 稳压通过内部串接电阻与自动变速器油温传感器(TFT)连接,同时将自动变速器油温传感器(NTC 型电阻)信号传给 PCM。

15——表示动力制模块 PCM 的 C2 连接插头的 68 插脚。

16——虚线表示 4、44、1 插脚均属于 C1 连接插头。

17——表示自动变速器内部的自动变速器油温传感器,它是一个随温度增加阻值减小的 NTC 型电阻。

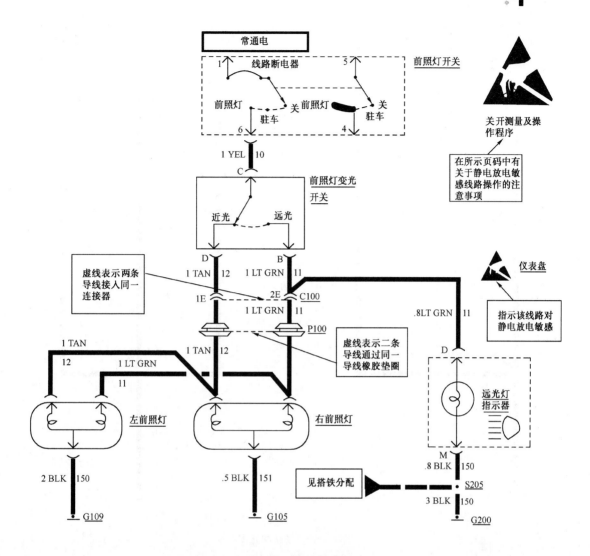

图6-59　系统电路图

18——表示部件的名称及所处的位置。该机罩下附件熔断丝接线盒位于发动机的左侧（从车的前面看）。

19——表示导线通往机罩下附件熔断丝接线盒的其他电路,对目前所显示的电气系统没有作用,是一种省略的画法。

（二）上海别克轿车冷却风扇控制电路的分析方法

如图6-62所示为上海通用别克轿车冷却风扇控制电路,下面以此为例来介绍一下通用汽车电路图的分析方法。

冷却风扇由两个熔断丝(6号40 A和21号15 A)分别向发动机冷却风扇供电。如图6-63所示,熔断丝位于发动机罩下附件熔断丝接线盒内。

1. 冷却风扇低速工作时电路

PCM控制继电器12的电磁线圈通电。其电路为:所有时间热(与电源直接连接)→熔断丝6→继电器12→PCM的低速风扇控制电路搭铁。于是,继电器12的线圈中有电流通过,控

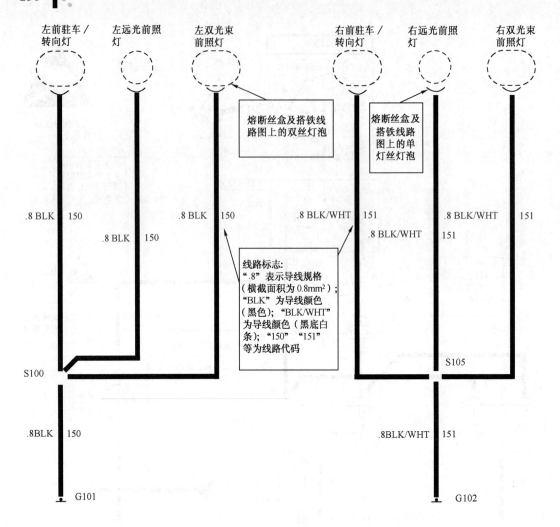

左前驻车／转向灯　左远光前照灯　左双光束前照灯　右前驻车／转向灯　右远光前照灯　右双光束前照灯

熔断丝盒及搭铁线路图上的双丝灯泡

熔断丝盒及搭铁线路图上的单灯丝灯泡

.8 BLK　150

.8 BLK　150

.8 BLK　150

.8 BLK/WHT　151

.8 BLK/WHT　151

.8 BLK/WHT　151

线路标志：
".8" 表示导线规格
（横截面积为 0.8mm²）；
"BLK" 为导线颜色
（黑色）；"BLK/WHT"
为导线颜色（黑底白条）；"150" "151"
等为线路代码

S100

S105

.8BLK　150

.8BLK/WHT　151

G101

G102

图 6 - 60　搭铁线路图

制继电器12触点闭合,向冷却风扇电机供电。此时由于左侧的冷却风扇电机与右侧的冷却风扇电机串联,所以风扇低速运转。电流通路为:所有时间热(与电源直接连接)→熔断丝6→继电器12→左侧的冷却风扇电机→继电器9的动断触点→右侧的冷却风扇电机→导线系统搭铁分配器搭铁。

2. 冷却风扇高速工作时电路

PCM首先经低速风扇控制电路对继电器12提供搭铁路径。经3 s延时后,PCM经高速风扇控制电路为继电器9和继电器10提供搭铁路径。左侧风扇电机继续由熔断丝6提供电流。但熔断丝21(15 A)为右侧风扇电机提供电流。各风扇接收不同的搭铁路径。因此,风扇高速运行。左侧风扇电机电流通路为:所有时间热(与电源直接连接)→熔断丝6→继电器12→左侧的冷却风扇电机→继电器9的触点→导线系统搭铁分配器搭铁。右侧风扇电机电流通路为:所有时间热(与电源直接连接)→熔断丝21→继电器10的触点→右侧的冷却风扇电机→导线系统搭铁分配器搭铁。

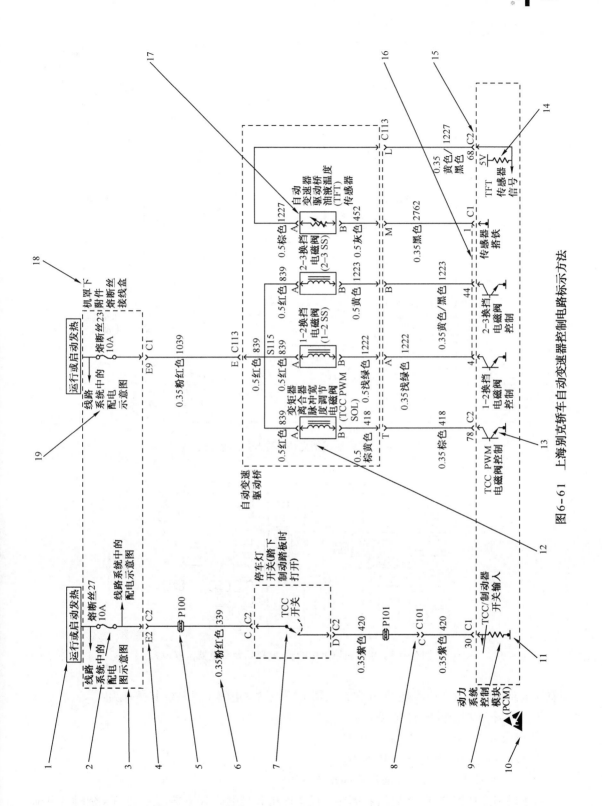

图6-61 上海别克轿车自动变速器控制电路标示方法

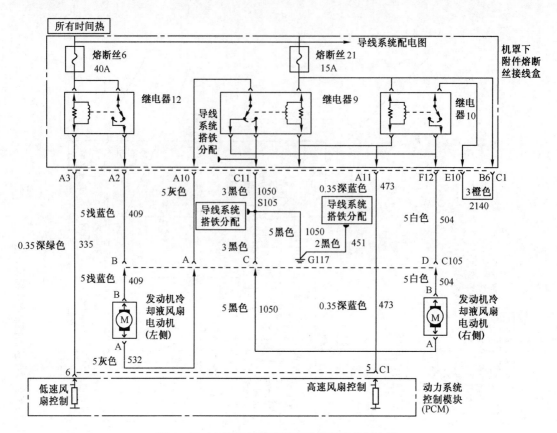

图 6-62　上海通用别克轿车冷却风扇控制电路

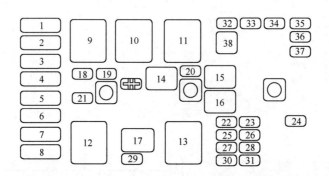

图 6-63　发动机罩下熔断丝、断路器及继电器位置

在看懂电路图的同时还应清楚 PCM 在什么情况下控制继电器 12 搭铁,其条件为:

①　发动机冷却液温度超过 106 ℃。

②　请求 A/C 且环境温度高于 50 ℃。

③　A/C 制冷剂压力大于 1.31 MPa。

④　点火关闭且发动机冷却液温度高于 140 ℃。

对于风扇高速控制,PCM 延后右侧冷却风扇电机和继电器 10 控制达 3 s。3 s 延时后可确保冷却风扇电负荷不超过系统的容量。

PCM 在以下各情况下为继电器 12、继电器 9 和继电器 10 提供搭铁。

① 当发动机冷却液温度超过 110 ℃。

② A/C 制冷剂压力大于 1.655 MPa。

第十节　福特汽车电路图的分析

一、福特汽车电路图中符号的含义

福特汽车电路图中各种符号的含义见表 6–27。

表 6–27　福特汽车电路图中各种符号的含义

符　号	含　义	符　号	含　义
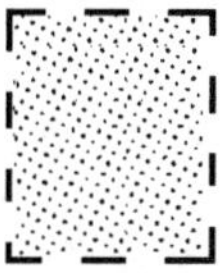	虚线框所表示的部件指此页只表达部件的一部分，完整部件在其他地方表达	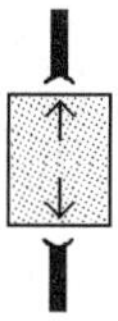	带插接器的部件
	蓄电池	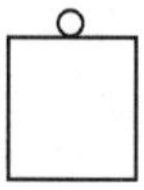	部件上的螺纹接头
Solid State	封闭的电子部件，在方框内标注的是何系统；只说明其功能，并不表示其线路		搭铁点
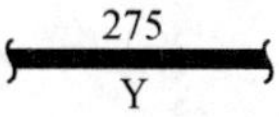 275 Y	单股导线	 881 R/W　554 Y/BK	带条纹导线
 20A 电流额定值	熔断丝	 30A 额定电流值	最粗的熔断丝
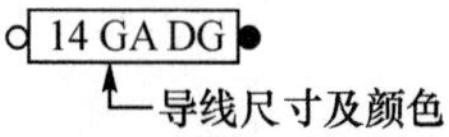 14 GA DG 导线尺寸及颜色	易熔线	 20A c.b. 额定电流值	线路断电器

符 号	含 义	符 号	含 义
 S100 (铰接点图形)	铰接点或折叠式接点	 来自电源 C / 到用电器 C (电流方向图形)	在两页之间中断的导线的标记。"C"箭头显示电流从电源流向搭铁
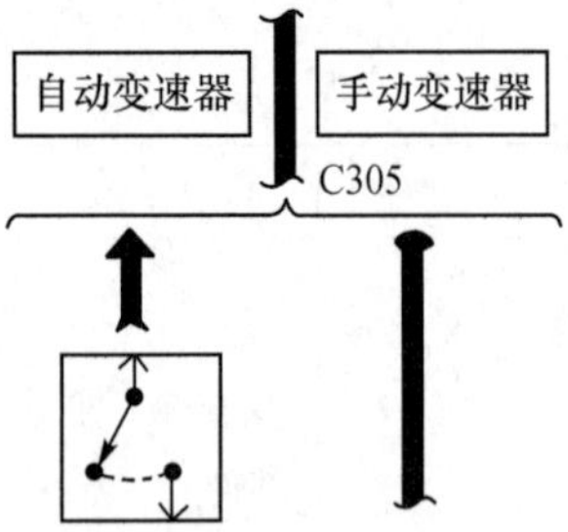 自动变速器　手动变速器 C305 (可变线路图形)	可变更的线路	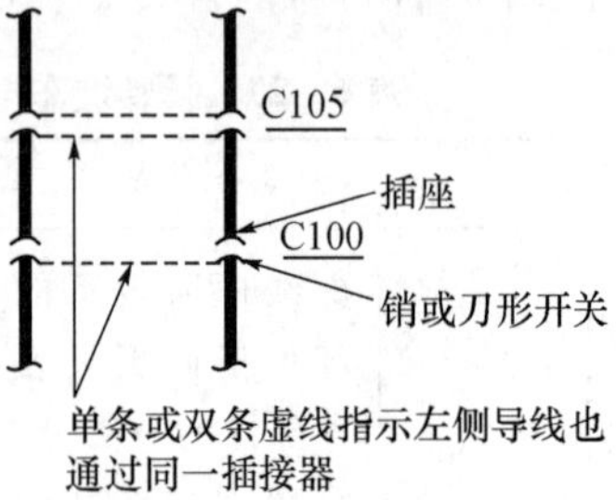 C105 / 插座 C100 / 销或刀形开关　单条或双条虚线指示左侧导线也通过同一插接器	串联式插接器
 倒车灯 (箭头图形)	标注该导线的完整线路在其他图页	 搭铁点 (搭铁点图形)	虚线表示该线路未完全在此图中表达，而是在其方框中的页码完整表达
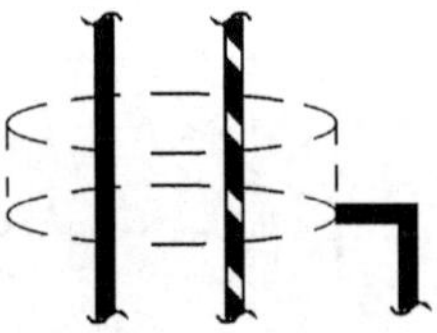 (屏蔽线图形)	屏蔽线	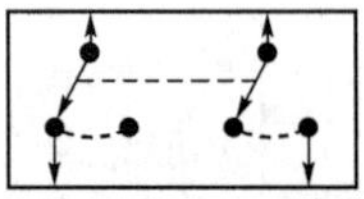 (联动开关图形)	联动开关。触点同时移动
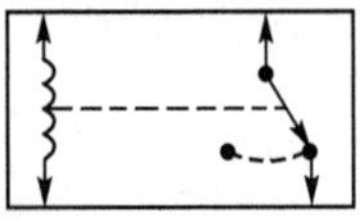 (继电器图形)	继电器	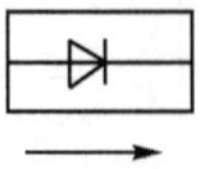 (二极管图形)	二极管,电流只能按箭头方向通过

续表

符　号	含　义	符　号	含　义
	电容		晶体管
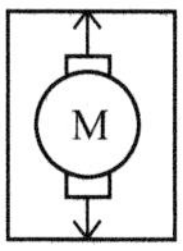	电动机	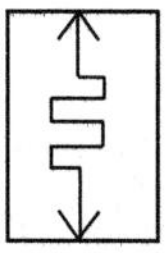	加热元件
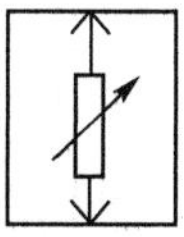	热敏电阻	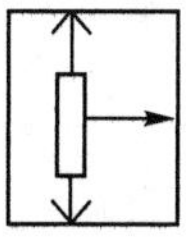	可变电阻或分压器
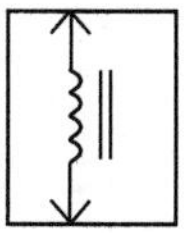	电磁线圈	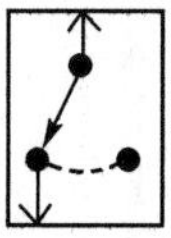	开关
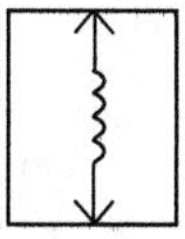	磁场线圈	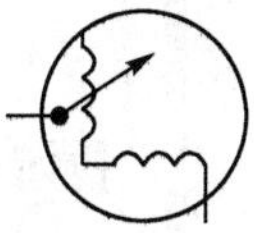	计量器
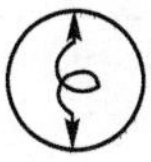	单丝灯泡	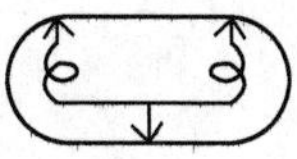	双丝灯泡
	发光二极管		

二、福特汽车电路图识读范例

福特汽车电路图识读范例如图 6 - 64、图 6 - 65 所示。

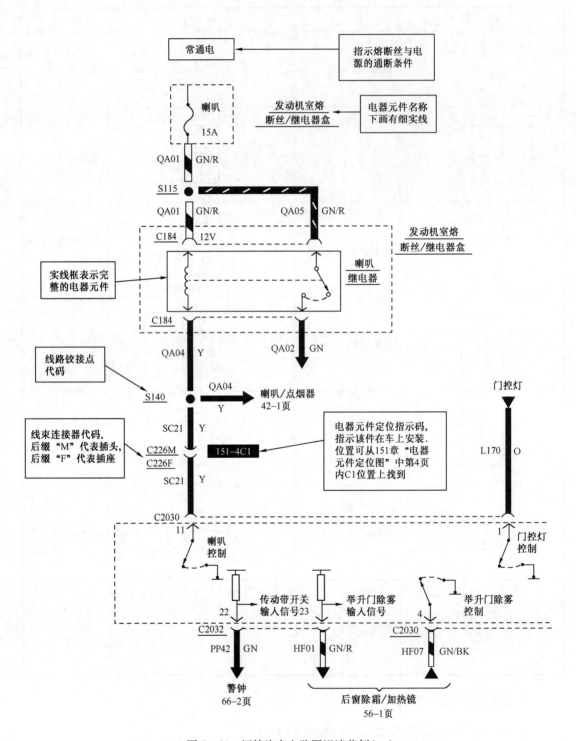

图6-64 福特汽车电路图识读范例(一)

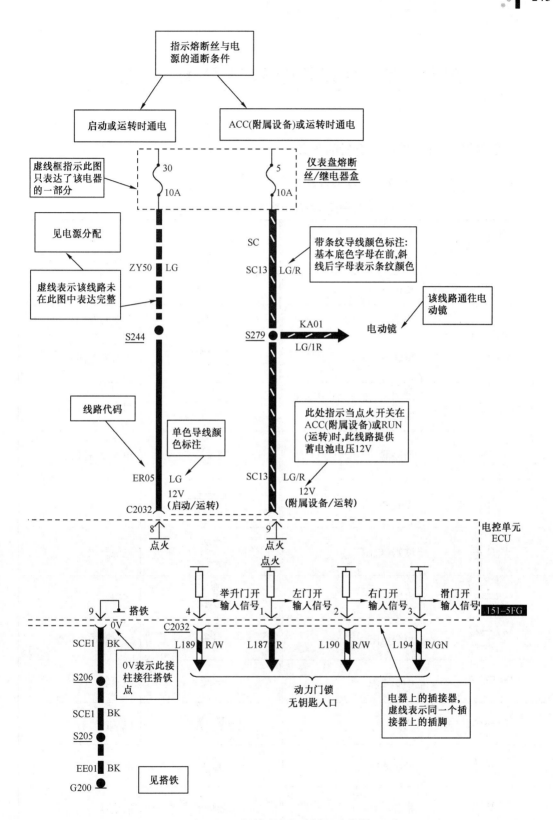

指示熔断丝与电源的通断条件

启动或运转时通电

ACC(附属设备)或运转时通电

虚线框指示此图只表达了该电器的一部分

仪表盘熔断丝/继电器盒

30
10A

5
10A

见电源分配

SC

带条纹导线颜色标注:基本底色字母在前,斜线后字母表示条纹颜色

虚线表示该线路未在此图中表达完整

ZY50　LG

SC13　LG/R

该线路通往电动镜

S244

S279　KA01

电动镜

LG/1R

线路代码

单色导线颜色标注

此处指示当点火开关在ACC(附属设备)或RUN(运转)时,此线路提供蓄电池电压12V

ER05　LG

SC13　LG/R

12V

12V

C2032　(启动/运转)

(附属设备/运转)

8
点火

9
点火

电控单元ECU

9
搭铁

点火

4
举升门开输入信号

1
左门开输入信号

2
右门开输入信号

3
滑门开输入信号

151-5FG

0V

C2032

SCE1　BK

L189　R/W

L187　R

L190　R/W

L194　R/GN

0V表示此接柱接往搭铁点

S206

动力门锁无钥匙入口

电器上的插接器,虚线表示同一个插接器上的插脚

SCE1　BK

S205

EE01　BK

G200

见搭铁

图6-65　福特汽车电路图识读范例(二)

第十一节 克莱斯勒汽车电路图的分析

一、克莱斯勒汽车电路图中符号的含义

克莱斯勒汽车电路图中各种符号的含义见表6-28。

表6-28 克莱斯勒汽车电路图中各种符号的含义

符 号	含 义	符 号	含 义
+	正极		常闭触点
−	负极		开关闭合
⊥	搭铁		开关打开
	熔断丝	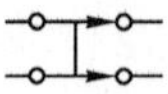	组合开关闭合
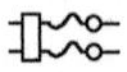	带有汇流条的组合熔断丝	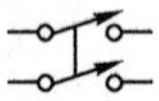	组合开关打开
	断路器	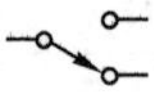	单极双掷开关
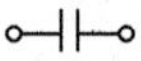	电容器	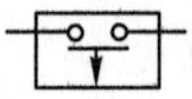	压力开关
Ω	欧姆(电阻)	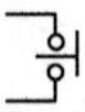	电磁开关
	电阻器	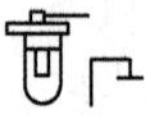	水银开关
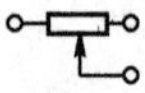	可变电阻		二极管或整流管
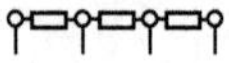	串联电阻		稳压管
	线圈		电动机
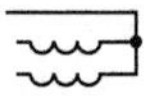	升压线圈		电枢与电刷
	常开触点	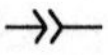	插接器

符 号	含 义	符 号	含 义
 ⟶	插头	⟩—	插座
 —⟋	表示电线继续延伸	⊢—	表示电线走向
 —⥼	接头	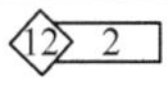 ⟨12 2⟩	接头标记
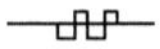 —ⅅℼℼ—	加热元件	 TIMER	延时器
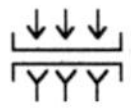 ↓↓↓ 多线插接器符号	多线插接器	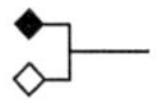 ◆—◇	可选择性符号
⤸	星形绕组	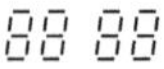 88 88	数字显示器
 (发光二极管符号)	发光二极管	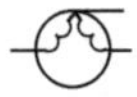 (双丝灯符号)	双丝灯
 (仪表符号)	仪表	 (单丝灯符号)	单丝灯
 (燃油喷射器符号)	燃油喷射器	 (热敏电阻传感器符号)	热敏电阻传感器
 STRG COLUMN	表示电线穿过转向管柱插接器	▮	表示电线穿过前围板
 ENG	表示电线穿过绝缘孔圈进入发动机舱	 NST PANEL	表示电线穿过仪表盘插接器
 (加热栅元件符号)	加热栅元件	 ▶◀	表示穿过绝缘孔圈的电线

二、导线

导线部分在电路图中以粗实线画出。导线的规格用阿拉伯数字表示,导线标号与截面积的对应关系见表 6-29。

表 6-29 导线规格

导线标号	2	4	6	8	10	12	14	16	18	20	22	24
导线公称截面积/mm²	32	19	13	8	5	3	2	1	0.8	0.5	0.4	0.2

每条导线都有导线的颜色,颜色代码以英文缩写来表示,其代码与颜色对应关系见表 6-30。若导线是双色的,则以两种颜色的字母共同标记,前面为导线的主色,后面为导线的辅助色。例如,BLK-WHT,表示黑色带白条纹的导线。

表 6-30　导线颜色

代码	颜色	代码	颜色	代码	颜色
BLK	黑色	BLU	蓝色	LT GRN	浅绿
WHT	白色	GRY	灰色	DK BLU	深蓝
RED	红色	PPL	紫色	DK GRN	深绿
GRN	绿色	ORN	橙色	TAN	深褐
YEL	黄色	PNK	粉红		
BRN	棕色	LT BLU	浅蓝		

三、克莱斯勒汽车电路图的范例

克莱斯勒汽车电路图的范例如图 6-66、图 6-67 所示。

四、电路读图实例

下面以北京切诺基吉普车电路为例,来介绍识读克莱斯勒汽车电路图的基本方法。

1. 电源、启动和点火系统电路

切诺基汽车的电源、启动和点火系统电路如图 6-68 所示,图中说明如下:

1——总电源供电线。

2——易熔线。

3——零件标记。

4——零件名称。

5——电路继续符号,箭头表示电路继续方向。

6——插接器代号。C105 表示标号为 105 的插接器,F 表示该连接器的 F 接线端子,可在电路图后面的说明中查到该插接器的位置及插头/孔。

7——插接器代号。虚线表示属于同一个插接器的接线端子。

8——接线柱符号。可在零件上找到该标记。

9——导线规格。电路图上注明的是导线的规格,而不是导线的公制截面尺寸。

10——导线颜色标记。

11——搭铁标记,该标记表示零件外壳与车身金属部分连接时搭铁。

12——搭铁标记,该标记表示导线与车身金属部分连接时搭铁。

13——导线搭铁点位置标号,可在电路图后面的说明中查到搭铁点位置。

14——导线接头标记,表示线束中多条导线的汇集处。

2. 前照灯电路

如图 6-69 所示,电流从蓄电池正极→起动机继电器连接→规格 18 绿颜色的易熔线→插接器 C100 的 D_1 接线端子→达到前照灯电路。

如图 6-70 所示,电流经过上述电路后,通过插接器 C100 的 D_1 接线端子→插接器 C268 的 B_1 接线端子→灯光开关(在灯光开关中,有一个容量为 25 A 的电流断路器起保护作用)→插接器 C269 的 11 号接线端子→规格 12 棕/黑色的导线→插接器 C177 的 2 号接线端子→变光开关。

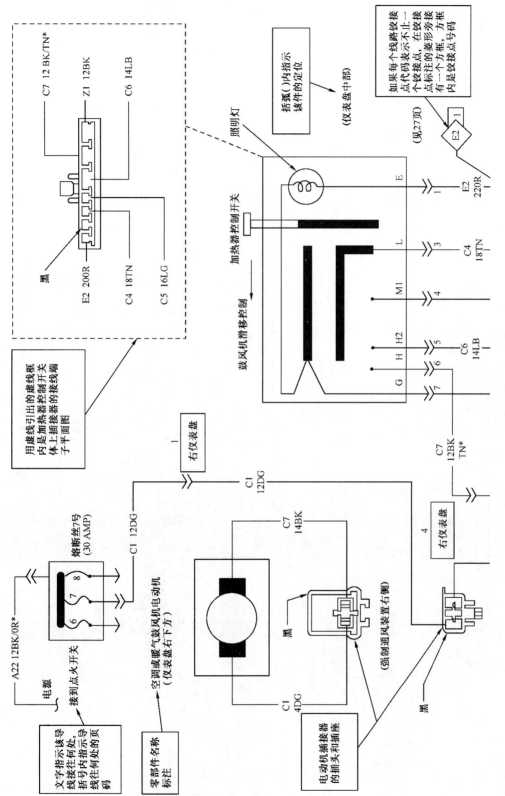

图6-66 克莱斯勒汽车电路图的范例(一)

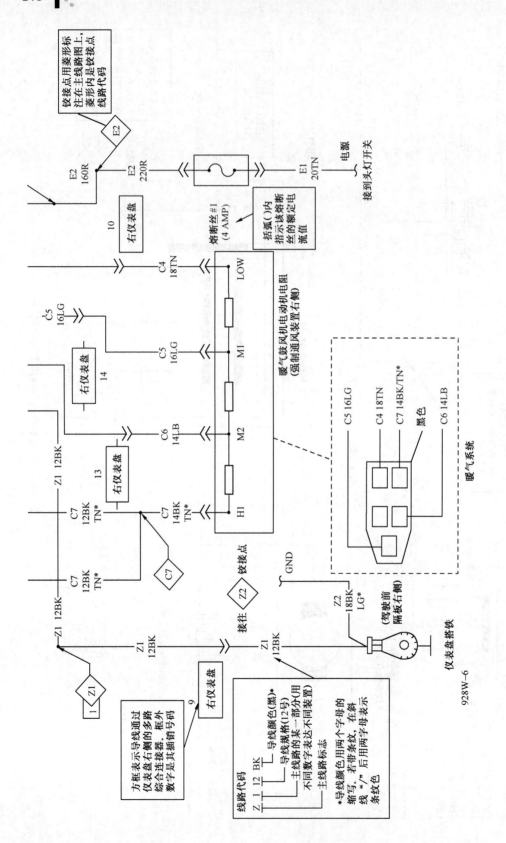

图6-67 克莱斯勒汽车电路图的范例(二)

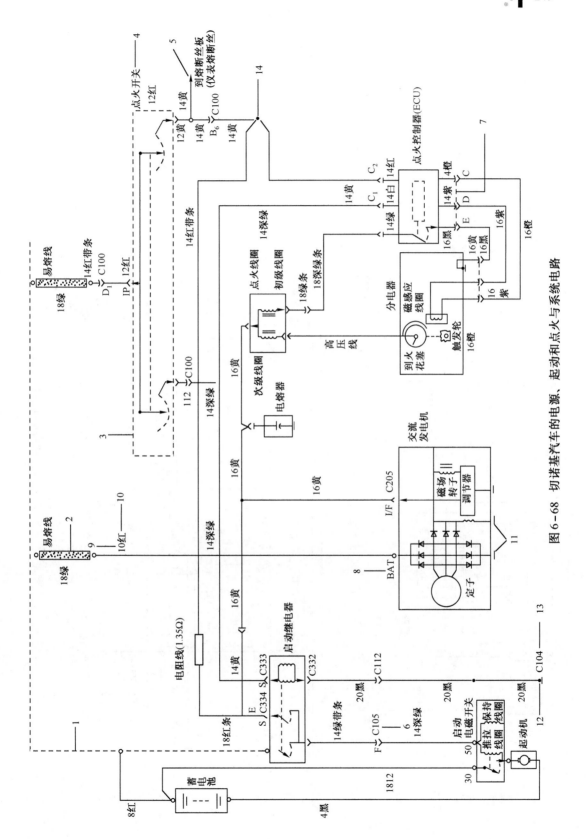

图6-68　切诺基汽车的电源、起动和点火与系统电路

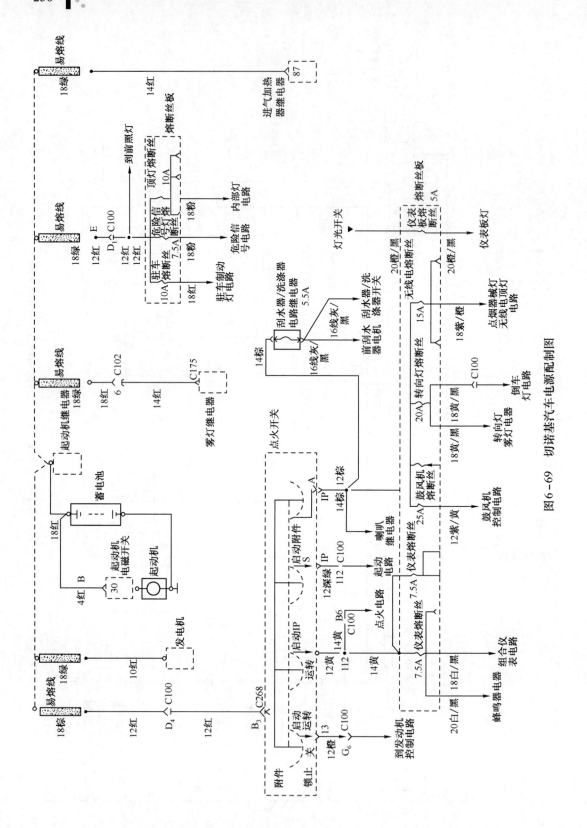

图6-69 切诺基汽车电源配制图

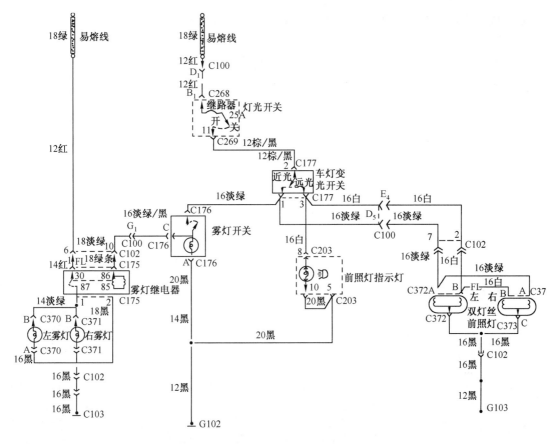

图 6-70　切诺基汽车雾灯与前照灯电路图

当车灯变光开关打到近光时,电流通过插接器 C177 的 1 号接线端子→左右前照灯的近光灯丝。

当车灯变光开关打到远光时,电流通过连接器 C177 的 3 号接线端子→左右前照灯的远光灯丝,同时流经仪表板的前照灯指示灯,提示远光灯亮。

思考题

1. 丰田汽车的电路保护装置有哪些类型?
2. 怎样对丰田汽车插接器的接线端子进行编号?
3. 本田汽车电路图有何特点?
4. 如何识读三菱汽车的导线代号?
5. 在马自达汽车插接器的插孔中的代号表示何种含义?
6. 如何标示大众汽车的导线颜色和规格?
7. 大众汽车电路图有何特点?
8. 奔驰轿车的熔断丝和继电器布置有何特点?
9. 简述雪铁龙汽车电路图中插接器 8B2 的含义。
10. 雪铁龙汽车线束代码的功能是什么?

11. 从雪铁龙汽车电路图识读范例中,你能获得哪些信息?
12. 通用汽车的车辆位置分区代码有何功能?
13. 通用汽车"0.35 粉红色"导线表示的含义是什么?
14. 从福特汽车汽车电路图识读范例中,你能获得哪些信息?
15. 克莱斯勒汽车"Z 1 12 BK"导线表示的含义是什么?

参 考 文 献

[1] 孙运生. 国产轿车维修电气线路精选[M]. 北京:化学工业出版社,2010.

[2] 董宏国. 汽车维修电工工作手册[M]. 北京:化学工业出版社,2011.

[3] 陆华忠. 本田汽车维修手册[M]. 沈阳:辽宁科学技术出版社,1997.

[4] 戴冠军. 日产轿车电控系统维修手册[M]. 北京:机械工业出版社,2003.

[5] 中国汽车技术研究中心标准化研究所. 汽车标准汇编[M]. 天津:中国汽车技术研究中心,2002.

[6] 杨生辉,董宏国. 汽车维修电工手册[M]. 北京:电子工业出版社,2005.

[7] 舒华,姚国平. 桑塔纳轿车电控与电气系统维修[M]. 北京:人民邮电出版社,2003.

[8] 李良洪. 汽车空调系统维修图解[M]. 北京:电子工业出版社,2004.

[9] 董宏国,廖苓平. 神龙富康轿车电控与电气系统维修[M]. 北京:人民邮电出版社,2003.

[10] 吴基安. 汽车电路识图与检修[M]. 北京:电子工业出版社,2003.

[11] 李春明. 汽车电器与电路[M]. 北京:高等教育出版社,2003.

[12] 崔叔丽. 汽车电路识图[M]. 北京:人民交通出版社,2002.

[13] 周泳敏,朱洪波. 汽车电路图识读指南[M]. 北京:机械工业出版社,2004.

[14] 董宏国. 汽车防盗系统维修图解[M]. 北京:电子工业出版社,2004.

[15] 孙余凯,等. 新型汽车电子电器原理与故障检修方法[M]. 北京:人民邮电出版社,2002.

[16] 王遂双,李健文,董宏国. 汽车电子控制系统的原理与检修(电喷发动机部分)[M]. 北京:北京理工大学出版社,2000.

[17] 董宏国. 汽车维修电工手册[M]. 北京:电子工业出版社,2006.

[18] 董宏国. 汽车维修万用表检测手册[M]. 北京:化学工业出版社,2012.

[19] 舒华,姚国平. 汽车电子控制技术[M]. 北京:人民交通出版社,2002.

[20] 张金女,等. 汽车电子装置与控制技术[M]. 哈尔滨:黑龙江科学技术出版社,2000.

[21] 董宏国. 大中型货车电气维修图解[M]. 北京:化学工业出版社,2011.